혁신 왕국의 DNA

미국은 어떻게 **혁신 왕국**이 되었는가?

혁신 왕국의 DNA
미국은 어떻게 혁신 왕국이 되었는가?

초판 1쇄 발행 2023년 9월 15일

지은이 이순영
펴낸이 장길수
펴낸곳 지식과감성#
출판등록 제2012-000081호

교정 김서아
디자인 이은지
편집 이은지
검수 한장희, 윤혜성
마케팅 김윤길, 정은혜

주소 서울시 금천구 벚꽃로298 대륭포스트타워6차 1212호
전화 070-4651-3730~4
팩스 070-4325-7006
이메일 ksbookup@naver.com
홈페이지 www.knsbookup.com

ISBN 979-11-392-1323-2(03000)
값 14,800원

• 이 책의 판권은 지은이에게 있습니다.
• 이 책 내용의 전부 또는 일부를 재사용하려면 반드시 지은이의 서면 동의를 받아야 합니다.
• 잘못된 책은 구입하신 곳에서 바꾸어 드립니다.

지식과감성#
홈페이지 바로가기

미국은 어떻게 **혁신 왕국**이 되었는가?

혁신 왕국의 DNA

이순영 지음

머
리
말

> "기계는 조금씩 인간의 일부로 편입될 것이다."
> -생텍쥐페리. 1939년. 『바람, 모래, 별』

그다지 화창하지 않았던, 어느 봄날 오후, 학교 교정에서 미국 시민 기자가 자국 대통령의 스캔들을 인터넷에 올려 세계 곳곳으로 그 뉴스가 퍼진 것을 접하고서는 나는 순간 충격을 받았었다. 스캔들 내용보다는 순식간에 전 세계로 뉴스가 전파된다는 점에서 온 놀라움이 더 컸다. 그리고 새로운 세상이 열릴 것 같은 예감이 빠르게 머릿속을 스쳤고, 그 예감은 틀리지 않았다.

그로부터 30여 년이 지난 지금, 인공 지능 '챗GPT[Chat Generative Pre-trained Transformer]1'와의 만남은 그때와 거의 흡사한 충격을 주었다. 인간의 언어를 할 수 있는 컴퓨터라니 수려하고 유창한 글솜씨는 우리를 뛰어넘고 있지 않은가? 이제 우리는 전혀 다른 방식으로 지식을 이용하고 활용할 수 있게 되었다. 또 다른 격변의 시기가 다가오고 있음을 느낄

---
1 마이크로소프트 자회사인 '오픈 AI[OpenAI]'가 2022년 11월 공개한 AI 챗봇이다. 자연어 처리[NLP] 기술을 활용하여 사람과 자연스러운 대화가 가능할 뿐 아니라 기사 작성 등에 있어서 뛰어난 실력을 보여 주고 있다. http://Chat.openai.com/chat.

수 있었다. 이 변화의 끝은 어딜까? 하는 생각에, 이미 지난 세기부터 미래학자들이 기계가 인간을 추월할 것이라는 예측들은 꾸준히 내놓았지만,[2] 남의 일이겠거니, 하고 지나친 것이 조금은 후회스럽기까지 했다.

결국 우리가 맞닥뜨린 급격한 변동은 인터넷의 근간이 PC에서 스마트폰으로 옮겨 가고, 최근 기업들이 인공 지능 개발에 경쟁적으로 나섬으로써 발생한 일들이다. 우리 사회 역시 원했든 원하지 않았든 짧은 시간에 쉼 없는 혁신과 전통이 맞물려서 돌아가는, 역사상 가장 역동적인 삶 속으로 내몰리고 있다.

그 역동적인 삶으로의 초대는 당연히 인터넷을 포함한 신기술 개발에 성공한 미국에 의해서 이루어졌고, 오늘날까지 미국은 의심할 여지 없이 세계 최강의 위치를 굳건히 하고 있다. 최근 미국 기업들은 3차 산업 혁명에 이어 4차 산업 혁명[3] 시기에도 여전히 혁신 왕국으로서 최정상의 자리에 있으면서 인류 대격변의 시기가 멀지 않음을 강력하게 예고하고 있는 중이다.

---

2 레이 커즈와일$^{Ray\ Kurzweil}$을 포함한 한스 모라벡(2011), 케빈 워릭(1997) 등의 로봇공학 전문가들은 인간과 같은 인공 지능이 출현하여 인공 지능이 인간을 앞설 것이라 예측했다. 특히 커즈와일은 2045년에는 인공 지능이 인간을 앞서는, 완전한 기술적인 특이점이 찾아올 것이라고 예측한 바 있다. 레이 커즈와일, 2007, 『특이점이 온다: 기술이 인간을 초월하는 순간』, 김명남 역, 김영사 참조

3 '제4차 산업 혁명' 용어는 2016년 세계 경제 포럼$^{World\ Economic\ Forum(WEF)}$에서 언급되었으며, 컴퓨터, 인터넷으로 대표되는 제3차 산업 혁명$^{정보\ 혁명}$에서 한 단계 더 진화한 혁명으로도 일컬어진다. 이 책에서는 인터넷, 컴퓨터의 등장을 제3차 산업 혁명, 그리고 인공 지능 등이 이끄는 신 사업군의 등장을 제4차 산업 혁명으로 그리고 이 모두를 지칭할 때는 정보 혁명으로 사용했다.

그렇다면 미국 기업들이 추격할 수 없을 정도의 속도로 거대한 변혁을 몰고 오고 있는 즈음에 우리가 할 수 있는 일이 무엇일까? 라는 생각이 들었고, 앞이 보이지 않은 상황에서는 오히려 지난날이 앞날을 더 환하게 비춰 줄 수 있기에 아마추어 역사가였던 윈스턴 처칠의 '더 깊게 들어가야 더 많은 보물들을 얻을 수 있다'라는 충고를 되새기며 뒤로 되돌아가 그들의 혁신의 동력이 무엇인가를 알아보는 것도 이 시기에 충분히 의미있는 일이라 여겨졌다.

그래서 이 책에서는 오늘의 급진적인 혁신을 바로 보고 내일을 대비하기 위한 하나의 방안으로 미국의 최대 성공 투자 사례이자 이제껏 우리가 별반 관심을 기울이지 못한, 컴퓨터와 인터넷의 발달 과정을 주목하고자 했다.

물론 우리가 인터넷 시대에 상당한 부를 이루고 인터넷 사용에 있어서도 결코 다른 국가에 뒤처지지 않는 상황에서 새로운 기술을 잘 활용하면 되지 무슨 철 지난, 과거 타령이냐고 반문할 수도 있다. 하지만 오늘날처럼 급격한 변화의 시기에는 미래를 정확하게 예측한다는 것은 바닷가의 모래알을 세는 것만큼이나 어려운 일이기도 하고, 어느 시기보다도 창조성이 최고조로 발휘되어 세상을 바뀌게 한 그 시절의 이야기들을 살펴보면, 오늘날 혁신 왕국을 이끄는 원동력이 들어 있고, 그것은 우리 사회의 오늘과 내일을 이해하는 데 유용한 통찰력을 제공하리라 본다.

특히 우리나라는 산업화가 시작되자 높은 교육열에 힘입어 불과 50

여년 만에 고도의 압축 성장을 이루었지만, 예측 없이 불어닥친 정보 혁명으로 산업 역군産業役軍으로서의 화려한 위상과 칭송들이 하루아침에 사라진 적이 있다. 으레 새로운 변혁기에는 그 시대가 요구하는 규칙들이 달라서 승자와 패자가 있게 마련이다. 우리 사회는 단기간에 선발 주자를 따라잡기 위해 효율성을 중시하는 사회가 되다 보니 무엇보다도 정보 혁명기에 필요한 새로운 규칙들에 대한 이해가 부족했었다. 그리고 정보 혁명의 선구자들인 게이츠와 잡스의 성공담에 취해 정보 혁명을 발현한 창조성의 근원에도 다가선 적이 없었기에 그 실패의 후유증은 더욱 컸다. 그래서 또다시 새로운 도전으로 풍전등화風前燈火의 시기에 그들의 지난 이야기를 되돌아보는 것은 내일을 준비하는 데 있어서 매우 의미 있는 일일 것이다.

이 이야기의 시작은 오늘날 미국이 혁신 왕국으로서의 거대한 도약이 펼쳐지기 시작한 제2차 세계대전World War II, 이하 2차 대전으로 칭함4으로 거슬러 올라갔다. 2차 대전은 미국의 도약을 넘어 인류의 새로운 문명이 탄생한 시작점이기 때문이다. 그러나 반세기에 걸친 그들의 장대한 이야기 모두를 들려준다는 것은 내 능력 밖임으로 세세한 이야기들은 다른 분야의 전문가들에 의해서 기록되리라 믿고, 이 책에서는 2차 대전 중 현대 컴퓨터가 탄생했던 시기부터 1995년 WWW가 등장할 때까지 내가 중요하다고 생각되는 이야기들을 임의적으로 선택해서 간략하게 들려주는 방식을 택했다. 당연히 학문적인 엄격함은 없다. 그러나

---

4   제2차 세계대전(1939~1945)은 인류 역사상 가장 많은 인명 피해와 재산 피해를 남긴 파괴적인 전쟁으로 기록되었다. 전사자는 약 7천만 명에서 8천 5백만 명으로 대략 70%가 민간인이었다. http://en.m.wikipedia.org. World War II.

그 과정에 인터넷 역사가(歷史家)들의 자세한 서술과 협업의 매우 우수한 사례인 위키피디아는 많은 도움이 됐다. 다만 역사적 사실이어서 편년체 양식을 따르다 보니 딱딱함은 피할 수 없었다. 전적으로 저자의 탓이다.

산업 시대에는 초창기 소수의 천재성이 빛을 발했던 것에 비해 반세기 전부터 진행된 정보 혁명은 소수의 천재성을 넘어 다양한 행위자들—과학자, 기업가, 국가(군부), 해커, 기술 영재들—의 역할이 중요했다. 특히 이 시기에는 상명하달의 상징인 국방부의 후원하에 기술 혁명에 어울릴 것 같지 않은 해커들의 활동이 빛을 발했다. 그래서 이 책은 다양한 행위자들 가운데 가장 의아한 해커들을 역사 무대로 불러낸 것이 무엇인가하는 의문점을 안고 그들의 이야기를 엮고자 했다. 그들에 의해 탄생한 공유와 협력 정신은 오늘날까지도 미국 혁신의 원동력이 되고 있기에 그것으로부터 더 많은 것을 얻을 수 있으리라 여겼기 때문이다.

총 4부로 구성된 이 책에서 1부는 2차 대전 무렵 현대 컴퓨터의 탄생을 둘러싸고, 군부의 후원으로 학제 간 협업을 선호했던, 존 폰 노이만, 노버트 위너 등 이 시기 과학자들의 혁명적인 아이디어들을 만나게 될 것이다. 이들이 제시한, 기계와 인간의 특성에 주목한 유기체적 기계관은 근대 기술 문화와 결별한 혁명적인 아이디어였다. 당시 그들은 이를 토대로 현대 컴퓨터를 개발하여 정보 혁명의 닻을 올리고 사상적인 기반을 제공했다. 그들이 제시한 거대한 아이디어들은 오늘날 현실이 되었고, 우리는 여전히 그들의 꿈을 좇고 있음을 알 수 있을 것이다.

그리고 2부는 종전 후 소련의 인공위성인 스푸트니크 발사 성공으로 탄생한 미국 국방부 산하 연구 기관인 아르파와 그 매니저들의 이야기들을 만나게 될 것이다. 어느 시기보다도 자유로움이 넘쳤던 시기에 아르파 역시 관료성을 탈피할 수 있었고, 이로 인해 자유로운 기술 영재들을 품을 수 있었다. 이 시기 아르파는 인터넷의 선도 기술인 아르파넷을 출범시켜 네트워크 혁명의 길을 열었다. 이들의 사례는 새로운 기술의 등장에 있어서 국가 투자 및 인적 자원의 중요성을 엿보게 할 뿐만 아니라 네트워크가 우리 모두의 손으로 남게 된 것은 이 시기 미국의 풍요로움과 인류 보편의 가치인 자유정신 덕분이라는 것을 알 수 있을 것이다.

이어지는 3부에서 들여다본 1960년대의 이야기에서는 네트워크 개발을 위해 아르파 후원으로 역사 속으로 불러 나오게 된 해커들의 기술적인 도전과 모험 그리고 미 정부의 노력들을 만나게 될 것이다. 이 시기 정보 혁명에 올라탄 젊은이들은 첨예한 자본주의 사회에서 경쟁을 유보하고 실수가 보장되자 기술 개발의 패러다임을 바꾸어 버렸다. 전혀 가 보지 않는 길을 갈 때는 손잡고 가는 것이 가장 안전하다는 것을 깨닫고는 격화된 경쟁이 아닌 열린 기술 문화를 그들 역사에 깊이 새기게 된다. 이 점이야말로 경쟁이 우선시되던 산업 시대와는 확연히 다른 점이다. 국가가 그들에게 준 실수할 수 있는 자유야말로 네트워크 혁명을 완성할 수 있는 가장 큰 원동력이었음을 엿볼 수 있을 것이다.

마지막 4부에서는 WWW를 둘러싼 이야기들과 미국 기업가들의 이야기들을 만나게 될 것이다. WWW는 이제껏 전문가들의 영역이었던 컴퓨터의 이용을 우리 모두의 이용으로 바꾸어 놓았는데, 이 역시 해커들의 협력과 공유 문화가 중요한 역할을 했다. 이후 미국 기업들은 새로운 혁명의 주인공이 되어 거대한 부를 축적하기 시작했고, 오늘날 4차 산업 혁명의 선두에 서서 달리고 있다. 그러나 지난 시기 공유와 협동의 문화는 여전히 사라지지 않고 아이러니하게도 이윤을 추구하는 기업가 문화와 혼재한 채로 오늘날까지 미국 혁신의 원동력이자 경쟁력이 되고 있음을 알 수 있을 것이다.

결국 정보 혁명은 새로운 기술 문화를 탄생시킨 해커를 포함한 소수의 기술 영재들의 활동 없이는 거의 불가능했다. 그들이 역사 속에 새긴 공유와 협동 정신은 아직까지도 유효한 채로 오늘날 혁신의 토양이 되고 있다. 그러나 그것은 지난날 미국의 풍요로운 경제력과 기술 프론티어 정신에 상당 부분 빚진 것이자 당시의 자유로웠던 시대적인 분위기와도 무관하지 않았다. 그런 점에서 TUOMI(2002)의 혁신을 채택하는 데 있어서는 부수적으로 사회적인 혁신이 요구된다는 지적은 깊이 새겨들을 만하다. 특히 기술 혁명이 만개하여 기업가들의 약진이 두드러지고 국가의 위상이 초라해질 즈음에 그들의 이야기는 다시 한번 국가의 역할을 뒤돌아보게 만든다. 이 시기 국가는 정보 혁명의 원동력인 개발자들의 실수를 허용하고 협업을 초래한 장본인이자 모든 행위자들의 활동에 관여하지 않은 것이 없기 대문이다.

이제 4차 산업 혁명이라는 거대한 쓰나미가 밀려올 날도 머지않았다. 다급한 일상에 쫓기더라도 우리가 가야 할 길을 끊임없이 되새기면서 가볍게 지난 세월로 내려가 보시라! 역사가 어느 시점에서 움직이기 시작했는가를 살펴보는 것도 즐거운 일일 것이다. 그리고 앞선 선배들이 오늘의 새로운 세상을 위해, 그들의 기술적인 모험과 도전들이 빚어낸 길을 따라가다 보면, 요즈음 인공 지능 등으로 인한 급격한 변화에 불안감을 가진 개인에게나 미래를 설계해야 할 이들에게도 유용한 통찰력을 제공해 줄 것이다. 나아가 운이 좋아 오늘을 넘어 내일의 '나', 내일의 '우리'가 보다 선명하게 보이는 마법 또한 경험하게 되길 바란다.

목차

머리말 4

제1부 미래를 선점하다!

1절 왜 혁명적인가? 18
과학자 군단의 승리 18
동트기 전 29
폰 노이만과 에니악 33
위너와 『사이버네틱스』 39
"폰 노이만의 구조" 44
비운의 계산기 49
'인간을 닮은 기계' 53

2절 '생각할 수 있는 기계' 57
링컨 프로젝트 57
『사이버네틱스』의 후예 61
선지적인 엔지니어들 66
인공 지능 등장 71

제2부 자유로의 항해

1절 자유의 전성시대!   80

    스푸트니크 위기   80
    아르파: 최고의 연구 기관   85
    선의의 방관   90
    시대와의 동거   94

2절 네트워크로의 비상   98

    또다시 MIT: 제3의 길   98
    묻지마 투자: IPTO   105
    네트워크로의 비상: ARPANET   108

3절 위대한 시기   113

    고르디우스의 매듭 1   113
    고르디우스의 매듭 2   116
    같지만, 다른   120
    벽돌담   127
    아르파넷의 하부 구조   131
    BBN의 IMP Guy   135

제3부 실수의 성공학

1절 실수할 수 있는 자유　　　　　　　　　　142

　마법사의 출현　　　　　　　　　　　　　　142
　인공 지능 연구소　　　　　　　　　　　　　149
　해커들의 블랙홀: 「우주 전쟁」　　　　　　　152
　선의의 천재적인 조직: NWG　　　　　　　　157
　역사적인 문서: RFC　　　　　　　　　　　　162
　실수할 수 있는 자유　　　　　　　　　　　　165

2절 인터넷으로 가는 길　　　　　　　　　　170

　첫 번째 응원군　　　　　　　　　　　　　　170
　행운의 응원군: 이메일　　　　　　　　　　　173
　'릭'과 NWG의 부활　　　　　　　　　　　　178
　협업의 위대한 성취　　　　　　　　　　　　182
　다시 찾은 영광: TCP/IP　　　　　　　　　　185

3절 "민중에게 컴퓨터"를　　　　　　　　　　190

　반도체의 성지: 실리콘밸리　　　　　　　　　190
　'인텔 4004'　　　　　　　　　　　　　　　　192
　"민중에게 컴퓨터"를　　　　　　　　　　　　197
　홈부르 컴퓨터 클럽　　　　　　　　　　　　203
　최초의 개인 컴퓨터: "알테어 8800"　　　　　206

제4부 혁신 왕국의 탄생

1절 선구자들   212

    빌게이츠의 공개서한   212
    전설의 애플   217
    동굴 속의 코끼리   225
    부유한 이웃   229
    마지막 낙원   234

2절 왕국의 지원군들   240

    국방 통신국과 유닉스 공동체   240
    또 다른 아르파   247
    아듀 아르파넷!   250

3절 혁신 왕국의 탄생   254

    해커 윤리를 품다   254
    버너스 리의 마법   260
    신데렐라 파티   265
    신경제 탄생   271
    또 다른 왕국을 꿈꾸며   275

참고문헌   283

제1부
미래를 선점하다!

"이 세상에는 두 가지 능력밖에는 없단다. 바로 무력과 지력이다.
그러나 결국에는 언제나 지력이 무력을 이기게 되지."

나폴레옹 보나파르트

"내가 더 멀리 보았다면 그건 거인들의 어깨 위에 올라서 있었기 때문이다."

-아이작 뉴턴

1절
왜 혁명적인가?

과학자 군단의 승리

인류는 그 오래고 오랜, 지난至難한 삶의 여정에서 삶의 방식, 특히 물질적 기반을 급속도로 재편시킨, 그래서 혁명이라고 불린 급진적인 변화를 아주 크게 3번 겪습니다. 볍씨의 발견으로 인한 농업 혁명, 드디어 인류는 한곳에 정착할 수 있었습니다. 그리고 오래고 오랜 세월 뒤에 영국의 제임스 와트$^{James\ Watt,\ 1736~1819}$에 의해 촉발된 산업 혁명, 거의 200여 년에 걸쳐 동력 장치의 개선을 가져옵니다. 마차, 수레는 자동차, 기차 등으로 대체되어 인간의 손과 발의 수고스러움이 획기적으로 줄어들었습니다.

그리고 최근 우리를 급격한 변화의 소용돌이로 내몰고 있는 정보 혁명이 있습니다. 컴퓨터, 인터넷 등의 등장으로 네트워크가 일상의 상당 부분을 처리하게 되고, 네트워크는 정보 이용자가 생산자가 되다 보니 집단 지성이 혁신을 재촉합니다. 세계적으로 전화 네트워크를 구축해

1억 5,000만 명을 연결하는 데는 89년이 걸렸습니다.[5] 이에 반해 오늘날의 플랫폼^{platform}[6]은 수십억 명을 지원할 만큼 성장할 수 있으며 이에 걸리는 시간도 훨씬 짧습니다. 페이스북은 창업 8년이 지난 직후에 사용자가 10억에 이르렀습니다.[7] 혁신의 속도가 빠르게 진행되고 있습니다. 이제는 인간의 뇌의 기능을 장착한 로봇^{robot}[8]을 비롯한 기계들이 사람이 하는 일을 모두 대신하려고 합니다. 그래서 요즈음 인간들은 고민에 빠집니다. 인간만이 할 수 있는 고유한 일이 무엇일까, 하고요.

물론 이 세 힘이 단절된 것은 아닙니다. 자율 주행차가 엔진으로 움직이면서 카메라 기술과 인공 지능을 장착하여 사람의 조종 없이 이동이 가능하게 하듯이, 이들은 서로 상호 영향력 아래 있으면서 인류의 삶을 이끌고 있습니다. 특히 우리나라는 한 세대에 걸쳐 우리가 원했든 원하지 않았든 이 세 혁명 모두를 만끽하고 있는, 짧은 시간에 쉼 없는 혁신과 전통이 맞물려서 돌아가는, 역사상 가장 역동적인 삶을 살고 있습니다. 신기술들의 화려한 향연으로 멀미만 하지 않는다면 우린 최대의 행운아들인 셈입니다.

---

5   Jessi Hempel, "How Facebook is Taking Over Our Lives," *Fortune*, 2009. 2. 17. 에릭 슈미트·조너선 로젠버그·앨런 이글. 2022, 『구글은 어떻게 일하는가』, 박병화 역, 김영사, p. 123에서 재인용.
6   부가적인 기술과 공정, 서비스를 구축할 수 있는 기술 또는 인프라 구조의 기반을 말한다.
7   위의 책, p. 123에서 재인용.
8   로봇은 노동과 관련된 의미를 지닌 슬라브어인 로봇에서 유래했는데, 복잡한 일련의 동작을 자동으로 수행할 수 있는 기계. 특히 프로그래밍할 수 있는 기계를 뜻한다. '로봇'이라는 단어는 체코의 극작가 카렐 차페크$^{Karel\ Capek}$가 1920년 발표한 체코 희곡 『Rossumovi Univerzalli Roboti - Rossum's Universal Robots』에 처음 사용되었다. http://en.m.wikipedia.org. Robot 참조.

이미 많이 알려졌다시피, 산업 혁명의 포문을 연 것은 영국이었습니다. 2차 대전 발발 전까지도 미국은 이론적인 분야에서 유럽을 능가하지 못했습니다. 그러나 정보 혁명은 단연코 미국에 의해, 미국을 위한, 거의 미국의 독무대인 채로 열리고, 오늘날 혁신의 대부분 역시 미국에 의해서 탄생하고 있습니다. 미국은 종전 이후 새로운 혁명의 주인공이 되는데, 여기에는 무엇보다도 2차 대전 중 미국 과학자 군단의 활약이 있었습니다.

19세기 생물학자인 그레고어 멘델Gregor Mendel, 1822~1884이 완두콩을 관찰하여 유전 법칙을 발견할 때만 해도 멘델 개인의 뛰어난 통찰력 하나면 가능했습니다. 화분에 콩을 심고 열매를 따고 꽃에 봉지를 씌워 그 과정을 관찰하면 충분했으니까. 그러나 오늘날 정보 혁명으로 가는 여정은 여러 분야의 기술이 개발되고 그것들이 응용되어져야 했기에 소수의 천재성[9]을 뛰어넘어야 했습니다. 2차 대전 중이던 이때, 호화 과학자들 간의 협업은 최고의 창조성을 분출하여 정보 혁명의 초석을 쌓게 됩니다.

과학자 군단을 전쟁으로 끌어들이게 된 것 역시 전쟁이었습니다. 미국은 2차 대전 발발 초창기에는 1차 대전 이후 고립주의 원칙에 따라

---

9 정보 혁명은 초창기 연구 기관, 대학, 군부 등이 주요 행위자들이었지만, 개개인의 천재성에도 빚진 바 크다. 그들의 개별적인 공헌에 대해서는 월터 아이작슨. 2015, 『이노베이터』, 정영목 역, 21세기 북스 참조.

참전하지 않았습니다. 하지만 1941년 일본의 하와이 진주만 폭격[10]이라는 날벼락은 미국의 즉각적인 참전으로 이어지게 되고 서유럽의 하늘이 붉은 화염으로 물들어가면서 전선戰線이 국가 외부에 형성된 미국은 신기술 개발의 중심지가 됩니다. 미국의 과학자 군단 역시 전투의 최일선으로 나서게 되는데, 이들의 격전지는 산골짜기 후방 등으로 그들은 총이나 수류탄 대신 과학이라는 무기를 들고 전투에 참전하게 됩니다.[11] 물론 이때 미국의 과학자 군단에는 캐나다를 포함한 우방국의 과학자들과 1930년대 독일 나치Nazi의 유대인 핍박을 피해 미국으로 건너온 과학자들이 합류했습니다. 상대성 이론으로 유명한 알버트 아인슈타인Albert Einstein, 1899~1955 역시 나치의 핍박을 피해 1933년 프린스턴 고등연구소에 교수로 취임했습니다.

그러나 미국의 참전 직후 연합국이나 미국의 상황은 그다지 녹록지 않았습니다. 전쟁 발발 전부터 독일은 화학 공업에서는 세계 최고였고, 우라늄 폭발 역시 연합국보다 독일이 먼저 성공했던 터라 원자 폭탄 개발 역시 가시화되고 있었습니다. 그래서 독일로부터 망명한 아인슈

---

10 1941년 12월 7일 일요일 아침, 일본은 하와이 진주만에 정박하고 있던 제7함대와 군사 시설을 기습 공격했다. 미 해군과 육군 사망자는 2,335명이었고, 일반인 사상자도 68명이나 되었다. 다음 날 프랭클린 루스벨트Franklin D. Roosevelt, 1933~1945 대통령(대통령의 연도 표시는 재임기간을 의미함)은 그 날을 치욕의 날로 규정하고 의회에 선전 포고를 요청하여 의회의 승인 즉시 2차 대전에 참전했다.
https://en.m.wikipedia.org. Attack on Pearl Harbor 참조.
11 과학 자체는 중립적이지만, 과학자 역시 조국이 있기에 전쟁이 발발하면 이들 역시 전쟁에 동원되어 군인이나 정치인의 명령대로 일하는 병사가 되어야 했다. 전쟁에 동원된 과학자들의 도덕적 갈등에 대해서는 마스카와 도시히데. 2017, 『과학자는 전쟁에서 무엇을 했나』, 김병수 역, 동아시아, pp. 17~80 참조.

타인 등이 이 사실을 알고 2차 대전 중 미국 대통령에게 원자 폭탄을 가질 것을 건의한 것이 맨해튼 프로젝트의 시초가 됩니다. 특히 독일은 1차 대전 이후 몰래 야금야금 군비 확장을 해 왔기에 전쟁 개시 2년이 지나도록 독일의 신형 폭격기와 신형 유보트$^{U\text{-}boat}$ 등은 압도적인 공격력을 자랑하고 있었습니다. 독일에 비해 영국 등은 아무런 준비를 하지 않았기에 상당 기간 그 피해는 클 수밖에 없었습니다.

후일 미국의 35대 대통령에 당선된 존 F. 케네디$^{John\ F.\ Kennedy,\ 1961\sim1963}$ 대통령은 이미 1940년에 유명세를 탄 적이 있었습니다. 그는 1940년 하버드대 졸업 논문인 "Assessment in Munich"를 『영국이 잠든 이유$^{Why\ England\ Sleep}$』(1940)라는 대중적인 책으로 출간하여 베스트셀러가 되었습니다. 그가 이 책에서 지적하고 있었던 것은 전운이 감도는 유럽의 상황에서 군사력 강화를 꺼리는 영국의 태도였습니다. 당시 케네디는 논문을 준비하기 위해 1939년부터 유럽 곳곳을 여행했고, 그때 답사한 내용들을 바탕으로 논문을 작성했는데, 당시 대학생의 시선으로도 유럽의 전운을 느낄 정도였습니다. 그럼에도 영국 등 서유럽은 별다른 대책을 가지고 있지 않았습니다.

특히 독일은 대서양 전투에서의 승리를 유보트 활약에 크게 기대했기에 영국 및 중립국의 함선에 무차별적인 폭격을 가합니다. 영국은 1939년 9월 2차 대전에 참전하자마자 대서양 전투에서만 독일 유보트의 유람선 공격으로 120명의 첫 사망자가 발생한 데 이어 전쟁 발발 9개월 만에 4,000여 척의 선박이 침몰하고 29,000명의 사상자가 발생합니다. 그리고 유람선에는 미국인도 탑승하고 있었습니다. 당시 영국의 윈스턴 처칠$^{Winston\ Churchill,\ 1874\sim1965}$ 수상이 가장 두려운 적으로 유보트를 지적할 만큼 대서양 연안에서 유보트의 공격력은 대단했습니다.

루즈벨트 대통령[12]은 1941년 8월 2차 대전 이후의 정책 등을 논의하기 위해 영국 군함 위로 날아간 탓에 참전을 결정하기도 전에 이미 대서양 함대 위에서 유보트의 심각성을 직접 듣게 됩니다. 그럼에도 당시 전쟁 합류에 대한 자국의 부정적인 여론 때문에 양국 회담 후 발표한 대서양 헌장에서조차 참전을 명시화할 수 없었습니다. 이런 상황에서 일본의 진주만 폭격은 울고 싶은데 뺨 맞은 격으로 미국의 전격적인 참전을 가져오게 된 셈입니다.

전쟁 발발 초반부터 영국을 포함한 서유럽은 초토화되고 있었지만, 미국의 참전 직후에도 상황은 별반 달라지지 않았습니다. 무엇보다도 미국은 토마스. A. 에디슨$^{\text{Thomas A. Edison. 1847~1931}}$의 후예로 팔리지 않은 것은 만들지 않는다는 전통이 강한 상업의 나라입니다. 상업적인 성공이 부와 명예를 가져다 줄 동아줄입니다. 즉, 이것은 미국이 이론 분야에서는 취약할 수밖에 없었다는 이야기입니다.[13] 그 예로 2차 대전 발발 전까지만 하더라도 원자 폭탄 개발의 책임을 맡은 로버트 오펜하이

12　미국 역사상 대통령을 4번 지낸 유일한 인물로 대공황으로 인한 위기를 극복하고 뉴딜 정책을 통해 경제적, 사회적 문제를 해결하는 데 큰 역할을 했다. 2차 대전 중에는 동맹국의 지도자로서 중요한 역할을 했으나, 종전을 몇 개월 앞둔 임기 도중에 사망했다. 일부 정책적인 논란에도 불구하고 2차 대전을 승리로 이끄는 데 공헌한 미국의 위대한 대통령 중 한 명으로 꼽히고 있다.
http://Chat.openai.com/chat. 프랭클린 루즈벨트 대통령 참조.
13　영국의 공무원인 토크빌이 미국 곳곳을 여행하면서 남긴, A. 토크빌. 2010, 『미국의 민주주의Ⅱ』, 임효선·박지동 역, 도서출판 한길사, pp. 603~616를 보라! 왜 아메리카인들이 이론 과학보다 실용 과학에 더 몰두하는가에 대한 통찰력을 엿볼 수 있다.

머Robert Oppenheimer[14]는 하버드 대학교에서 공부를 했지만, 독일로 유학을 다녀오자 그의 모교에는 귀국 환영 플래카드가 걸렸고, 과학자로서의 위상 역시 그 이후 확립될 정도였습니다.

신기술들이 개발되기 위해서는 대부분 이론이 선행되어야 합니다. 그래서 과학이 중요하고, 전쟁은 과학을 촉진하고 발달하게 합니다. 미국은 2차 대전 발발 전부터 세계 최고의 GDP[15]를 자랑하고 있었음에도 새로운 기술 개발에 적용할 이론적인 폭은 깊지 않았습니다. 이론의 부재는 곧 개발의 부재로 이어졌기에 참전 직후 미국의 전시 정부는 신기술 개발의 명암이 과학자들의 어깨에 달려 있음을 절실히 깨닫게 되고, 과학자들에 대한 무한 격려와 지지, 그리고 신기술 개발을 위해 거대한 규모의 투자를 단행하게 됩니다.

2차 대전 중 1,000여 건의 신기술 개발 프로젝트에 참가한 벨 연구소에 근무 중이었던 연구진의 회고에 의하면 정해진 시간에 제출한 것이 거의 없을 정도로 이 시기 과학자들은 최고의 자유로움을 누렸고, 덕분에 그들은 최고의 창조성을 분출하여 "일부 기술 분야에서 평시

---

14 미 육군 공병대의 레슬리 그로브스 준장이 1942년부터 1946년까지 연구소 소장을 맡았으나, 실질적인 원자 폭탄 개발은 핵물리학자인 오펜하이머가 이끌었다.
15 물론 GDP는 국내 총생산이기에 인구가 많으면 높게 나오기는 하지만, 국가의 성장세를 파악할 수 있다. 19세기 후반부터 2022년까지 미국은 GDP 부분 세계 최고의 자리를 놓친 적이 없다. 다만 2위를 누가 차지하느냐가 관건으로 2차 대전 직후 소련이 그리고 70, 80년대 일본이 그리고 2022년 중국이 2위를 차지했다. 한국은 처음으로 2021년 10위에 포함되었다. KOSIS 참조.

였다면 10~20년이 걸릴 만한 속도의 발전을 4년 만에 이루었다"[16]고 합니다. 당시 벨 연구소에서 제작됐던 제품 중에는 4년 전까지만 해도 존재하지 않았던 것도 많았습니다. 거대한 자금과 함께 연구의 유토피아 시대를 맞이한 미국 과학계는 전례 없는 속도로 자신들의 연구 및 개발을 최정상으로 끌어올릴 수 있었습니다.

특히 당시 미 전시 정부의 신무기 개발을 위한 연구와 기술 개발을 총지휘한 곳은 국가방어연구위원회National Defence Research Committeel(NDRC, 이하 '위원회'라 칭함)[17]였는데, 이 '위원회'는 두 개의 거대 프로젝트를 후원하면서 기술 개발의 시급함으로 연구에서 바로 생산으로 이어질 수 있도록 군, 산, 학이라는 협업 시스템과 함께 학계의 다양한 분야의 연구 군단이 한 가지 기술을 개발하기 위해 모인 빅 사이언스big science를 가동합니다.

이 두 프로젝트는 세계적으로 유명한 과학자들의 집합소였고, 협업의 유용성을 증명해 냅니다. 원자 폭탄 개발에는 많게는 13만 명까지 근무했었고, 맨해튼 프로젝트Manhattan Project[18]에는 앤더슨, 베테, 보어, 페르미, 파인만, 위그너, 폰 노이만 등 중요한 물리학자나 수학자들만 해

---

16 존 거트너. 2012, 『벨 연구소 이야기』, 정향 역, 살림 Biz, p. 82.
17 NDRC는 유럽에 대한 히틀러의 침공이 있은 지 수개월 후인 1940년 6월 27일 루스벨트 대통령이 출범시킨, 전쟁과 관련된 국가의 모든 기술 개발을 조정하고 관리하는 최고 수준의 위원회였다. 레이더 개발과 원자 폭탄 개발을 후원했다.
    https://en.m.wikipedia.org. NDRC 참조.
18 원자 폭탄 개발은 1942년에 시작되어 1946년에 종료되었다. 영국, 캐나다 등이 지원했으며, 미국 전역에서 개발 및 생산이 이루어졌다. 그중 한 곳인 맨해튼 프로젝트는 유명 과학자들의 집합소로 비밀 유지가 생명이었던 까닭에 뉴멕시코주 산골짜기에 있는 로스앨러모스Los Alamos 연구소에서 수행되었다. 비용은 거의 20억 달러(2021년 기준 약 240억 달러에 해당)가 소요된, 대규모 프로젝트였다.
    https://en.m.wikipedia.org. Manhattan Project 참조

도 백 명이 넘을 정도로 호화 과학자 군단을 자랑했습니다. 이들 중 많은 사람들은 당시 이미 노벨상을 받았거나 후에 받은 사람들이었습니다. 서로 다른 분야의 과학자들끼리는 서로 보완이 되었고, 엔지니어들 역시 함께한 덕분에 이들의 이론을 즉각적으로 실험함으로써 개발에 드는 시간을 최소화할 수 있었습니다.

그리고 '위원회'는 또 다른, 대서양 전투에서 맹위를 떨치고 있는 독일의 잠수함인 유보트를 격침하기 위한 레이더 개발을 위해 방사능 연구소Radiation laboratory를 후원하였고, 이 역시 과학자들 간의 협업으로 진행했습니다. 맨해튼 프로젝트가 비밀 유지를 위해 뉴멕시코주 산골짜기에서 수행되었던 것과는 달리 방사능 연구소는 MIT 교내에 위치해 있었습니다. 이곳에는 4천여 명의 과학자뿐만 아니라 수학자, 심리학자, 그리고, 전자 엔지니어 분야 등 다양한 분야의 연구원들이 서로서로 배워 나가는 학문 간의 교류가 이루어졌습니다.

그래서 2차 대전이 치러지는 동안 미국 과학계는 어느 시기보다도 거대한 투자와 함께 학문 간의 협업으로 연구의 유토피아를 가져왔고, 이들은 세상을 바라보는 다양한 방법과 새로운 아이디어를 분출했습니다. 2차 대전 중 미국은 모든 기술의 어머니라고 불릴 만큼 '이제까지 존재하지 않았던' 원자 폭탄, 컴퓨터, 레이더 등을 개발합니다. 이 시기가 없었더라면 과연 종전 이후 미국이 초강대국으로 등극할 수 있었을까? 하는 의문이 들 정도로 미국 과학계는 압도적인 투자로 압도적인 승리를 합니다. 이에 반해 2차 대전 당시 독일은 과학자들이 연구에 몰입하지 못하고 오히려 전쟁에서 희생되는 경우도 많았습니다. 히틀러의 여러 착오 중 하나가 독일이 한때 세계를 주도했던 분야인 과학의 가치를 과소 평가한 것입니다.[19] 과학계의 판도는 미국 중심으로 바뀌게 되고 종전 후 미국은 지식의 표준을 제공하는 국가가 되었습니다. 미국의 과학자들은 더 이상 유럽으로 유학을 다녀올 필요가 없어졌고, 오늘날까지 세계의 과학자들은 미국으로 향하고 있습니다.

맥밀런(2023)에 따르면, 2차 대전에는 탱크 286,000대와 전투기 557,000대가 생산되고 전쟁에 사용되었다고 합니다. 그러나 결국 전쟁을 종식시킨 것은 2개의 원자 폭탄이었습니다. 당시 미국은 원자 폭탄 개발로 역사의 방향을 변화시킬 능력뿐 아니라 끝장낼 수 있는 국가가 되었으며 세상을 구원한 빛이었습니다. 학계에서는 미국의 물리학자들에게 최고의 칭송을 쏟아 냈습니다. 그리고 지금까지도 원자 폭탄의 위력은 지대합니다. 원자 폭탄은 인류 최대의 살상 무기이지만, 만약 강대국들이 원자 폭탄을 손에 쥔 상황에서 3차 대전이 발발하게 된다면 모두가 죽을 것이라는 교훈을 뼈저리게 각인시켜 주었기 때문에 오늘날까지 대규모 전쟁을 억지시켜 오고 있습니다.

그러나 당시에는 원자 폭탄의 성공에 가려 별다른 주목을 받지 못했지만, 정작 인류에게 새로운 문명을 선사하고 2차 대전 이후 미국을 최고의 경제강국으로 만들어 준 것은 이 시기 등장한 현대 컴퓨터입니다. 이 역시 2차 대전을 통해 전쟁에 소환된 초호화 과학자 군단의 업적입니다.

---

19 마거릿 맥밀런. 2023. 『전쟁은 인간에게 무엇인가』, 천태화 역, 공존, p. 183.

대부분의 근대 기술은 이윤을 목적으로 기업가들에 의해 개발되어 왔지만, 현대 컴퓨터는 기업가들에 의해서 탄생되지 않았습니다. 당시 기업가들이 도전하기에는 미래가 보이지 않은, 위험 부담이 너무 큰 프로젝트였기에 불명확한 결과에 투입할 자금과 인력이 준비되지 않았던 시절이었습니다.

그래서 초창기 컴퓨터 개발은 군부 후원으로 상당 기간 이론 분야에서 유리한 학계가 그 개발의 주도권을 잡게 되었고, 무료로 개발되다시피 할 수밖에 없었습니다. 이때 최고의 자율성을 향유한 과학자들은 현대 컴퓨터의 개발뿐만 아니라 혁명적인 기술 문화까지도 선보이게 됩니다.

그러나 이미 미국 과학계는 2차 대전 전부터 거의 준비되어 있었다고 해도 지나치지 않을 정도로 현대 컴퓨터 구축을 위한 선구적인 아이디어들을 쏟아 내고 있었습니다. 전쟁은 이 응용의 시기를 앞당긴 셈입니다. 당시 새로운 아이디어의 격전지는 미분해석기$^{differntial\ analyser}$가 탄생한 MIT$^{Massachusetts\ Institute\ of\ Technology}$[20]였습니다. 2차 대전 발발 무렵까지 미분해석기는 미국 전역의 연구소 및 대학들에서 사용되고 있었는데, 그것의 한계를 본 이용자들이 새로운 아이디어들을 쏟아 냈기 때문입니다. 이는 후일 MIT가 정보 혁명의 성지가 될 수 있었던 것과 무관하지 않습니다.

---

20 MIT는 1861년 설립된, 메사추세츠주 케임브리지에 있는 사립 연구 대학으로 설립 초기에는 응용과학 및 공학 분야의 실험실 교육을 강조했지만, 2021년 기준 100명의 노벨상 수상자와 26명의 튜링상 수상자를 배출했을 정도로 현대 기술과 과학 발전에 핵심적인 역할을 해 왔다. 세계에서 가장 권위 있고 높은 순위의 교육 기관 중의 하나이다. http://en.m.wikipedia.org. MIT 참조

동트기 전

 2차 대전 발발 무렵만 해도 당대 유명 수학자들은 계산은 하찮은 것이라 여겨 새로운 계산기 구축에 관심을 기울이지 않았고, 순수 과학자에게 컴퓨터에 대한 관심은 오히려 하나의 일탈로 보였습니다. 그래서 순수 수학자인 폰 노이만은 자신의 현대 컴퓨터 구축에 대한 관여를 '불경한 관심'이라고 표현하기도 했습니다.

 2차 대전 발발 무렵 연구소나 대학에는 1930년대 MIT의 수학자인 버나바 부시$^{\text{Vannevar Bush}}$[21]가 제자들과 미분방정식을 풀기 위해 만든, 미분해석기의 개량된 버전이나 미분해석기를 뛰어넘고자 설계된 초창기 전자식 계산기[22]들이 놓여 있었습니다.

 당시 부쉬의 미분해석기는 기어, 도르래, 전기 모터 등이 연결되어 움직이면서 계산된 답을 알려 주었고, 작업을 지시할 수 있는 프로그램을 저장할 수 없다 보니 새로운 문제를 풀기 위해서는 도드래와 기어

---

21 부쉬는 MIT 공대 학장을 지낸 유명한 수학자로 전시 중에는 NDRC 의장을 맡아 초기 맨해튼 프로젝트와 방사능 연구소를 지원했으며, 미국 전역의 연구소 및 학교에 신무기 기술 개발을 독려했다. 드물게 행정과 과학을 겸비한 과학자였다. 그리고 그는 종전 후인 1945년 "우리가 생각하는 것처럼"이라는 에세이를 발표했는데, 이 에세이에서 링크를 통해 정보를 검색하고 이용할 수 있는 개념을 선보여 WWW의 등장에 영향을 미쳤다. 오늘날 종종 WWW의 아버지로 거론된다.
  https://en.m.wikipedia.org. Vannevar Bush 참조.
22 1930년대부터 1940년대 초반까지 몇몇의 시도들—독일의 콘라드 주세, 벨 연구소의 조지 R. 스티비츠, 아이오와 주립대학교의 존 아나타소프 등등—이 있었지만, 그 연구들은 각자 별개로 이루어졌으며, 그들을 후원하는 거대 자금이나 거대한 이론이 밑받침된 것은 아니었다.

들을 다시 힘겹게 세팅해야 하는, 사람의 손이 한시도 멈추어서는 안 되는 대단한 수작업공정이 필요한 산술 기계였습니다. 그래서 부쉬 연구소에 있는 대학원생들은 매번 힘겹게 막대기와 도드래를 돌리는 것이 일상이었습니다. 불편함은 발명의 지름길로 미분해석기의 불편함은 새로운 이론들이 등장할 수 있는 길을 열어 줍니다. 그 주인공은 청출어람이라고 부쉬 연구소에서 땀을 펄펄 흘리며 막대기와 도드래를 돌리던, 대학원생 가운데 한 명이었던 클로드 섀넌$^{\text{Claude Elwood Shannon, 1916~2001}}$[23]이었습니다. 그는 미시간 대학 출신이었지만, 부쉬 연구소에서 연구원을 구한다는 공고를 보고 달려와 도드래를 돌리면서 2진법 원리가 담긴, 기념비적인 석사 논문을 제출합니다.

그는 당대 최고의 석사 논문으로 평가받은 자신의 논문에서 전송하기 전에 1과 0으로 번역되어야 함을 기본으로 참이면 닫히고 거짓이면 열리는, 0과 1로 이루어진 2진법을 통해 힘들게 수고를 하지 않아도 효율적으로 수학 공식을 해결할 수 있다는 것을 증명해 보였습니다. 2진법은 오늘날 모든 컴퓨터에 적용된 기본적인 원리로 혁명적인 아이디어였습니다. 물론 당시에도 그의 논문은 매우 획기적인 것으로 평가받았지만, 2진법을 채택하면 많은 스위치의 개폐가 이루어져야 하기 때문에 열에 약한 진공관의 파손 확률이 커지고, 그만큼 작동이 중지되

---

23 섀넌은 미국의 응용수학자이자 컴퓨터 과학자이다. 그는 대학원 시절 부쉬 연구소에서 2진법을 고안했으며, 2차 대전 중 벨 연구소에서 암호학을 연구한 것을 계기로 1948년 「A Mathematical Theory of Communication: 통신의 수학적 이론」을 출간하여 전자 통신 시대의 서막을 열었다. 정보 이론의 아버지라고 불리는 그는 1949년에는 세계 최초로 체스 프로그램을 만들기도 했으며, 1956년에 MIT에 부임하여 후배를 양성했다. http://en.m.wikipedia.org. Claude Elwood Shannon 참조.

기에 당시 기술력으로서는 시기상조였습니다. 그리고 당시 그의 지도 교수였던 부쉬 역시 적극적인 관심을 표명하지 않아 당장 그의 2진법을 응용하려는 소란은 없었습니다.

그러나 2차 대전이 발발할 무렵부터 성능 좋은 계산기의 필요성이 대두하기 시작했고, 전쟁이 가시화되자 2진법을 채택하고 첨단의 기술을 장착한 현대적인 컴퓨터를 구축해야 한다는 의견 역시 제시되기 시작했습니다. 이 선구적인 대열 가운데에는 MIT의 천재 수학자로서의 명성이 높았던, 노버트 위너$^{Norbert\ Wiener,\ 1894~1964}$[24]가 있었습니다. 그는 부쉬 연구실 인근에 자신의 연구실이 있었던 관계로 그곳의 규칙적인 방문객이 되어 미분해석기가 계산하는 과정을 보게 됩니다. 그는 수작업공정이 많이 필요한 미분해석기를 보면서 부쉬를 향해 뇌뿐만 아니라 손도 함께 사고하는 사람이라고 평가하면서 이후 그는 컴퓨테이션을 자동화시킬 수 있는 기계에 깊이 빠져듭니다. 그래서 독일군이 파리로 진격해 들어오면서 '위원회'가 전역의 학계 및 연구소에 국가 방위에 관련된 프로젝트를 제출하라는 공문을 내려보내자 즉각적으로 2진법을 사용한 컴퓨터를 세우자는 12장짜리 메모를 1940년 9월 21일 '위원회' 의장인 부쉬에게 보냅니다. 그의 기대와는 달리 결과는 NO였

---

24 그는 MIT에서 수학 분야의 획기적인 업적을 쌓았으나 이미 10대 때 영국의 버트란드 러셀$^{Bertrand\ Russell}$ 아래 수학하고 독일 괴팅겐에서 공부하여 하버드에서 철학을 가르치기도 했다. 그 이후 MIT에서 수학자로서의 여생을 보내게 되는데, 다양한 학문을 접한 그는 학제 간 연구의 선구자였다. 종전 후 출간한 『사이버네틱스』는 컴퓨터 과학과 인공 지능 연구에 선구적인 기여를 했다.

습니다.[25]

부쉬는 그의 에세이 "우리가 생각하는 것처럼"에서 개인의 정보 저장과 이용에 대한 선구적인 아이디어를 선보였음에도 그것을 실행할 '메멕스[Memex]' 기계에서 정보 저장의 수단으로 마이크로 필름을 제안할 정도로 아날로그 컴퓨터에 대한 미련을 버리지 못했습니다. 결국 부쉬는 위너에게 재능을 보다 생산적인 일에 쓰라며 일언지하에 거절합니다. 선구적인 컴퓨터 구축을 위한 정부 후원의 기회도 사라졌습니다. 이 시기를 기점으로 새로운 컴퓨터 개발의 후원은 군부가 갖게 됩니다. 물론 위너가 이론적인 부분에서 공헌하지만, 개발의 주도권은 프린스턴 고등연구소의 폰 노이만이 갖게 됩니다.

그리고 이때 폰 노이만에 의해 탄생한 현대 컴퓨터는 정보 혁명을 견인하게 됩니다. 그러나 그것은 어느 순간 갑자기 등장한 것이 아니라 오늘날 우리 머릿속에 최초의 전자 컴퓨터로 깊게 새겨진, 에니악 Electronic Numerical Integrator and Calculator(ENIAC, '전자식 수 적분 및 계산기')이 그 테스트 베드[Test Bed][26] 역할을 했습니다.

---

25 이 시기 혁신적인 컴퓨터 구축에 관한 부쉬와 위너의 인연에 대해서는 M. Mitchell Waldrop. 2001, *The Dream Mashine: J. C. R. Licklider and Revolution That Made Computing Personal*. New York: Viking 참조.
26 새로운 기술·제품을 시험할 수 있는 환경, 시스템, 설비를 말한다.

폰 노이만과 에니악

현대 컴퓨터 구축은 이 시기를 대표하는 과학자인 존 폰 노이만^{John} $^{von\ Neumann,\ 1903~1957}$과 에니악의 만남이 그 시작이었습니다. 21세기 천재 수학자라 불린 폰 노이만의 천재성―브리테니카 백과사전을 통째로 외웠다든가 하는―에 대해서는 여기저기 유명 일화가 차고 넘칠 정도입니다. 그는 헝가리 출신의 당대 최고의 수학자이자 물리학자였습니다.[27] 1932년 프린스턴 고등연구소가 개소하면서 알버트 아인슈타인과 함께 종신 연구원으로 입소한 그는 전쟁 관련 업무를 위해 정부에 호출된 시간을 제외하고는 대부분을 이곳에서 연구에 몰두했습니다. 그는 이미 2차 대전 발발 무렵 수학, 양자 역학, 게임 이론 등으로 세계적인 과학자 반열에 든 스타 과학자였습니다. 그의 관심을 컴퓨터로 이끈 것 역시 전쟁이었습니다. 전쟁 업무에의 투입이 더 성능 좋은 컴퓨터의 필요성을 가져왔기 때문입니다.

그는 2차 대전이 발발하면서, 전쟁 관련 자문 요청을 많이 받은, 매우 바쁜 과학자 중의 한 사람이었습니다. 그러나 그는 맨해튼 프로젝트가 가동되어 프로젝트가 수행 중이었던 로스앨러모스 연구소로 차출되면서부터 현대 컴퓨터 설계에 직접적으로 뛰어들게 되고, 이후 10년여 년 동안 컴퓨터의 설계, 이론 등에서 인류 문명사에 영원히 남을 기여

---

27 1937년 미국 시민권을 받았다.

를 하게 됩니다.[28]

맨해튼 프로젝트에 차출된 그는 양자 역학의 이론가답게 처음 원자 폭탄을 설계할 때부터 원자 폭탄이 지면에서 폭발할 때보다는 공중에서 폭발되어야 더 강력하다는 신념을 가지고 있었습니다. 그래서 그는 연구소에서 플루토늄 239를 공중에서, 오직 원하는 시점에 폭발시키기 위한 장치를 만드는 일에 몰두했지만, 그의 실험은 매번 실패로 끝나 버립니다. 후일 폰 노이만이 고심한, 원자 폭탄의 공중 폭발 지점은 580m 지점으로 설계되었고, 성공적인 폭발로 2차 대전은 승리로 마감되지만, 당시 연구소에 놓인 계산기로는 고도의 복잡한 방정식을 풀기에는 역부족이었습니다.

폰 노이만은 로스앨러모스 연구소에서 당장 계산에 응용해야 하는 현실적인 필요에 의해 적극적으로 컴퓨팅에 관한 관심을 넓혀 가던 중 에니악 제작 소식을 듣게 됩니다. 미 육군의 탄도연구소 역시 전쟁이 점차 계산의 대결로 치달으면서 연구소에 놓인 미분해석기의 한계를 절감하고 1943년 4월, 보다 정확한 탄도미사일 표를 제작하기 위해 에니악의 제작을 후원하고 있었습니다. 에니악은 새로운 컴퓨터를 구축하기 위해 대규모의 투자가 이루어진 최초의 프로젝트였습니다.

에니악의 제작에 대해서 전혀 그 사실을 몰랐던 폰 노이만은 우연

---

28 폰 노이만의 현대컴퓨팅에의 공헌은 윌리엄 어스프레이. 2015, 『존 폰 노이만 그리고 현대컴퓨팅의 기원』, 이재범 역, 지식함지를 보라!

히 기차역 플랫폼에서 에니악팀과 육군의 연락책인 헤르만 골드스타인 Herman Goldstine[29]을 만나 그 소식을 전해 듣고 자신의 독자적인 프로젝트를 추진하는 대신 고문 자격으로 펜실베이니아대학교 공과대학에 있는 무어스쿨에 나가면서 에니악팀과 인연을 맺게 됩니다. '프로젝트 PX'라고 명명된 에니악의 작업에는 당시에는 과학자로서의 명망보다는 새로운 컴퓨터 구축에 대한 열망이 뛰어난, 펜실베이니아 대학의 30대 물리학자인 존 모클리 John Mauchly와 모클리를 도와줄 엔지니어급으로 대학원생인 존 프레스퍼 에커트 John presper Eckert 그리고 수십 명의 여성 프로그래머들이 매달리고 있었습니다. 폰 노이만이 에니악의 제작에 참여했을 때에는 에니악이 상당히 진척되고 있었습니다.

에니악의 책임자인 모클리는 새로운 컴퓨터가 놓여 있다는 정보를 알면 어디든지 찾아다닐 정도로 새로운 컴퓨터 구축에 열성적이었고, 누구보다도 새로운 계산기의 상업적인 가능성을 빨리 파악한 인물이었습니다. 후일 에니악은 '최초의 전자 컴퓨터' 자리를 놓고 ABC 컴퓨터 Atanasoff-Berry Computer와의 소송전[30]에서 패배했는데, 그 주된 이유 가운데 하나가 모클리가 에니악 수주 전 이미 ABC 컴퓨터를 만든 존 아타나소프의 연구실을 방문한 적이 있었기 때문이었습니다.

에니악팀은 3년여의 시간이 지난 후인 1946년에 에니악을 완성합니다. 에니악의 제작은 엔지니어 부분에서 모클리와 에커트의 공헌도

---

29 골드스타인은 당시 육군 군수부 대위였는데, 그는 시카고 대학교 수학과 박사 출신으로 폰 노이만과 함께 수차례 논문을 발표하는 등 후일 폰 노이만과 호흡을 자랑했다.
30 이미 최초의 전자 컴퓨터는 에니악이라고 일반 대중에게 인식된 후인 1973년 10월 19일. 미국 법원은 "인류 최초의 전자계산기는 ABC다"라고 판결하였다.

가 높았고, 이에 비해 늦게 합류한 폰 노이만의 관여도는 낮았습니다. 에니악은 거대한 규모로 무게만 30톤에 달했고, 그것을 가동하면 필라델피아 가로등이 깜박일 정도의 어마어마한 전력 소모량, 그리고 매번 터져서 작동이 중단되면 바삐 그것을 갈아 넣어야 하는 유리로 된, 1만 7천 개의 진공관 등 군대 아니면 이용할 수 없을 정도로 관리가 힘든, 거대한 계산 기계였습니다.

그리고 보다 불편했던 점은 에니악팀은 에니악을 매번 반복된 문제를 푸는 것으로 간주하여 새로운 문제를 자동으로 설정할 수 있는 어떤 대비책도 마련하지 않아 에니악은 여전히 프로그램의 교체가 자동적으로 이루어지지 못했습니다. 부쉬 연구실에서 새로운 문제를 풀기 위해 대학원생들이 땀을 뻘뻘 흘리며 도드래, 기어 등을 새롭게 세팅해야 했듯이 에니악팀에 소속된 60여 명의 여성 프로그래머들 역시 새로운 문제를 풀 때마다 6천 개의 전선을 일일이 손으로 연결해야 하는, 고통스러울 정도의 전선 작업을 해야만 했습니다. 그들이 참고로 한 것 역시 무어 스쿨에 놓여 있는 미분해석기이다 보니 한계가 있었습니다. 다음 사진은 1946년 미 육군의 공무원이 공무 중 촬영한 것으로 에니악과 미 육군의 연락책인 골드스타인(앞의 남성)과 여성 프로그래머들이 전선을 연결하는 모습을 볼 수 있습니다. 미분해석기보다 규모만 커졌을 뿐 외관상으로는 별반 달라지지 않았습니다.

에니악의 내부 구조

출처: https://commons.wikimedia.org/wiki/File:Classic_shot_of_the_ENIAC.jpg

다만 에니악은 당시로서는 획기적으로 빠른, 대략 1초당 천 개의 연산 실력을 뽐냈습니다. 그래서 9년 동안 미 육군에서 탄도 미사일 문제를 계산하거나 초창기 수소 폭탄의 계산 등에 이용될 수 있었지만, 일반인들과의 조우는 이루어지지 못했습니다. 혁명은 경이로운 사고가 일반 대중과 만났을 때 발생합니다. 에니악은 연산이 별로 중요하지 않은 대중과 대면하기에는 너무나 멀리 있었기에 사회에 그 존재를 드러내지는 못했습니다.

물론 에니악의 효용성은 대단치 않았으나, 영향력은 결코 가볍지 않았습니다. 처음 오르는 산에서 지름길을 발견하기란 쉽지 않지만, 경험이 스승이라는 말이 있듯이 산 속을 헤맨 경험이 있는 사람은 지름길을 발견할 확률이 높습니다. 그래서 공학 발전에 있어서 투자는 매우 중요한 요소입니다. 에니악팀은 그것의 제작 과정에서 새로운 문제를 풀기 위해 너무나 많은 노동력이 소모된다는 점을 절실히 깨닫고, 저장형 계산기의 구축을 신속하게 추진할 수 있었습니다. 그들은 에니악이 완성되기도 전에 단점을 개선한 후속 프로젝트를 육군에 제출하게 되고, 에니악의 최대 단점인 프로그램을 저장하는 방식을 고안하는 데 몰두할 수 있게 됩니다. 저장형 계산기의 필요성이 대두할 무렵 군부는 전쟁이라는 위기 상황에 직면하여 그것의 개발을 후원하게 됩니다.

여기서 우리는 군, 산, 학 시스템의 효과적인 작동을 엿볼 수 있습니다. 기업가들이 선진적인 컴퓨터 구축에 이익을 담보할 수 없어서 대규모 투자를 단행하지 않던 시기에 군부는 위기적 상황에 직면해서 학계와 손을 잡고 여러 실험들을 단행하게 됩니다. 그래서 이 시기 이 대열에 합류한 천재 수학자들은 초창기 정보 혁명의 중요한 행위자가 될 수 있었습니다. 당시 군부는 에니악 외에도 하버드 대학교의 에이컨을 지원해서 마크 원$^{Mark\ I}$이라는 컴퓨터를 만들고, MIT는 해군 지원의 휠윈드^{Whirlwind}라는 컴퓨터를 개발하고 있었습니다. 이 시기는 군부와 대학교와의 연계가 컴퓨터와 관련해서는 이론 개발 모두에서 중요한 기술 발전을 이룩하고 있었습니다.[31]

게다가 군부는 안보와 직결되는 사안으로, 순수 기술 개발을 위한 후원이었기에 가지 않는 길을 개척하는 데 있어서 학계 출신의 과학자들을 신뢰했습니다. 특히 폰 노이만이라는 거물 과학자가 컴퓨팅에 관심을 표시한 것은 군부로 하여금 컴퓨팅이 필요하다는 확신을 갖게 하는

---

31 아이작슨은 "군, 산, 학 협력 시스템이 미국 고유의 의미심장한 혁신 가운데 하나로 이것은 20세기 말의 기술 혁명을 낳는데 기여했다"고 평가하고 있다. 월터 아이작슨 (2015), 앞의 책 참조.

데 영향력을 행사합니다. 그래서 이 점은 컴퓨터 구축에 대한 군부 후원 자금을 이끌어 내는 것을 비교적 수월하게 했습니다. 당시 과학자들은 자신의 프로젝트를 군부에 설득해야 하는 일을 감수해야 했지만, 적어도 이 시기 유명 과학자들은 실패의 후유증이 없는 안전지대에서 개발에 몰두할 수 있었습니다.

후속 프로젝트에서 엔지니어링 설명보다는 논리적 설명을 제공하는데 관심을 쏟은 폰 노이만은 컴퓨터 내부의 기능적인 명세, 특히 스위칭 요소들을 고려하는데 생물학적 기관을 차용하게 됩니다. 그의 아이디어는 그 무렵 출현한 『사이버네틱스』에 기반을 둔 것으로, 이것은 당시 다른 나라에서 볼 수 없었던, 혁명적인 아이디어로 정보 혁명의 사상적인 기반을 제공하게 됩니다. 이로 인해 미국은 개발뿐만 아니라 이론 분야에서도 선구(先驅)가 될 수 있는 기반이 마련됩니다.

위너와 『사이버네틱스』

2차 대전이 치러지는 동안 과학계는 학제 간 협업이 유행했지만, 어느 곳보다도 이 유행의 정점에 있었던 곳은 MIT였습니다. MIT 교내에는 협업의 현장인 방사능 연구소가 있었을 뿐만 아니라 미 전시 정부는 신기술 개발을 위해 미 전역의 대학과 연구소를 적극적으로 독려하기 시작하면서 MIT의 크고 작은 프로젝트에도 오늘날 기준으로 1,400억 정도를 후원합니다. 덕분에 학자들 간의 프로젝트가 활발히 이루어진 MIT 역시 학문 간의 경계가 희미해지면서 학문 간 상호 교류가 지배적인 연구 방식이 됩니다.

그래서 MIT는 초창기 설립되었을 때에는 산업 인재 양성에 주력했지만, 2차 대전이 치러지는 4년여 동안 과학자들의 협업에 힘입어 세상을 바라보는 독창적인 방법들과 거대한 아이디어들이 분출되었고, 이 시기 MIT가 내뿜는 지적 에너지는 당시 동부 캠브리지에서 따라올 곳이 없었습니다.[32]

특히 MIT는 2차 대전 중 컴퓨터 관련 거대 사상의 메카로 떠오르게 되는데, 이는 위너가 선진적인 컴퓨터 구축에 대한 제안을 부쉬로부터 거절당한 이후 '위원회'로부터 발주 받은 새 프로젝트가 직접적인 계기가 되었습니다. 위너는 천재 수학자이자 2차 대전 발발 전부터 학제 간 협업의 선구적 인물이었습니다.

당시 '위원회'는 영국 인근 상공에 잽싸게 날아와서 포탄을 퍼붓고는 지그재그로 달아나는 독일 신형 폭격기로 골머리를 앓고 있었습니다. 포탄을 퍼붓고 달아나는 폭격기를 보고 아군이 대응 발사를 했을 땐 독일 폭격기는 이미 저만치 달아난 뒤였습니다. 독일 폭격기로 인해 아군의 사상자가 날로 늘어나자 '위원회'는 적기의 복잡한 진로를 정확하게 예측하여 포탄을 쏘고, 그러기 위해서 인간의 뇌와 같이 멈추지 않고 연산적으로 작동하여 목표물을 조준할 수 있는 기계를 제작해야 한다는 결론에 이르렀습니다. 그래서 '위원회'는 전쟁 전부터 다자간 학문으로 명성이 높은 위너에게 대공 산정 유도탄 개발 프로젝트를 의뢰하게 됩니다.

---

32 M. Mitchell Waldrop(2001), 앞의 책, p. 30.

위너는 그 프로젝트를 맡자마자 물 만난 고기처럼 전기공학자나 생리학자 그리고 물리학자까지 다양한 분야의 학자들과 열띤 토론에 들어갑니다. 컴퓨터 이론 분야는 수학자, 심리학자, 다양한 생의학 전문가의 관심을 받게 되고 이들은 '기계가 인간의 능력을 닮게 되면 어떤 일이 벌어지게 될까?'라는 '기술 개발에 인간 정신이 함유된', 역사상 최초의 질문과 마주하게 됩니다. 이 질문이 정보 혁명을 견인하게 될 혁명적인 사조의 출발점입니다.

그들의 관심은 통제나 제어 등으로 확산되었고, 인간의 뇌의 작용에 대해 활발히 토론하면서 기계의 조정과 통제의 개념을 인간의 뇌의 작용까지 확장시킵니다. 이 과정에서 그들이 주목한 것이 생물의 자동 조절 원리인 피드백효과[33]였습니다. 그들은 이 원리를 차용해 기계도 정보를 입력하면 자동 제어가 가능하다는 가정을 할 수 있게 되었고, 이를 활용하면 마치 살아 있는 것처럼 행동하는 기계를 만들 수 있으리라고 생각합니다. 그들은 '이제껏 존재하지 않았던' 기계 개발에 생물의 특성을 결합하여 기술을 제어하는 관점으로 바라볼 수 있게 됩니다.

기계에 인간적인 특성을 부여하고자 해서 '유기체적 기계관'이라고 불리는 이들의 생각대로라면 우리의 뇌가 끊임없이 사고하듯 비행기 역시 목표물을 향해 날아갈 때 다른 곳에서 들어오는 정보를 끊임없

---

33 피드백효과란 어떤 결과에 따라 수치를 조절하는 것으로 조타수가 관찰된 효과에 따라 조타력을 지속적으로 조정하여 변화하는 환경에서 안정적인 항로를 유지하는 것처럼 어떤 원인에 의해 나타난 결과가 다시 원인에 작용해 그 결과를 줄이거나 늘리는 '자동 조절 원리'를 말한다.

이 취합하고, 새로 추가된 정보에 따라 결과 예측을 수정해 나감으로써 목표를 향해 조정, 근접해 갈 수 있다고 생각합니다. 그리고 그들은 이 가정에 입각하여 대공 산정 유도탄 개발 프로젝트를 마무리합니다. 물론 당시 그들이 참고로 한 계산기 역시 아날로그 컴퓨터로서의 한계를 벗어나지 못했던 만큼 그것의 성능은 뛰어나진 않았습니다.

그러나 이들의 작업은 혁명적인 사조가 출현할 수 있는 발판이 됩니다. 종전 후 위너는 그 프로젝트팀의 도움을 받아 『사이버네틱스 Cybernetics』를 출간합니다. 당시 『사이버네틱스』의 출간은 기계를 유기체로 바라다보는 것 때문에 엄청난 센세이션을 일으켰습니다. 이것은 인간의 정신과 관련하여 기술이 개발될 수 있음을 내포한, 혁명적인 아이디어였습니다. 『사이버네틱스』의 어원은 키잡이를 뜻하는 그리스어 kybernetes입니다. 키잡이는 조절, 조정의 개념으로 제어가 중심 주제입니다. 『사이버네틱스』는 기계뿐만 아니라 생물이나 사회 역시 정보를 전달하고 받는, 하나의 유의성이 존재한다는 가정하에서 출발하여 인간, 기계, 동물들이 서로 소통하고 제어하는 방식을 과학적으로 연구하는 학문 분야를 의미하게 됩니다.

이 사고의 혁명성은 단순한 제어가 아니라 목표점에 도달하기 위해서는 기계도 인간의 뇌처럼 쉬지 않고 작업할 수 있어야 한다는 것이었고, 이는 결국 사람의 뇌와 신경 시스템을 기계의 자동 제어 시스템으로 받아들일 수 있다는 데까지 확장될 수 있었다는 것입니다. 열에너지의 효율적인 이용에 초점을 둔 산업 시대 기술들과는 다른 지점입니다.

이후 그들은 당시 유행했던 미분해석기나 전자 기계식 컴퓨터는 작동하는 모든 과정에 인간이 일일이 간섭해야 했는데, 그 간섭을 피하기 위해서 컴퓨터는 오랜 시간 스스로 일련의 작업을 수행토록 설계되어야 한다는, 일종의 프로그램의 통제 아래에서 작업할 수 있어야 한다는 데까지 나아갔습니다. 이는 인간과 기계의 연결에 대한 사람들의 생각을 온통 뒤바꾸어 놓았습니다.

위너는 종전 후 『사이버네틱스』 출간으로 학자로서의 명성에 더해 대중적인 유명세까지 얻게 되고, 『사이버네틱스』는 10여 년 동안 학문적인 유행을 주도하게 됩니다. 혁명적이었던 위너의 이론은 오늘날까지도 생생한 것들로 당대의 최고 과학자들이 맨해튼 프로젝트로 차출된 것과는 달리 MIT에 남아 있던 위너는 자신이 만든 포럼을 통하거나 교내에서 자신의 최첨단 이론들을 설파하고 다녔습니다. 그 덕분에 당시 위너의 포럼에 참가한 과학자들 가운데에는 전공을 컴퓨터학 쪽으로 바꾼 이들도 있는 등 동시대의 과학자 및 컴퓨터 개발자들에게 큰 영향을 미칩니다.

폰 노이만 역시 위너가 다양한 분야의 학자들을 불러 모아 난상 토론을 벌였던 모임에 참가하거나 기술 개발에 생물학적인 특성을 도입하는데 아이디어를 준 과학자들과 교류하면서 『사이버네틱스』 영감을 컴퓨터 설계에 차용하게 됩니다. 물론 폰 노이만이 어떻게 현대 컴퓨터 설계에 『사이버네틱스』를 차용하게 되었는가를 직접적으로 추적하는 것은 힘들지만, 적어도 그가 현대 컴퓨터 설계에 뛰어들 무렵에는 인간과 기계의 유사성에 주목한 『사이버네틱스』가 유행의 정점에 있었던 것만은 확실합니다. 그리고 그의 소프트웨어 설계에도 『사이버네틱스』의 핵심인 인간의 생물학적 특성을 컴퓨터 장치에 활용하고자 한 흔적들이 차고 넘칩니다.

"손에 쥔 밧줄이 미끄러질 것 같다면 매듭을 묶고 매달려라."

-프랭클린 루즈벨트

"폰 노이만의 구조"

에니악팀은 에니악의 최대 단점인 프로그램 저장에 대한 방법을 고안하는 데 몰두하면서 폰 노이만은 엔지니어 부분—이 부분은 모클리와 에커트의 공헌도가 더 컸다—보다는 논리 설계에 더 치중하는 모습을 보입니다.[34] 그는 사람의 노동력을 무진장 잡아먹는 계산기에 사람의 뇌와의 접목을 시도하게 되고, 이는 새로운 프로젝트에서 중앙 처리 장치인 CPU$^{Central\ Processing\ Unit}$로 개념화됩니다.

그는 사람의 노동력을 절감하기 위한 방안, 즉 컴퓨터가 자동 연산이나 작업을 수행토록 하기 위해서는 인간이 머릿속으로 생각할 수 있듯이 컴퓨터도 컴퓨터 안에 생각할 수 있는 기계를 심을 수 있지 않을까,

---

34 물론 이 부분에 대해서는 모클리와 에커트는 동의하지 않았지만, 생물학적인 기관을 컴퓨터 설계에 있어서 스위칭 요소들에 대입한 것은 폰 노이만의 독창성이라 할 수 있다.

하는 데까지 생각이 미치자, 컴퓨터의 심장이라고 할 수 있는 CPU 개념에 이 생각을 처음으로 대입합니다. 뇌에 해당하는 중심에, 기계의 두뇌에 해당하는 CPU를 두고 그곳에 메모리 장치를 부착하여 이전에는 프로그램별 실행을 위해 수십 명의 여성 프로그래머들이 했던 일을 전체 프로그램으로 이 메모리 장치 안에 저장해 버립니다.

즉 중앙 처리 장치인 CPU 옆에 별도의 기억 장치^{memory}를 붙여서, 프로그램과 데이터를 기억 장치에 저장해 놓았다가, 사람이 실행시키는 명령에 따라 기억 장소의 값을 변경시켜, 작업을 차례로 불러내어 처리하게 됩니다. 이 새로운 작업 방식은 1944년 그들이 육군에게 제출한 '전자 이산 변수 자동 계산기$^{Electronic\ Discrete\ Variable\ Automatic\ Calculator(EDVAC)}$'에 처음으로 소개되었습니다.

폰 노이만의 구조 개념도

```
                  ┌─────────────────┐
                  │  중앙 처리 기억 장치  │
                  │   ┌─────────┐   │
    ┌──────┐      │   │  제어 장치  │   │      ┌──────┐
    │ 입력장치 │ ──→ │   └─────────┘   │ ──→ │ 출력장치 │
    └──────┘      │   ┌─────────┐   │      └──────┘
                  │   │  연산 장치  │   │
                  │   └─────────┘   │
                  │        ↑↓        │
                  │   ┌─────────┐   │
                  │   │  메모리 장치 │   │
                  │   └─────────┘   │
                  └─────────────────┘
```

폰 노이만의 구조는 일견 단순해 보이지만, CPU는 기계의 머릿속에 인간의 두뇌를 심는 기술로, 기술 개발 분야에 인간의 특성을 접목한 것은 역사상 처음이었습니다. CPU 안에 심어진 메모리 장치로 인해 종전에 그랬던 것처럼 케이블과 스위치를 손으로 재설정하지 않고도 컴퓨터가 수행할 작업을 즉시 변경할 수 있게 되었습니다. 이로 인해 지금껏 새로운 작업을 위해 매번 요구되던, 고통스러운 노동력이 더 이상 필요치 않게 되었습니다. 이것은 오늘날까지도 계속되고 있는, 모든 컴퓨터에 적용되는 기본적인 구조입니다.

그리고 그의 개념은 컴퓨터가 '단순히 계산할 수 있는 기계'에서 드디어 소프트웨어를 수행할 수 있는 장치를 가진 기계인 컴퓨터로의 전환을 의미했습니다. 소프트웨어가 별도의 메모리 장치로의 역할이 가능해짐으로써 컴퓨터는 연산을 넘어 수만 가지의 인간의 일을 처리할 수 있게 되었습니다. 이는 컴퓨터에 대한 관심의 초점을 '어떻게 컴퓨터를 만들 수 있는가'에서 '그것이 무엇을 할 수 있는가'로 이동시켜 버렸습니다. 컴퓨터는 이제껏 해 온 연산을 넘어 인간이 하는 많은 일들을 처리하게 되어 인간의 수고스러움을 획기적으로 줄여 주게 되었습니다.
와트의 증기 기관이 광산에 탄광용 펌프 개발로 인간의 노동력을 획기적으로 줄여줌으로써 산업 혁명의 시작을 알렸듯이 폰 노이만 컴퓨터가 혁명성을 획득한 지점입니다.

당시 폰 노이만은 CPU 개념이 담긴, 그들의 작업 보고서를 1백여 쪽의 『전자계산기의 이론 설계 서론』라는 제목의 논문으로 정리했고, 이를 골드스타인에게 전달했습니다. 골드스타인은 이 보고서를 폰 노이만을 단독 저자로 에니악과 관련된 미국, 영국의 모든 과학자들에게 전달합니다. 그래서 프로젝트를 같이 수행한 에커트와 모클리에게는 서운한 일이지만 이 CPU를 장착한 새로운 기계는 폰 노이만의 이름을 따 '폰 노이만의 구조'[35]로 세상에 알려지게 되었고, 후일 이 새로운 기계는 그들이 육군에 제안한 프로젝트의 이름을 가져와 모두 에드박[36]이라고 불리게 됩니다.

한편 에니악팀 모두는 역사상 최초의 개념인 CPU 구조로 인해 어떤 금전적인 이득을 얻지 못했습니다. 후일 CPU 구조를 둘러싸고 에커트와 모클리가 소송을 제기하자 후원책인 미 육군이 골드스타인에 의해 배포된 책자를 출간한 것으로 간주하여 특허권을 대중에게 있는 것으로 마무리해 버렸기 때문입니다. 증기 기관 발명에 선구적인 제임스 와트와 매튜 볼턴$^{Matthew\ Boulton}$이 특허권으로 거액을 벌어들인 것에 비하면 에니악팀 모두에게는 무척 서운할 일입니다.

이후 거의 10여 년 동안 폰 노이만의 보고서 초안은 컴퓨터 개발의 주요 지침서 역할을 하여 발명이 줄을 이었고, 오늘날 컴퓨터의 기틀이 마련됩니다. 이 시기 컴퓨터는 주로 학계를 중심으로 폰 노이만의 구조를 본뜬 유사한 컴퓨터들이 만들어졌는데, 대부분 연구용으로 랜드 회사의 조니악^{JOHNIAC}, 로스앨러모스의 마니악^{MANIAC}, 아르곤 국립 연구소의 애비다^{AVIDA}, 일리노이 대학의 일리악^{ILLIAC}, 애버딘의 오르드백^{ORDVAC}

---

35 당시 폰 노이만의 보고서에는 타인의 작업에 대한 참고 문헌을 삽입할 수 있도록 공백을 남겨 두었고, 본문에서 EDVAC이라는 명칭은 사용하지 않았다. M. Mitchell Waldrop (2001), 위의 책 참조.
36 이 방식을 딴 최초의 에드박은 1949년 캠브리지 대학 연구팀이 만든 '에드삭^{EDSAC}'에게 돌아갔다.

등이 쏟아져 나옵니다. 이때 산업체는 IBM이 하버드 대학교에 에이컨을 지원하는 등의 학계 후원 정도를 하고 있었습니다.

그리고 에니악팀 역시 컴퓨팅을 학문의 영역에서 상업의 영역으로 이끌고 가는 데 선구자적 기여를 합니다. 1946년 3월 펜실베이니아 대학을 사직한 에커트와 모클리는 많은 지적 재산권을 기업에 넘기기도 했지만, 그들은 컴퓨터 회사를 설립하여 1951년에 '유니박-원 UNIVAC-1'을 만들어 상품화에 성공합니다. 그래서 당시 대기업들은 고심 끝에 '유니박-원'을 들여놓기 시작합니다.

반면 상업적인 이용보다 학계에서 과학적 연구나 공공 영역에서 컴퓨터가 이용되기를 원했던 폰 노이만은 종전 후 프린스턴 고등연구소에서 자금을 모아 과학적 장비로서의 컴퓨터 제작에 열중하여 수치 해석이나 수치 기상학 연구 등에 공헌을 합니다.[37] 드물게 그는 에드박이 출시된 이후 3년 만에 출시된 IBM 701[38] 탄생에는 지적 재산권을 주기도 합니다. 이렇듯 초창기 컴퓨터 발달은 군부의 후원으로 이론 및 개발에 있어서 학계의 활발한 참여가 밑받침되었습니다. 이후에도 정부의 학계에 대한 신뢰와 후원은 지속되어 학계는 상당 기간 정보 혁명의 주도적 위치를 갖게 됩니다. 그리고 이윤을 추구하지 않은 학계의 전통은 후일 삶의 동기가 이윤이 아닌 기술 영재들을 품을 수 있는 하나의 접점이 되어 후일 인터넷이라는 거대 무료 플랫폼이 탄생할 수 있는 여력을 제공합니다.

---

37 어스프레이(1990), 앞의 책, pp. 142~223 참조.
38 IBM 701은 IBM이 만든 최초의 컴퓨터로 1953년 4월부터 매달 한 대 정도씩 선적되었는데, 이 모델은 IBM이 컴퓨터 분야에서 선도적인 위치를 차지하는 데 도움을 주었다.

비운의 계산기

　물론 새로운 계산기를 발명하고자 하는 노력들이 미국에서만 있었던 것은 아니었습니다. 이 무렵 미국에 견줄 만한 업적은 2차 대전의 직접적인 포화를 맞고 있는, 영국에서도 이루어집니다. 영국은 산업 혁명을 탄생시킨 와트를 포함하여 오늘날 컴퓨터의 아버지, 혹은 인공 지능의 아버지로 불리는 앨런 튜링^{Alan Turing, 1912~1954}이 있는 국가답게 새로운 계산기, 즉 최초의 저장식 컴퓨터 역시 영국에 의해서 탄생했습니다.

　우선 폰 노이만과 튜링의 인연이 지금도 회자되고 있기에 먼저 튜링의 행적을 좇아가 보면, 튜링은 폰 노이만이 최초의 저장형 컴퓨터 개념을 제시하기 이전인 1938년에 이미 저장형 계산기에 대한 개념을 선보였는데, 그것을 발표한 곳은 영국이 아닌 미국의 프린스턴 대학교 수학과였습니다. 그는 1936년 자신의 수학 스승인 뉴먼의 도움으로 미국 프린스턴 대학교 수학과로 유학을 오게 되고, 이곳에서 1938년 알론조 처치의 지도 아래 내장형 컴퓨터 개념에 대한 박사 논문을 작성했습니다. 이 무렵 폰 노이만과 튜링의 만남이 이루어졌고, 폰 노이만은 튜링의 천재성을 알아보고 이미 1938년 봄에 그에게 보조 연구원으로 일할 것을 제안하기도 합니다.[39]

　그러나 영국이 전쟁의 위험에 처하게 되면서 튜링은 폰 노이만의 제

39　이 무렵 프린스턴 연구소와 수학과가 같은 건물에 있었고, 수학적인 관심이 비슷했기 때문에 이 시기 폰 노이만과 튜링이 만났을 것으로 추정된다. 폰 노이만과 튜링의 구체적인 만남의 시기는 어스프레이(1990), 앞의 책, pp. 254~255 참조.

안을 거절하고 귀국길에 오르게 됩니다. 그러니까 이때, 이미 폰 노이만은 튜링의 내장형 컴퓨터 설계에 충분히 노출된 바 있었습니다. 그래서 폰 노이만 컴퓨터의 핵심적인 개념인 CPU 개념은 튜링의 아이디어로 폰 노이만에게 빼앗겼다는 이야기가 지금까지 전해지고 있습니다.[40]

한편 영국 해군은 독일 유보트로 인한 피해가 극심해지자 독일 유보트의 통신 수단인 '에니그마^{Enigma}'가 생성한 악명 높았던 암호문을 해독하고자 영국 인근의 '블레츨리 파크$^{Bletchley\ Park}$'에 암호 학교를 세우고 다양한 분야의 천재들을 불러 모읍니다. 프린스턴에서 돌아온 튜링 역시 9천여 명이 모인 이곳에 입소하여 '봄베^{Bombe}' 개발에 이어 '콜러서스^{Colossus}'를 개발하는 데 공을 세웁니다.

영화는 상상력의 보고^{寶庫}이기도 하지만, 때로는 현실보다 더 현실을 그려 내기도 합니다. 그 말에 부합할 정도로 에니그마 해독팀의 활약을 그린 「이미테이션 게임」(2015, 감독: 모르텐 튈둠)[41]은 당시의 사실을 생생하게 묘사하고 있습니다. 영화는 '에니그마'의 해독 과정을 통해 개발이 조금만 늦어도 그만큼 사상자의 수가 증가하기 때문에 과학자들의 시간과의 싸움—당시 매 초마다 3명의 사상자가 발생했다고 한다— 그리고 이들 역시 군의 지원을 받기에 군과 과학자 간의 갈등

---

40 폰 노이만이 튜링의 1938년 박사 논문을 통해서거나 이미 그 이전에 내장형 컴퓨터 설계를 접한 것은 거의 정설로 알려졌지만, 후일 폰 노이만이 저술한 현대 컴퓨터 설계가 담긴 저서의 참고 문헌에서는 튜링의 이름을 찾아볼 수 없었다. 그래서 이 점은 아직도 풀리지 않은 의구심으로 남아 있다.
41 우리나라에서의 관객 수는 174만 명으로 그다지 흥행하지 못했지만, 세계적으로는 1천 4백만 달러를 투자하여 2억 2천만 달러의 수입을 올려 흥행 반열에 들었다.

역시 쉽지 않음을 엿보게 합니다. 결국 이들은 암호를 해독했지만, 대를 위해 소를 희생해야 하는 윤리적인 딜레마를 안게 됩니다. 보다 큰 승리를 위해 독일군이 눈치채지 못하도록 해독한 사실을 숨겨야만 했고, 여기서 독일군과의 「이미테이션 게임」이 시작됩니다. 결국 전쟁의 양상은 암호문을 해독한 연합국 측으로 기울게 되고, 영화는 종전 직후 튜링과 팀원들이 술을 마시면서 기밀문서를 태우는 장면으로 막을 내립니다. 실화에 바탕을 둔 만큼 실제로도 '콜러서스'를 포함한 모든 것은 역사 속으로 사라졌습니다.

'콜러서스'는 에니악보다도 2년이나 빠른, 1944년 2월 처음 가동됩니다. '봄베' 개발 이후 독일군의 새로운 암호 생성기인 로렌츠 암호기를 해독하기 위해 만든 암호 해독용 컴퓨터였지만, 진공관을 장착하고 사용자가 용도에 맞게 새로 프로그램을 짤 수 있는 계산기로는 세계 최초였습니다. 그것은 독일의 유보트 격침 그리고 노르망디 상륙 작전 등에 활용되어 2차 대전을 승리로 이끄는 데 크게 공헌합니다. 사학자들은 "에니그마를 해독함으로써 전쟁을 2년여 단축시키고 1,400여 만 명을 살렸다"[42]고 추정합니다.

그럼에도 '콜러서스'는 역사 속으로 사라지는 비운의 계산기가 됩니다. 영국 정부는 '콜러서스'의 탄생을 비밀 프로젝트라고 여겨 그것의 존재를 30여 년 동안 비밀에 부쳐 버립니다. 그리고 그것의 개발에 참여한 과학자들에게도 합당한 대우를 하지 않았습니다. 신기술 개발에

---

42   넷플릭스, 「컬러로 보는 제2차 세계대전, 대서양 전투」 참조.

영국 사회가 보여 준 대접은 미국에 비해 현저히 낮았습니다. '기술자를 경시하는 그들의 문화'[43]는 세상에 없는 새로운 것을 발명해야 하는 새로운 혁명으로의 이양기에는 적합하지 않았을 것입니다.

그리고 튜링 역시 종전 후 영국 국립물리학 연구소$^{National\ Physical\ Laboratory}$ $^{(NPL)}$에서 내장형 방식의 컴퓨터인 ACE$^{Automatic\ Computing\ Engine}$를 개발하고자 했으나, 끝을 보지 못한 채 맨체스터 대학의 컴퓨터 연구소 부소장에 임명됩니다. 그리고 1950년 『계산하는 기계와 인간』을 저술하여 기계가 생각할 수 있는가[44]에 대한 화두를 던져 인공 지능에 관한 선구적인 업적을 남겼지만, 당시 금기시했던 동성애 스캔들에 연루되어 자택에서 쓸쓸히 생을 마감합니다.[45]

결국 영국 정부에 의해 개발된 '콜러서스'는 종전 후 비밀에 부쳐 컴퓨터 발전에 직접적인 영향력을 행사하지 못했습니다. 이는 현대 컴퓨터가 정보 혁명의 마중물이 되었다는 점에서 영국 정부가 정보 혁명 시기에 우월적인 지위 역시 가질 수 없게 되었음을 의미했습니다. 물론

---

43 미국 경영학의 대가인 피터 드러커$^{Peter\ Drucker,\ 1909~2005}$가 말한 것으로 알려졌으나 정확한 출처는 찾을 수 없었다.
44 오늘날 인간과 기계의 판별을 위한 튜링 테스트로 알려진 그의 질문은 이때 처음 제시되었다. 컴퓨터 프로그램인 '유진 구스트만$^{Eugene\ Goostman}$'이 2014년 65년 만에 처음으로 튜링 테스트를 통과했다.
45 정보 혁명으로 세상이 급변하기 시작하자 그의 업적은 영국 정부에 의해 재조명되기 시작했다. 2013년 영국 정부는 그의 사후 59년 만에 그를 특별 사면하고 2021년 중앙은행인 잉글랜드 은행은 영국 지폐 중 가장 큰 단위인 50파운드 신권 지폐의 인물로 그가 죽기 3년 전인, 그의 1951년 찍은 초상화를 새겨 넣었다. 그는 당시 호킹 박사와의 경쟁을 물리치고 산업 혁명을 이끈 제임스 와트에 이어 50파운드 지폐에 등장했다.

'콜러서스'는 종전 후 비밀에 묻혔다고는 하나, 종전 후 경제적인 여력을 갖게 된 미국과는 달리 끊임없이 경제적인 하락세에 시달려야 했던 영국 정부로서는 그것의 개발을 지속적으로 이끌 후원 또한 없었기에 단발성으로 끝날 여지 또한 충분했습니다. 폰 노이만의 구조를 지닌 저장형 컴퓨터 역시 캠브리지 대학교에서 최초로 제작되기도 했지만, 지속적인 발명을 견인하지는 못했습니다.

이렇듯 정보 혁명은 2차 대전이 치러지는 동안 미국 과학자 군단에 의해 등장한, 현대 컴퓨터로부터 시작되고 있었습니다. 그리고 그들이 현대 컴퓨터를 개발하기 위해 응용한 '인간을 닮은 기계'라는 혁명적인 사조는 동력 장치의 효율성에 초점이 맞춰진 산업 시대와는 달리 인간과 기계의 유사성에 주목하여 앞으로 이어질 정보 기술들이 인간 정신과 밀접한 관련하에 개발될 것임을 암시하고 있었습니다. 즉 이 사조는 기계가 할 수 있는 일들이 무한대로 확장될 수 있음을 의미했고, 이는 정보 혁명을 견인하게 됩니다.

'인간을 닮은 기계'

우선 에니악팀은 매번 새로운 일을 하는 데 투입되었던 인간의 노동력을 줄이는 데 집중하면서 특히 폰 노이만은 당시 성행한 유기체적 기계관을 차용합니다. 기계와 인간은 서로 다른 개체이지만 인간적인 특성을 기계에 접목시키면, 즉 컴퓨터가 인간이 사고하는 방식으로 일을 처리토록 하면, 자동 조절이 가능한 기계를 만들 수 있으리라 여겁니다. 그래서 폰 노이만이 만들고자 한 계산기는 '인간을 닮은 기계'였습니다.

특히 생물학적 정보 처리와 『사이버네틱스』의 학제 간 연구에 반복적으로 참여했던 폰 노이만은 두뇌의 해부학적 구조라든가 신경 세포인 뉴런^{neuron} 등으로까지 관심을 확대하여 그것들을 현대 컴퓨터 설계에 응용할 수 있게 됩니다. 그의 생각은 육군에 제출한 CPU 개념이 담긴 보고서에서 확연히 드러나는데, 그가 작성한 에드박의 설계를 위한 제안서에는 구조적인 장치들을 위해 기계를 유기체로 바라본 흔적들이 그대로 노출됩니다. 그의 제안서에는 기존 기술 설계서에서는 볼 수 없었던, 생물학적 용어들을 사용하여 그 당시 사람들이 가장 신경을 쓰던 엔지니어링 구현으로부터 논리 설계를 분리해 냅니다.

그의 목표는 생물학적 유기체와 유사하게 자동으로 성장할 수 있는 기계를 설계하는 것이었습니다. 그래서 그는 인간의 특성에 주목하여 계산이 끊임없이 자동적으로 이루어지는 데에 관심을 기울였고, 그는 현대 컴퓨터 설계를 위해 디지털 기계와 생물학적 정보 처리 기계 간의 비교를 통해 컴퓨터의 산술 장치를 뉴런과 비교할 수 있도록 했습니다.

그는 보고서 초안에서 인간 신경 시스템에 있는 결합 뉴런, 감각 뉴런, 운동 뉴런 등의 생물학적 용어들이 각각 컴퓨터에 있는 중앙 처리 단위 장치, 입력 단위 장치, 출력 단위 장치와 유사함을 보여 줍니다. 이것이 현대 컴퓨터의 이론적인 기반이 되었습니다. 이후 그는 자신의 사고를 정리해 가면서 기계와 인간은 종이 다른 오토마타^{Automata}⁴⁶라는 개념을 제시합니다. 그는 생물학적 세계와 인공적 세계의 근본적인 통합에 관심을 두고 그들의 뉴럴 네트워크와 튜링의 기계를 두 개의 기둥으로 삼아서 오토마타 이론을 정립합니다. 물론 오토마타는 군부 후원이 아닌 개인적인 차원의 연구였고, 이론적으로 완성된 것은 아니었으나, 그것에는 인간과 컴퓨터는 종류가 다른 자동 조절 기계라는 전제가 내포되어 있었습니다. 그리고 그는 사망 직전, 인공 지능과 인공 생명에 관한 초기 연구인 『컴퓨터와 뇌$^{The\ Computer\ and\ Brain}$』라는 유작⁴⁷을 남겨 뇌를 컴퓨팅 기계로 볼 수 있는 방법에 대해 설명하고 있었습니다. 이렇듯 폰 노이만은 기계와 생물의 유사성에 주목하여 결국은 인공 생명의 초보 단계로까지 나아갔으며, 이는 인공 지능 연구에 선구적인 기여를 하게 됩니다.

위너 자신도 말년에는 신경 체계로까지 관심 영역을 넓혔고, 그의 『사이버네틱스』는 제어 공학, 통신 공학, 그리고 기계 지능을 연구하는 인공 지능 등에까지 영향력을 행사하게 됩니다. 위너, 폰 노이만 등이 포함된 『사이버네틱스』 동료들의 유기체적 기계관은 당시에는 컴퓨터의 성능이 그다지 뛰어나지 못해 기계 자체가 지능을 가질 수 있다는 인공 지능으로까지는 나아가지 못했으나, '인간을 닮은 기계'라는 그들의 사상적인 기조는 이미 인공 지능을 내포하고 있었고, 그것은 이후 거대한 변혁의 동력을 제공할 수 있게 됩니다.

---

46 오토마타는 "스스로 행동하고, 스스로 움직인다"는 뜻이다.
47 폰 노이만이 사망 직전에 시작하여 1958년에 처음 출판된 미완성 책이다. 『컴퓨터와 뇌』에 관해서는 http://en.m.wikipedia.org. John von Neumann 참조.

이렇듯 2차 대전이 가져다준 위기감의 증폭은 군부의 과학자들에 대한 적극적인 후원을 가져왔습니다. 이 시기 과학자들은 후원은 하되 방관자적인 태도로 일관한 군부의 방식으로 인해 어느 때보다도 자율성을 향유했으며, 또 어느 때보다도 최고의 창조성을 분출했습니다. 그리고 당시 그들이 개발한 현대 컴퓨터가 정보 혁명의 마중물이 되었다는 점에서 이어진 여정에서의 학계의 활약을 예고하고 있었습니다.

한편 종전 이후 불어닥친 새로운 위기감은 또 다시 미국으로 하여금 새로운 기술 개발에 나서게 합니다. 미국은 컴퓨터와 관련해서 다시 대규모 투자를 단행하는데, 2차 대전 이후 세계가 미국 중심의 경제 체제로 바뀌면서 그들이 누렸던 경제적인 호황은 이후 컴퓨터 산업을 추동하는 데에 커다란 힘이 됩니다.

종전 이후 실업률이 1%에 근접할 정도의 호황을 누린 미 정부는 새로운 위기 앞에 학계가 아닌 기업들의 멱살을 잡고 컴퓨터 산업 발달을 추동하게 됩니다. 정부의 적극적인 투자로 산업체가 컴퓨터 개발의 우위를 점하기 시작하면서 그들이 혁신을 담당하게 되고, 컴퓨터의 성능이 좋아짐에 따라 1950년대 중반 학계에서는 인공 지능이라는 새로운 사조가 등장합니다. 이들은 '인간을 닮은 기계'에서 '생각할 수 있는 기계'를 만들고자 하여 직접적으로 4차 산업 혁명의 씨앗을 뿌리게 됩니다.

2절
'생각할 수 있는 기계'

링컨 프로젝트

  전쟁은 더 이상의 비극이 없을 정도로 참전한 개인 대부분에게 최악의 참혹함을 안겨 주지만, 국가의 입장은 좀 다릅니다. 승전국의 지도자는 영웅이 되기도 하고, 이웃 국가는 도약의 발판을 마련하기도 합니다. 물론 이런 점으로 인해 인간 이성理性이 비웃음을 당하기도 하고 인류가 전쟁을 포기하지 못한 한 이유가 되기도 합니다만, 어찌 되었든 2차 대전은 미국민의 희생에도 불구하고 미국의 완벽한 승리였습니다. 이제껏 대부분의 승전국은 토지 등의 전리품이 가장 큰 수확이었지만, 미국은 원자 폭탄 개발로 2차 대전을 종식한 것에 대한 갖가지 칭송, 과학계의 화려한 부활, 그리고 제조업의 융성에 따른 경제적 성장세까지 거의 모든 것을 확실하게 챙겼습니다.

  그래서 미국은 종전 이후 또 다른 위기가 닥쳤을 때 새로운 개발을 위해 거대 자본을 투자할 수 있는 여력을 갖게 되고, 2차 대전 중 분출된 이론들을 현실에서 실험할 수 있는 기회까지 갖게 됩니다. 선구적인 사상이 학계에 머물지 않고 현실에서 응용된다는 것은 광범위하게 영향력을 행사할 수 있게 된다는 뜻이기 때문에 대단한 행운이라 할 수 있습니다. 후일 개인 컴퓨터 혁명을 주창하는 반문화주의자들이 옆에

끼고 다닌 책이 위너의 『사이버네틱스』였습니다.

　미국은 또다시 컴퓨터 관련 대규모 투자를 단행하게 되는데, 이 이유 역시 달라진 국제 관계에 있었습니다. 세상은 2차 대전으로 모두가 피폐해진 상황에서 종전만이 온 세상에 평화를 가져다줄 것으로 기대했지만, 현실은 정반대로 흘러갔습니다. 2차 대전 당시에는 한편이었던 소련이 1947년 동유럽을 자신의 세력권에 편입하자, 미국 역시 소련에 대응해 미·소 협력 체제를 파기하여 세계는 미국과 소련이라는 양대국 체제로 급속도로 재편되었습니다. 국제 관계가 새롭게 재편되면서 종전 후인 1946년부터 1990년까지 미국과 소련으로 양분되는 '냉전cold war, 冷戰' 시대가 도래하게 됩니다. 그래서 미국과 소련 사이에 매우 살벌한, 총성 없는 전쟁 상태가 거의 50여 년 동안 이어집니다.

　그래도 이 살얼음판 같은 국제 관계 속에서도 미국은 핵을 보유하고 있었기 때문에 소련이 핵을 개발하기 전인 1949년 8월까지는 적어도 심리적인 우위를 점하고 있었습니다. 반면 소련은 막강한 지상 전력을 지녔음에도 불구하고 2차 대전 당시 보여 준 미국 원자탄의 위력 앞에는 전전긍긍할 수밖에 없었기 때문에 베를린 봉쇄 당시 미국이 수송기를 총동원, 생필품 공수작전을 펼쳐도 소련은 수수방관하는 것 외에 뾰족한 수가 없는 처지였습니다.

　그래서 이 시기 소련은 어느 나라보다도 군비 확충에 열을 올렸고, 이전의 소규모 핵 개발 계획을 몇 곱절로 늘려 핵폭발 실험에 총력을 기울인 결과 소련은 마침내 핵 개발에 성공하게 됩니다. 이는 미국의 핵 독점 시대가 막을 내리게 된 것을 의미했습니다.

  소련은 핵무기를 선제공격에 사용하려는 것이 아니라, 핵무기를 가지고 있는 것 자체만으로도 핵전쟁을 억제할 수 있었기 때문에 없어서는 안 될 가장 중요한 새로운 무기가 되었습니다. 그것은 원자 폭탄을 개발한 오펜하이머의 말로 함축될 수 있습니다. "서로를 죽일 능력이 있지만 상대를 죽이면 자신의 목숨도 내놓아야 하는 한 병에 들어 있는 두 마리의 전갈과 같다." 결국 평화를 원하기 위해서는 전쟁을 준비해야 했습니다.

  미국은 소련을 견제하기 위한 새로운 전략을 급하게 세워야만 했는데, 우선 1950년 1월 해리 트루만$^{\text{Harry S. Truman, 1945~1953}}$ 대통령은 소련의 원폭 개발에 강력히 맞서 수소 폭탄을 개발할 것이라 선언하였습니다. 1950년 4월부터 황량해진 로스앨러모스 연구소는 원자 폭탄 개발에 참여했던 과학자들을 소집하여 다시 분주해지기 시작했습니다. 이때 과학자들 간에는 원자 폭탄이 거대한 살상 무기로 사용되어진 것을 보고 정부의 수소 폭탄 개발 계획에 대해 양분된 태도를 보였습니다.[48] 실질적으로 원자 폭탄 개발을 주도한 오펜하이머는 도덕적 책임감에 소극적인 자세[49]를 보여 고초를 겪기도 했으나, 강경하게 수소 폭탄을

---

48 대표적으로 아인슈타인과 오펜하이머는 소극적인 자세를 취했고, 유진 위그너(헝가리 출신인 미국의 이론 물리학자, 1963년 노벨 물리학상 수상)와 폰 노이만은 적극적으로 개발할 것을 주장했다.

49 원자 폭탄 개발 이후 오펜하이머가 겪은 고난은 영화 「오펜하이머」(2023, 감독: 크리스토퍼 놀란)에 자세히 소개되었다. 당시 그에게 씌워진 공산주의자라는 누명이 벗겨진 것은 2022년이었다.

개발해야 한다는 입장이었던 폰 노이만은 결국 방사능 실험에 여러 번 노출되어 암의 발병 확률을 높였고, 1957년 생을 마감합니다. 그의 죽음은 거의 그에게 의존하다시피 한 프린스턴 고등연구소에서의 컴퓨터 관련 프로젝트 역시 사라짐을 의미했습니다.

위급한 상황에 놓인 곳이 또 있었습니다. 국방부인 펜타곤 역시 분주해집니다. 펜타곤은 소련이 지금 폭탄을 가지고 있을 뿐 아니라 미국의 목표 지점에 무기를 운반할 수 있는 장거리 폭격기를 개발하고 있다는 정보를 입수했기 때문입니다. 게다가 1950년 6월 25일 북한이 38선을 넘어 남한을 침공하여 국제 정세가 더욱 급박하게 돌아가 대공 방어가 임무인 펜타곤은 새로운 레이더 시스템을 구축해야 할 필요성이 더욱 절실해졌습니다.

그러나 문제는 적기의 침입과 공습을 사전에 알아내 대응할 수 있어야 하지만 당시 컴퓨터의 대응 능력으로는 이를 실현할 수가 없었습니다. 에니악의 등장 이후 폰 노이만의 제안으로 컴퓨터의 저장 프로그램이 가능해졌지만, 그것을 응용한 유니박은 아직 실험실에서 개발 중에 있었기에 현재로서는 에니악밖에 없는 실정이었으나, 에니악은 수소 폭탄에 대응하기에 역부족이었습니다.

결국 미 공군은 1951년 8월 휠윈드를 개발한 MIT에 공군 전액 지원의 대공 레이더 방어 시스템 개발을 의뢰합니다. 휠윈드는 진공관을 사용하고 부피도 에니악보다 2배 큰, 미완성의 아날로그 컴퓨터였지만, 그래도 미 해군으로부터 연간 백만 달러를 후원받아 그것의 성능을 꾸준히 개선시켜 오고 있었습니다. 그래서 1951년 당시 기준으로 보았을 때 휠윈드는 수천 야드 내에 있는 적의 공격기를 향해 방어기를 조정하는 요격 궤도 장치를 반복적으로 컴퓨팅할 수 있는, 실시간 대응이 가능한 세계 최초의 컴퓨터였습니다.

이에 이미 해군 지원의 휠윈드를 가지고 있는 MIT는 전자 연구소(방사능 연구소 후계자)에서 현재 방위 프로젝트에서 일하고 있는 사람들을 재빨리 새로운 계획에 투입했고, 덕분에 MIT는 휠윈드팀과 함께 인간과 기계의 만남이라는 주제를 함유시킨 링컨 프로젝트[50]를 출범하게 됩니다. 이 프로젝트는 원자 폭탄 개발을 위한 맨해튼 프로젝트보다도 훨씬 많은 총 117억 달러가 소요된 거대 프로젝트로 한 달 전화 청구 요금이 백만 달러에 달할 정도였습니다. 그리고 이 거대 프로젝트가 추진될 무렵 학문적인 유행을 선도하고 있었던 『사이버네틱스』는 새로운 프로젝트의 이론적인 기반이 되었습니다.

『사이버네틱스』의 후예

링컨 프로젝트의 목표는 전체를 통제하는 컴퓨터로 실시간 대응이 가능한 컴퓨터인 휠윈드를 이용하여 SAGE$^{\text{Semi-Automated Ground Environment}}$

---

50 대공 방어가 핵심이었던 링컨 프로젝트는 처음에는 찰스 프로젝트로 출발했지만, 연구의 중요성이 부각되면서 링컨 연구소가 세워지게 되고, 이후 링컨 프로젝트라고 불리게 됐다. 1958년 뉴저지 맥과이어 베이스를 시작으로 1983년까지 23군데가 세워지고 운영되었으며, 1984년 1월 노스베이 시스템이 해체될 때까지 20년 동안 공중을 관찰했다.

라고 불리는 공중 방어 시스템air-defence system을 개발하는 것이었습니다. 그래서 SAGE는 레이더 기지를 상호 조정하고 비행사들이 들어오는 비행기들을 방어하는 것을 총괄하는 것으로 설계되었습니다.

SAGE는 적 폭격기를 발견한 뒤, 그것을 추적 요격하기 위해서는 베이스에 컴퓨터 관련 장비의 설치가 필수적이었고, 베이스 간 연결을 위한 통신 선로가 개설되어야 했기에 프로젝트에 컴퓨터와 함께 1,500만 마일이나 되는 거대한 통신 선로가 처음으로 포함되었습니다.

이때 베이스에서 제어 업무를 담당할 컴퓨터인 SAGE 제작은 우여곡절 끝에 IBM이 선정됩니다. 당시만 해도 IBM은 전자 기계식 컴퓨터의 입출력 장치에 소요되는 펀치 카드로 연명하던 시절로, 컴퓨터 산업에 본격적으로 뛰어들지 않았으나 이때 회사 명운을 걸고 컴퓨터 제작에 뛰어들어 일약 대형 컴퓨터 회사로 발돋움하게 됩니다.

또한 링컨 프로젝트는 『사이버네틱스』가 대세임을 보여 줍니다. 학계에서 발현된 『사이버네틱스』는 당시 학문적인 유행을 주도하고 있었는데, 링컨 프로젝트팀 역시 『사이버네틱스』의 후예임을 자처합니다. 그들은 당시 유행한 최첨단의 『사이버네틱스』 이론을 가지고 SAGE라는 선구적인 프로젝트를 설계하는데 주저하지 않았습니다. 여기서 Semi는 반半을 의미한 것으로 SAGE 프로젝트는 반자동 시스템이었습니다. 그것은 시스템 내부에 컴퓨터를 작동하는 사람들이 머무르는 것을 의미했습니다. 그래서 링컨 프로젝트팀은 우선적으로 인문 분야human-factor를 신설합니다. 그들은 기계를 작동하는 사람과 기계와의 긴밀한 협조를 위해서는 인간적인 요인 즉, 심리학적인 요인 또한 필요하다고 파악했습니다.

그래서 링컨 프로젝트팀은 유명한 심리학자를 스카우트했고, 그들 역시 컴퓨터 엔지니어들과 함께 작업하면서 심리학자들은 엔지니어들에게 배우고, 엔지니어는 심리학자들의 의견을 반영하는 등 긴밀한 협력 체제를 유지합니다. 컴퓨터 혁명이 도래하자 한동안 인문학이 부활하기도 했는데, 이는 초창기 컴퓨터 발달이 기술과 인간적인 요인과 결합하고자 하는 『사이버네틱스』를 원조로 두고 발달해 왔기 때문입니다.

후일 기술 혁명의 선구자인 잡스는 애플의 뉴턴 프로젝트[51]를 거절했는데, 그 이유가 아이패드에 펜을 사용한 점에 대한 거부감 때문이었습니다. 그는 손이 직접적으로 그 기술에 터치하여 인간이 자유로움을 느낄 수 있게 하는 것을 선호하였기에, 그가 개발한 아이폰이나 아이패드의 터치 패널은 인간이 네트워크를 조종하는 듯한 느낌을 갖게 하는 데 많은 비중을 둡니다. 특히 잡스는 디자인에 심혈을 기울였습니다. 기계는 아무것도 할 수 없지만, 디자인은 인간의 시각과 촉감은 모두와 연결되었기에 이를 통해 기계와 인간적인 요인이 통합할 수 있으리라 여겼습니다.[52] 이 점은 기술을 다루는 데 있어서 인간적인 요인을 함유하게 하기 위해 심리학자들과의 협업을 추구했던 링컨 프로젝트 정신과 그 맥을 같이하고 있습니다.

---

51 1993년 출시 당시 애플의 운영 체제의 명칭인 '뉴턴'이라는 이름으로 광고했는데, 그것은 오늘날 스마트폰 기능을 구현한 작품으로 그 기기의 명칭은 '메시지 패드'였다.
52 월터 아이작슨. 2011, 『스티브 잡스』, 안진환 역, 민음사 참조

인간적인 요인을 중시하려는 태도는 최근 스타벅스[53]의 행보에서도 느낄 수 있었습니다. 스타벅스와 영업적 면에서 비슷한 커피숍을 갔는데, 들어서자마자 저희 일행을 맞이한 것은 키오스크kiosk[54]였습니다. 이미 키오스크는 음식점 등에 널리 보급되었기에 놀랄 만한 일은 아니었으나, 이 시점에 스타벅스는 모바일을 통해 선주문하는 사이렌 오더는 있지만, 왜 키오스크는 아직 도입하지 않았을까, 하는 생각이 문득 들었습니다. 그래서 찾아보니 미국 스타벅스의 철학이 키오스크에서는 느낄 수 없는, 손님들과 직접 대면하고 감정과 유대를 공유하는 직원에게 더 투자한다는 철학으로 아직 도입하지 않고 있다는 것입니다. 물론 기계를 다루는 데 인간의 심리적인 요인을 고려하고자 했던 링컨 프로젝트와는 다른 상황이지만, 많은 분야가 기계로 대체되는 시대에 살고 있기에, 서비스를 판매하는 데 있어서 인간적인 경험을 중시하려는 태도는 신선했습니다. 이윤과 싸움에 유능한 기업인만큼 언젠가는 키오스크로 대체되는 날이 오리라 여겨지지만, 서비스 분야에서나마 인간적인 요인이 지속되었으면 좋겠다는 생각이 들었습니다.

SAGE 컴퓨터[55]는 당시로서는 최첨단인 리얼 시스템을 구축하여 50개의 분리된 모니터에 있는 50명의 작동가들은 비행기가 움직이는 동

---

53 1971년 설립된, 미국의 최대 커피 체인점으로 한국 스타벅스는 미국 본사의 지분이 모두 매각된 상태이다.
54 특정 기능의 무인 서비스를 제공하는 장치로 주로 터치 스크린이 사용된다.
55 SAGE 시스템의 핵심인, IBM이 만든 AN/FSQ-7는 1개의 사이트에 2개 세트가 짝지어 설치되어 한 세트에 5만 5천 개의 진공관이 조립되어 있었다. 무게는 250톤에 소비 전력은 3메가와트에 달한, 단일 프로세서 시스템으로는 아직까지도 기록을 깨지 못한 사상 최대의 컴퓨터이다.

안에도 한 번에 400대의 비행기를 실시간으로 추적할 수 있었습니다. 그러나 SAGE 컴퓨터는 당시 정해진 매뉴얼에 따라 지상의 요원이 대응하는 시스템이어서 개인적인 대응이 자유롭게 이루어지진 못했습니다. 그럼에도 당시 그들은 이곳에서 실시간 컴퓨팅을 경험한 것만으로도 선택받은 사람들이었고, 그들 역시 긴박한 상황 속에서 작업했기 때문에 놀랄 만한 자유를 향유했습니다.

당연히 이들은 몇 년 후 아르파(2부 참조)가 네트워킹을 통해 대화형의 상호 연결 시대로 끌고 가는 데 자신들의 몫을 충분히 해냅니다. 특히 이곳 출신 중 많은 이들—릭 클라이더, 로버트 하트, 그리고 뒤에 계속 나올 사람들—은 아르파 네트워크 설계와 개발에 없어서는 안 될 역할을 합니다. 특히 릭 클라이더(2부 참조)는 심리학자 출신으로 『사이버네틱스』에 영향을 받았으나, 이곳에서의 실시간 컴퓨팅 체험은 그로 하여금 컴퓨팅에 관한 거대한 비전을 지닌 컴퓨터 학자로 나아가게 합니다. 그래서 그는 후일 인간과 컴퓨터의 상호 작용성에 관한 자신의 꿈을 국방부 산하 연구 기관인 아르파에 심게 되고, 아르파는 네트워크의 길을 예비하게 됩니다.

또한 링컨 연구소의 SAGE 계획은 2,000명 정도의 프로그래머가 필요했고, 이를 위해 1956년 12월에 랜드로부터 독자적인 시스템 발전 회사인 SDC(System Development Corporation)를 세워 수많은 프로그래머를 양성하였습니다. 그 덕에 1960년대 컴퓨터 관련 인력은 대부분 링컨 연구소 출신으로 충원될 수 있었습니다.[56]

---

[56] Katie Hafner·Matthew Lyon. 1996, *Where Wizards Stay up Late: The Origins of the Internet*, New York: Simon & Schuster, p. 116.

그리고 링컨 프로젝트는 컴퓨터가 상업화할 수 있는 통로 역할 역시 충분히 해냅니다. 앞서 이야기한 대로 IBM은 공군과 합작으로 SAGE 컴퓨터 제작을 담당하게 되어 1954년 SAGE 컴퓨터가 탄생하였고, 이후 IBM은 군부와 정부를 고객으로 한 거대 컴퓨터 회사로 발돋움하여 1950, 1960년대 컴퓨터 업계의 거인으로 군림합니다. IBM은 군부와 결합이라는 의미에서 빅 블루$^{Big\ Blue}$라는 애칭으로 불리게 되었고, 근대 컴퓨터 산업은 펜타곤과 거의 동일시되어 발달하게 됩니다. 그래서 아직은 먼 훗날의 이야기이지만, 대형 컴퓨터 생산 업체들은 비교적 안정된 고객이 확보되어 그것의 생산만으로도 충분한 이익이 났기 때문에 개인 컴퓨터의 비전을 쉽게 파악하지 못했습니다. 1990년대에 들어서 이들 회사들은 어려움에 봉착하게 되거나 사라지게 됩니다. 오늘날 우리가 사용하는 개인 컴퓨터는 다른 혁신가를 맞이해야 했습니다.

선지적인 엔지니어들

링컨 프로젝트를 통해 다양한 첨단 기기들이 개발되는데 이 가운데에는 최초의 트랜지스터를 장착한 컴퓨터가 탄생했습니다. 당시 이것을 만든 연구원들은 후일 중형 시장을 선도할 디지털 이퀴프먼트$^{Digital\ Equipment\ Corporation(DEC)}$를 설립하였고, 이들은 크기가 획기적으로 줄어든 컴퓨터를 출시하여 개인도 컴퓨터를 소유할 수 있다는 꿈을 전파하게 됩니다.

당시는 에니악 시절로 컴퓨터가 대단히 크고 매우 비쌌습니다. 그래서 당시 거대한 컴퓨터를 이용하기 위해서는 이용자들이 프로그램 카드에 자료를 입력해 오면, 전문 프로그래머가 그것을 모아 컴퓨터를 실행하여 결과가 도출되면 알려 주는 일괄 처리 방식인 배치 프로세싱batch processing 방식으로 작업해야 했습니다. 이 방식은 흰 가운을 입은 전문 프로그래머가 자료를 취합해야 했으니 일반 이용자들의 컴퓨터 접근 자체가 안 되었고, 만약 프로그램에 하나 정도 실수가 있으면 그 결과가 나올 때까지 몇 날 며칠 지나야 하는 등 컴퓨터가 왕이고 이용자가 신하인, 개인의 시간을 희생해야 하는 이용 방식이었습니다.

이 방식은 세무 조사나 인구 조사 등의 대단위 반복적인 일에는 매우 효율적이었기 때문에 초창기 컴퓨터의 주 이용 고객이 정부 기관 혹은 학계로 한정된 만큼 당시 컴퓨터는 대부분 이 방식으로 출시되었습니다.

이에 휠윈드팀에서 링컨 연구소의 컴퓨터 분과로 합류한 영민한 엔지니어였던 케네스 올센Kenneth Olsen을 비롯한 연구원 일부는 당시 유행하고 있는 배치 프로세싱 방식에 대해 아주 못마땅하게 생각했을 뿐 아니라 컴퓨터는 보다 작아져야 하고 좀 더 싸고 fun해야 한다는, 80년대 해커들이나 품을 만한 선지자적인 생각을 가지고 있었습니다.

그래서 이들이 1955년에 개발한 것이 TX-0라고 불린 컴퓨터입니다. TX-0는 휠윈드의 설계를 그대로 진공관 대신 벨 연구소Bell Laboratories(Bell Lab)[57]에 의해 개발된 최초의 트랜지스터Transister를 장착했습

---

57 벨 연구소는 1876년 알렉산더 그레이엄 벨Alexander Graham Bell, 1847~1922이 자석식 전화기의 특허를 받아 세운 벨 전화 회사를 인수한 AT&T에 의해 1925년에 설립된, 세계 최고 수준의 민간 연구 개발 기관이다. 이곳에서 트랜지스터가 탄생했다. 특허만 3만 3천 개를 보유하고 있으며 14명의 노벨과학상 수상자를 배출했다. 벨 연구소의 혁신적인 기관으로서의 혁혁한 성과는 존 거트너(2012), 앞의 책 참조.

니다. 트랜지스터는 보기에는 규소나 게르마늄으로 만들어진 반도체를 두세 겹으로 접합하여 전류나 전압 흐름을 조절하게 되는, 외양은 그저 볼품없는 회로에 불과했지만, 그것은 거대한 진공관을 대체하여 컴퓨터의 크기를 획기적으로 줄일 수 있는 혁명적인 발명품이었습니다.

그 개발의 주인공들은 벨 연구진의 윌리엄 쇼클리William Shockley가 이끌던 고체물리학팀인 존 바딘John Bardeen, 월터 브랜튼Walter Brattain입니다. 두 번의 노벨 물리학상(1956, 1972)을 수상한 바딘은 브랜튼과 한 팀이 되어 수십 번의 실험을 통해 트랜지스터를 발명하고, 그 이후 쇼클리가 이 발명에 가담하여 그들은 트랜지스터 개발 공로로 1956년 세 명 모두 공동으로 노벨상을 수상하게 됩니다.[58]

이 가운데 쇼클리는 MIT 출신의 물리학자로 2차 대전 중 자문 등으로 바쁘게 전장을 누비던 그를 벨 연구소에서 기존의 연구원들보다 나이가 어렸음에도 고체물리학팀의 팀장으로 파격적으로 스카우트한 인물입니다.[59] 그는 팀원들과 함께 트랜지스터를 개발한 이후 벨 연구소의 처우에 불만을 품고 퇴사하여 쇼클리 반도체 연구소를 세우는데, 그 연구소 출신들이 후일 페어차일드, 인텔 등과 같은 거대한 반도체 회사를 세우고 운영하게 됩니다. 실리콘 밸리 탄생에 기여한 공로로 그는

---

58 바딘과 브랜튼은 1947년 점접촉 트랜지스터를 발명했고, 쇼클리는 이들보다 늦은 1948년 바이폴라 접합 트랜지스터를 발명하여 과학계의 정도를 어긴 것이 아니냐는 지적도 있었다. 위의 책 참조.
59 존 거트너(2012)는 벨 연구소가 쇼클리를 파격적으로 스카우트하고 2차 대전 중 유행했던 협업 시스템처럼 물리학자, 엔지니어 등 다양한 분야에서의 전문가들을 한데 묶어 연구에 몰두하게 했는데, 이 방식이 유의미한 성과를 낳았음을 지적했다.

'반도체의 아버지'라 불리기도 합니다.

한편 대부분 첫 출시품은 시험용이 되듯이 당시 이들이 만든 트랜지스터 역시 부피를 줄일 수는 있었으나 여전히 부피가 크고 대중적으로 이용하기에도 가격적인 저항도 있었습니다.[60] 그래서 당시 트랜지스터는 획기적인 발명품이었음에도 자체 연구 및 군부에 소량 납품할 정도였고, 상업적인 이용에도 한계가 있었습니다.

그럼에도 링컨 연구소의 올센 등은 컴퓨터에 관한 최신의 정보가 빠르게 오고 가는 곳에 근무한 덕분에 1953년 필코^{Philco}가 만든 트랜지스터의 개선된 버전을 응용하여 트랜지스터를 장착한 TX-0를 선보이게 됩니다. 그리고 이 팀은 TX-0가 성공하자 더 큰 규모의 TX-1을 구상하지만, 너무 거대해서 규모를 축소한 TX-2를 완성하게 됩니다. TX-2는 64,000 바이트의 메모리(오늘날 단순한 포켓용 전자 계산기만큼의 용량)을 담고 있는, 당시로서는 획기적으로 작은 컴퓨터였습니다.

에니악이 17,000개의 진공관을 장착하고 커다란 방 하나를 다 차지했던 것에 비하면 트랜지스터는 단점이 조금 더 보완되어야 했지만, 컴퓨터 크기를 획기적으로 줄게 하여 오늘날 개인 컴퓨터 시대를 열게 한 혁명적인 발명품이었습니다.

그러나 당시 연구소가 실험실에서 공중 방어에 전념하고자 일반적인

---

60 당시 진공관 하나의 제작비가 74센트였고 트랜지스터 하나를 만드는 비용은 약 8달러 정도였다.

연구를 금지하자 결국 올센 등을 포함한 연구원들은 자신들의 신념을 전하기 위해 TX-0를 MIT 캠퍼스에 기증하게 됩니다. 이는 자신들에게도 썩 유쾌한 결정은 아니었지만, 그것이 지닌 대화식 개념은 1960년대 해커들(3부 참조)의 출현에 크게 기여하게 됩니다.

당시 MIT에 비치된 IBM 컴퓨터는 접근이 허용되지 않았지만, 전자 연구소에 설치된 TX-0는 최초의 대화식 컴퓨터로 MIT 전자 연구소의 컴퓨터 이용자들인 해커들을 블랙홀처럼 빨아들이게 됩니다. 나비효과$^{\text{Butterfly Effect}}$[61]가 생각나는 대목입니다. 이때 출몰한 해커들의 협력 정신은 다음 세대까지 이어져 컴퓨터 혁명의 한 축을 담당하게 됩니다. 이들은 어느 시기 하늘에서 뚝 떨어진 것은 아니고 그 근원은 국가 프로젝트였습니다.

그리고 후일 올센 등은 링컨 연구소를 나와 DEC를 설립하여 최초의 중형 컴퓨터인 PDP 시리즈를 생산합니다. DEC에서 처음 출시한 PDP-1은 TX-0와 TX-2의 개념을 모아서 작은 시스템으로 상용화한 것인데, 이것은 컴퓨터 리서치와 수치 업무를 처리할 수 있는 컴퓨터로 몇십 억하던 컴퓨터 시장에 수천만 원대로 떨어진, 가격 혁명을 가져옵니다. 대학, 연구소를 제외하고 컴퓨터 이용을 즐긴 일반인들이 맨 처음 조우한 모델이 PDP-1이었습니다.

---

61 어느 한 곳에서 일어난 작은 나비의 날갯짓이 뉴욕에 태풍을 일으킬 수 있다는 이론이다. 미국의 기상학자인 로렌즈^{Lorenz}가 사용한 용어로, 초기 조건의 사소한 변화가 전체에 막대한 영향을 미칠 수 있음을 이르는 말이다.

그래서 이것의 성능은 별 볼 일 없었지만 커다란 방을 독차지하면서 계속적으로 유지 보수해 주어야 했던, 덩치 큰 비싼 컴퓨터에서 컴퓨터 가격이나 크기가 더 떨어질 수 있으리라는 희망을 주기에 충분했고, 이는 후일 캘리포니아 해커들의 컴퓨터 소유 운동으로 이어집니다.

DEC는 곧이어 동부 실리콘 밸리를 여는 선두 주자가 되었고 적어도 개인 컴퓨터 시대를 연 애플이 등장하기 전 IBM은 대형 컴퓨터 시장에서 그리고 DEC는 중형 컴퓨터 시장에서 독보적인 위치를 누리게 됩니다.

물론 링컨 프로젝트 자체는 폭격기 요격에 초점을 맞춘 SAGE가 소련이 미사일을 신무기로 내놓는 바람에 시대에 뒤떨어지게 되어 거대한 개발비가 무색하게도 미 공군에 탁월한 군사적인 영향력을 행사하지는 못했습니다. 그러나 이 프로젝트는 미 정부의 대규모 투자 덕분에 다음 세대가 더 큰 기술적 모험의 세계로 나가고자 했을 때, 그 여정을 책임질 수많은 인적 자원―특히 MIT의 링컨 연구소 식구들―을 배출했고, 정부 주도의 컴퓨터 개발 및 관련 산업이 더욱 확장될 수 있는 발판을 제공했다는 점에서 컴퓨터 발달사에 매우 중요한 시도로 손꼽히고 있습니다.

인공 지능 등장

1950년대까지 이어진 군부의 지속적인 후원은 컴퓨터 개발이 상업화로 연결될 수 있는 통로 역할을 하였고, 결국 1950년대는 컴퓨터 산업이 비약적으로 발달하여 변화가 찾아옵니다. 초창기 학계를 중심으로 개발되었던 컴퓨터는 지속적으로 기술 발전에 투자해야 했기에 거대한 운전 자본을 지닌 기업들로 넘어가게 되고, 이제 학계는 과학적인 이용을 위해 자체적으로 컴퓨터를 개발하는 대신 컴퓨터를 구입하거나 빌리게 됩니다.

1940년대 중반, 위너가 프로젝트를 발주 받아 기계를 개발할 당시 사용했던 계산기는 아날로그 컴퓨터였습니다. 그러나 전후 짧은 기간 동안 컴퓨터의 성능은 좋아졌고, 이 거대한 성능 좋은 컴퓨터는 생물 신경 체계에 대한 지식과 쉽게 결합할 수 있었습니다. 이로 인해 일부 학자들은 우리의 육체적인 힘이 산업 혁명 때 증기 기관에 의해 확장되었던 것처럼 우리의 마음도 컴퓨터에 의해 확장될지도 모른다고 생각했습니다. 이것이 컴퓨터도 인간처럼 지능을 가질 수 있으리라는 새로운 사조의 출발이 됩니다.

이 새로운 사조의 출발을 알린 것이 1956년 개최된 다트머스 학회 Darmouth Conference였습니다. 다트머스 대학교 Darmouth College에서 연구 중인 존 맥카시 John McCarthy[62]는 록펠러 재단의 후원을 받아 다트머스 학회를 개최했는데, 당시 맥카시를 포함하여 이 모임을 제안한, 마빈 민스키,

---

62 인공 지능이라는 단어를 처음 창안한 맥카시는 1927년 미국에서 태어나 잡스가 죽은 해인 2011년 세상을 떠났다. 잡스의 죽음에 가려 그의 죽음은 재조명되지 못했으나, 인공 지능을 개척한 선구자로 컴퓨터 발달사에 한 획을 그었다.
http://en.m.wikipedia.org. John McCarthy 참조.

너대니얼 로체스터, 클로드 섀넌 등이 내건 캐치프레이즈는 "기계가 공부를 한다?"였습니다.[63]

그리고 그 제안서에 인공 지능$^{Artificial\ Intelligence(AI)}$이라는 개념이 역사적으로 처음 등장합니다. 오늘날 4차 산업 혁명을 선도하고 있는 인공 지능은 이미 반세기도 훨씬 전에 그 첫 모습을 드러내고 있었습니다.

당시 맥카시는 인공 지능을 "기계를 인간의 행동 양식에 따라 행동하게 만드는 것"이라고 정의합니다. 그들은 『사이버네틱스』에서 주장하는, '인간의 뇌를 닮은 컴퓨터'를 만들려고 하지 않고, "인간이 할 수 있는 것을 기계가 하면 된다"라고 생각합니다. 그래서 그들은 "인간은 생각하는 기계다"라는 관점에서 인간의 지능으로 할 수 있는 사고, 학습, 자기 개발 등을 컴퓨터가 할 수 있는 방법을 연구하고자, '생각하는 기계'를 만들려고 시도합니다.

결국 날로 발전하는 컴퓨터로 인해 인공 지능 연구에 헌신하는 과학자들이 늘어나, 종전 후 유행을 휩쓸었던 『사이버네틱스』는 번창하는 분야가 종종 그러하듯이 순식간에 자신의 조카뻘인 인공 지능에 의해 몰락의 수순을 밟게 됩니다. 당시 인공 지능에 대한 열렬한 지지는 10여 년 동안 학계를 휩쓴 『사이버네틱스』 열풍을 꺾기에 충분했습니다.

---

63 이 모임은 한 달에 걸쳐 진행되었으며, 학회는 인공 지능이라는 분야를 확립한 학술회의였다. 맥카시를 비롯한 그 모임의 참가자들인 마빈 민스키, 너대니얼 로체스터, 클로드 섀넌 등이 인공 지능의 창시자들이다.

그러나 당시 신생 분야인 인공 지능 사조는 돌풍을 일으켰지만, 컴퓨터가 갖는 능력과 인간이 갖는 능력 간의 불일치, 소위 모라벡의 역설 Moravec's Paradox,[64] 연구 자금의 중단, 그리고 처음부터 완벽을 가하고자 했던 이들의 실험들로 인해 그들의 연구는 부침을 거치면서 매우 더디게 진행되었습니다.

오랜 기간 실험실에서 머물렀던 인공 지능 연구는 인터넷의 등장으로 정보 처리 능력이 향상되고, 관련 연구들이 막연히 넓은 연구 분야에서 좀 더 신중하고 좁은 분야로 압축되면서 1990년대 이후부터 다시 활발해졌고, 다트머스 회의에서 토론했던 내용들이 현실로 나타나기 시작했습니다. IBM의 컴퓨터가 체스 세계 챔피언과의 대결에서 승리한 것도 1997년도 일입니다.

그 이후 인공 지능의 화려한 청사진들이 본격적으로 쏟아지기 시작합니다. 특히 인공 지능에서 파생하여 선구적인 업적을 남기고 있는 로봇 공학 연구자들은 오늘날 사람의 마음이 로봇으로 이식되면 사람은 말 그대로 기계로 바뀌게 되고 마음의 아이들이 인류의 후계자가 된다는 파격적인 주장[65]까지 내놓았습니다.

이러한 기계 지능이라는 선구적인 사상을 소재로 한 영화가 20세기

---

64 AI 연구의 대가인 한스 모라벡Hans Moravec은 1970년대에 '인간에게 쉬운 것은 컴퓨터에게 어렵고 반대로 인간에게 어려운 것은 컴퓨터에게는 쉽다'고 정의를 내렸다.
65 모라벡은 1998년 자신의 저서인 『로봇』에서 로봇 기술의 발달 과정을 생물 진화에 비유하여 2050년 이후의 로봇을 '마음의 아이들'이라고 부르고 있다.

끝자락인, 1999년 개봉한 「매트릭스The Matrix」(1999, 감독: 워쇼스키 형제)입니다. 「매트릭스」의 무대는 케빈 워릭Kevin Warwick[66]의 상상이 실현된 2199년으로 인공 지능과의 대결에서 패배한 인간들의 우울한 미래 이야기가 주요 내용입니다. 당시 「매트릭스」가 구현한 영화적 상상력은 매우 충격적으로 우리의 생각이나 전망 등을 훨씬 뛰어넘었습니다.

아직까지는 지상에서 인간을 넘어설 어떤 인종도 출현하지 않았습니다. 그러나 영화에서 인간은 자신들이 만든 인공 지능에 최초로 패배합니다. 인간들은 인공 지능의 에너지를 제공하기 위해 가축처럼 사육당하는 비참한 신세로 전락합니다. 그 사육당하는 시스템이 '매트릭스'입니다.[67] 그곳 시스템 속에서는 기억마저 AI에 의해 입력되고 삭제됩니다. 영화 속의 상상만으로도 섬뜩한 미래가 아닐 수 없습니다. 당시만 해도 돌아오지 않을, 미래의 이야기이겠거니 했지만, 오늘날 관련 학문의 발달로 로봇이 현실에서 응용되기 시작하고, AI 등장으로 모든 것이 급변하는 시대가 되었기에 지난날 영화의 소재가 마냥 꿈만 아닐 것이라는 생각을 하게 합니다.

---

66 영국의 로봇공학자인 케빈 워릭은 2050년 기계가 인간보다 더 똑똑해져서 지구를 지배할 것이라며 1997년 그의 저서 『로봇의 행진March of the Machines』에서 21세기 지구의 주인은 로봇이라고 단언했다.
67 영화는 '매트릭스'에서 탈출한, 낮에는 평범한 프로그래머이자 밤에는 해커로 활동하는 주인공인 '레오'가 구원의 투사로 활약하여 영화의 완결판이라고 할 수 있는 3편에서 인간은 '매트릭스'로부터 탈출할 수 있었다. 2003년 「매트릭스2-리로디드」와 「매트릭스3-레볼루션」이 개봉하고 2021년 「매트릭스4-리저렉션」이 개봉되었다. 속편 모두 1편을 능가하지 못했다는 평 받았다.

인공 지능 연구, 특히 로봇의 발달은 21세기로 접어들면서 비약적으로 발달하여 요즈음 로봇들은 공장을 넘어 상업용으로 사용되고 있기에 가정으로 들어올 날도 머지않았습니다. 이렇듯 '생각할 줄 아는 기계'는 오늘날 그 끝이 어딘지 모른 채로 인간 생활 전반으로 그 영역을 넓혀 오고 있습니다.[68] 최근 개발 경쟁에 불을 지핀 '챗GPT'의 등장 역시 인공 지능 시대가 빠르게 우리 일상으로 다가올 것임을 암시하고 있습니다.

이렇듯 미국은 2차 대전부터 1950년대를 지나면서 컴퓨터와 관련하여 땜질해, 쓸모 있는 도구로 만들어 내는 엔지니어 부분과 미래를 만드는 이론 부분 모두에서 압도적인 우위를 점하게 됩니다. 특히 이 시기에 분출된 과학자 군단의 거대한 이론은 오늘날까지도 도달하지 못한, 미래까지 선점한 혁명적인 아이디어들로 후손들이 정보 혁명에 매진할 때 깜깜한 망망대해를 건너게 하는 등대 역할을 합니다. 2차 대전 없는 미국의 1950, 1960년대 경제적인 호황을 논할 수 없듯이 이 시기 과학자들의 활약 없이는 정보 혁명 역시 논할 수 없을 것입니다. 이 시기 앞선 개발과 혁명적인 이론으로 새로운 문명전은 거의 미국의 독무대인 채로 열리게 됩니다.

2차 대전은 모두가 패자인 인류 역사상 가장 참혹한 전쟁이었지만, 미국은 과학자 군단에 의해 정보 혁명이라는 거대한 도약의 닻을 안전

---

68 로봇이 가져올 세상에 대한 전망은 크게 로보칼립스(비참한 종말)가 될 것인가 아니면 로보토피아(많은 시간을 갖게 됨)가 될 것인가로 나뉜다. 제이슨 솅커. 2015, 『로봇시대: 일자리의 미래』, 유수진 역, 미디어숲 참조.

하게 올릴 수 있었고, 그 항해에 들어간 돈 역시 2차 대전의 수혜에 따른 종잣돈으로 보충할 수 있게 됩니다.

이제 컴퓨터가 등장하고, 크기가 줄어들기 시작하면서 역사는 또 다른 부분에서의 발달을 촉진하게 됩니다. 국가는 국가 안보와 관련했을 때 대규모의 투자를 단행하게 됩니다. 또 다른 예측 불허의 사건인 소련의 우주 도발이 냉전 중에 발생하자 미국은 위기를 대규모의 투자로 극복하는 선례에 따라 최고의 연구 기관인 아르파$^{\text{Advanced Research Projects Agency(ARPA)}}$를 설립하게 됩니다.

2차 대전 당시 과학자들에 의해서 컴퓨터가 탄생하고 초창기 학계가 그 발달을 주도해 왔듯이 네트워크 발달 역시 아르파를 통해 같은 길을 가게 되지만, 이 시기 케네디 대통령으로 이어지는 능동적인 자유가 대중 사회에까지 깊게 스며들게 되면서 아르파는 최고의 자율성을 장착한 기관으로 거듭나 네트워킹을 향한 큰 틀 다지기를 완성합니다. 그래서 네트워크 발달은 그 시기 충만했던 자유가 많은 부분의 설명을 담당하게 됩니다. 이후 미국은 정보 혁명의 승자로서 거의 고정되는 길을 가게 됩니다.

제2부
자유로의 항해

세상을 바꾸기 위해서는 도전 정신을 키우고 창의력이 넘쳐나야 돼.
그러기 위해서는 우선은 돈이야…. 돈이 있어야 해. 실패를 감수해야 하니까….
인터넷의 역사가 그걸 증명하고 있잖니?
미국 정부는 인터넷의 개발에 30년 동안 후원해 왔다.

> "위기의 시기에는 가장 대담한 방법이 때로는 가장 안전하다."
>
> —키신저

1절
자유의 전성시대!

스푸트니크 위기

1957년 10월 4일, 카자흐스탄 상공 141마일쯤에서 환한 불빛이 어둠을 몰아내고 있었습니다. 그것은 소련이 힘차게 쏘아 올린 "Sputnik Zenith$^{스푸트니크\ 위성}$"가 낸 불빛으로 인류의 첫 번째 인공위성이었습니다. 스푸트니크호[69]는 직경 58cm^{23in}, 무게 83.6kg^{184lb}에 4개의 외부 안테나 고리를 달고 공중에 폭발력을 한껏 방출했습니다(아래 사진 참조).

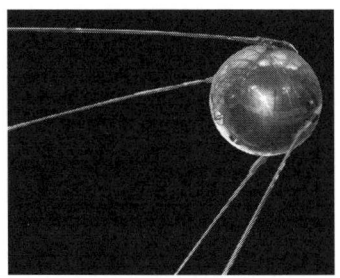

출처: http://commons.m.wikimedia.org/wiki/File:Sputnik_asm.jpg#mw-jump-to-license

---

[69] 스푸트니크 위성은 지구에서도 관측되었으며 4개의 안테나에서 방출된 펄스 신호는 지구상의 아마추어 무선 통신사들이 쉽게 들을 수 있었다. 그것은 3개의 은-아연 배터리가 다 떨어지기 전에 3주 동안 지구로 무선 신호를 다시 보냈고, 3개월 동안 궤도를 계속 돌다가 1958년 1월 4일에 다시 대기권으로 떨어졌다. http://en.m.wikipedia.org. Sputnik 1 참조.

이 시기 소련은 기술적으로 화양연화花樣年華[70]였습니다. 1950년대 소련의 인공위성 발사 성공은 우주 기술에 있어서 대단한 성취였습니다. 최근 러시아가 만든 코로나 19 백신 이름이 스푸트니크 V로 명명된 걸 보니 아마도 영광의 그 시절을 다시 한번 소환해 보고 싶었는지도 모르겠습니다. 뒤이어 소련은 11월 3일에 스푸트니크 2호의 발사에도 성공하는데, 여기에는 라이카Laika, 4일 만에 자동적으로 잠들게 함라는 개를 실어 쏘아 올립니다.

오늘날은 탐사 로봇[71]을 혜성의 표면까지 착륙시키고, 일반인의 우주 관광[72]이 도래하는 시대에 살고 있기에 놀랄 만한 일인지는 모르겠으나, 1950년대 예기치 못한 상황에서 소련의 기습적인 우주 도발의 성공은 놀라움을 넘어 전 세계를 경악에 빠트린 사건이었습니다.

표면적으로 스푸트니크의 목적은 대기권에서 방사선이나 유성 등을 관측하기로 한 것으로, 지구상에서는 찌르르르 하는 귀뚜라미 소리 같은 것을 들을 수 있을 정도의 위협적이지 않은, 단순해 보이는 사건이었지만, 본질은 단순하지 않았습니다. 그 이면에 숨어 있는 소련의 의도 때문인데, 스푸트니크는 단순히 위성이 아니라 뒤집어 보면 대단한 전쟁 도구의 개발이었습니다.

---

70 인생에 있어서 가장 찬란했던 시기를 일컬음.
71 유럽우주국ESA이 2004년 3월 발사한 무인 혜성 탐사선인 로제타Rosetta호는 10년 8개월 동안 65억km를 비행한 끝에 탐사 로봇 '필레Philae'를 인류 역사상 처음으로 혜성 표면에 안착시켰다. 로제타호는 2016년 9월 30일. 혜성의 미아트 지역에 추락했다. http://en.m.wikipedia.org. Philae 참조.
72 영국의 괴짜 사업가인 리처드 브랜슨Richard Branson은 버진 갤럭틱사를 설립하여 2021년 우주여행 출발지에서의 첫 시험 비행에 성공했다.

스푸트니크 2호의 무게가 500kg[1120lb]에 달했던 만큼 이 성공은 대용량의 수소 폭탄을 실은 미사일을 쏘아 올릴 만한 기술을 증명해 보인 것이었습니다. 우주를 향하는 발사체는 대륙 간 탄도 미사일이 됩니다. 소련이 발사대에 원자 폭탄만 넣으면 워싱턴, 시카고, 뉴욕 등 미국 대도시 어디에라도 발사할 수 있다는 것을 의미했습니다. 소련의 스푸트니크 발사 성공은 소련과 미국 사이에 냉전이라는 시대적 흐름에 더해 한국전의 발발로 양국 간의 관계가 더욱 심각한 상황에서 핵전쟁에 있어서 자신이 우위에 있음을 선포한 것이나 마찬가지였습니다.

미국은 이미 원자 폭탄을 투하하여 2차 대전을 종식시켜 원자 폭탄의 위력을 처절하게 실감했을 뿐 아니라 원자 폭탄을 가지고 있었기에 지금까지 소련과의 긴장 관계에서도 우위를 지킬 수 있었습니다. 하지만 이제 소련도 마음만 먹으면 핵을 발사할 수 있게 되었습니다.

당시 소련의 스푸트니크 발사 성공은 서방 세계도 놀랐지만, 가장 호들갑스럽게 대응한 곳은 미국이었습니다. 소련 핵의 직접적인 사정권 안에 들어온 미국은 갑작스러운 핵전쟁에 대한 위기감으로 패닉 상태에 빠질 정도였습니다. 미국인들은 '소련과 핵전쟁을 해서 다 죽는 것과 공산주의 치하에서라도 목숨을 연명하고 살아나는 것 중 어느 것이 더 나은가'에 대해 논쟁할 정도로 핵전쟁은 미국 사회에 일촉즉발의 시한폭탄으로 다가왔습니다. 미국인들은 당장 집집마다 방공호를 파고, 학교 교실에서는 책상 밑으로 숨는 연습을 하는 등 미국 사회는 실전을 대비하느라 분주해졌습니다.

그러나 미국인들에게 스푸트니크 쇼크는 단순히 핵전쟁의 '대규모 파괴의 공포'만을 뜻하지 않았습니다. 한편으로는 2차 대전을 겪으면서 쌓아 올린 미국의 과학적 기술적인 신화가 무너져 내려 버린 것 또한 의미했습니다. 이미 미국은 1950년대를 지나면서 군사 대국으로 거듭나고 있었습니다. 1950년대 말 미국 정부가 냉전의 한복판에서 지출한 군사비는 정부 지출의 반을 넘어 미국 GDP의 10% 이상을 쏟아부은 상태였습니다. 물론 그것은 지금도 진행형으로, 10여 년 전까지도 미국의 국방 예산은 3,930억 달러로 나머지 2~22위들의 국방 예산을 합친 것보다 많았고, 미국 정부가 2024년 의회에 승인을 요청한 국방 예산은 23년 7,970억 달러에서 3.2% 증액한 8,420억 달러로 우리 돈으로 1,102조^{네이버 3월 18일 검색 기준}를 넘어 천조 시대 개막을 알렸습니다. 전쟁을 제외한 평상시 예산으로는 사상 최고의 예산입니다.[73]

오늘날 미국은 소련이 해체되어 중국과의 경쟁에 보다 많은 예산을 투입하고 있지만, 당시 미국의 가장 위협적인 적은 소련이었습니다. 당시에도 세계 최대의 군사비 지출을 하고 있었음에도 소련과의 우주 경쟁에서 패배는 미국 정부에게 보이지 않는 큰 충격으로 다가옵니다. 그리고 그 충격을 직접적으로 받은 사람은 프랭클린 대통령에 이어서 제32대 대통령으로 당선된, 드와이트 D. 아이젠하워^{Dwight David Eisenhower, 1953~1961} 대통령이었습니다. 아이러니하게도 그는 연합국 최고 사령관으로 2차 대전의 승리에 결정적인 역할을 한 노르망디 전투^{Battle of Normandy}를 승리로 이끈 장군 출신이었습니다.

---

73 임주리, 김서원 기자, 「미국 국방예산 1096조원 역대 최대… "중국에 우위 강화"」, 『중앙일보』, 2023. 03. 15.

그는 제1차 세계대전 때부터 전장에서 뼈가 굵은 대통령이었지만, 예상외로 그는 예전부터 경력이 많은 군사 전문가가 국방부를 끌고 나가는 것을 달가워하지 않아 했고, 군부와 산업체가 함께 가는 것 역시 신뢰하지 않았습니다. 그는 재임하는 동안 전장을 누비면서 신기술도 금세 다른 기술로 대체되는 과학 기술의 우월성을 목도한 탓인지 과학 기술에 대한 열렬한 지지와 엄청난 후원을 해 왔습니다. 그는 공식적으로 과학계와 공학계의 사람들만 백악관 만찬에 귀빈으로 초대한, 최초의 대통령이기도 했습니다. 수백 명에 달하는 미국의 과학자들은 다양한 채널을 통해 직접적으로 아이젠하워 행정부와 연을 맺고 있었습니다.[74]

그래서 그는 스푸트니크 발사로 미국 대중 사회와 자유 진영이 받은 충격을 공개적으로 스푸트니크 위기Sputnik Crisis라고 표현하면서 군사력 강화에 치중하는 것보다는 오히려 과학자들을 좀 더 자신의 범위 안에 두도록 합니다.

결국 1960년대에 접어들 무렵 미국은 2차 대전에 버금갈 만한 투자를 이끌게 되는데, 이는 직접적으로 스푸트니크 충격으로 비롯되었습니다. 당시는 몰랐겠지만, 소련의 스푸트니크 발사 성공은 네트워킹이라는 역사상 최초의 기술을 목도하게 한 원동력이 되었고, 그 새로운 기술이 탄생하자 소련은 해체되어야 하는 비운의 역사를 갖게 됩니다.

"시대가 정책을 낳고 그 정책은 개인의 삶을 지배한다."

74　Katie Hafner·Matthew Lyon(1996), 앞의 책, p. 15~16.

아르파: 최고의 연구 기관

군사비를 쓸 만큼 쓰고도 졌다면 문제는 어디에 있었을까? 아이젠하워 대통령은 최초로 '군산 복합체'[75]라는 단어를 사용하여 군부의 확장된 세력으로 행정부가 보다 복잡한 상황에 처했음을 토로했습니다. 이러한 행정부의 복잡해진 속내는 영화적 상상이 더해지기는 했으나, 영화 「화이트 하우스 다운White House Down」(2013, 감독: 롤랜드 에머리히)에서 여실히 엿볼 수 있습니다. 대부분의 할리우드 영화에서 미국 대통령은 영웅으로 그리고 있지만, 이 영화는 테러리스트들과 싸우느라 만신창이가 된 미국 대통령의 꾀죄죄한 모습을 오랫동안 보여 줌으로써 대통령의 권위를 저 땅속으로 처박아 버립니다.

영화는 미국 역사의 한 획을 그은 대통령들인 링컨, 재퍼슨처럼 되고 싶었다며 변화를 갈망하는 진보주의자 대통령이 중동과의 평화 협상안을 타결시키려고 하자 평화를 원치 않는 하원의장이 군수업자와 손잡고 미국 대통령을 위기에 빠지게 하는 단순한 내용입니다. 물론 대통령은 유능한, 전직 경호원의 도움으로 위기에서 탈출하여 그 권위를 회복하고, 중동 평화안도 타결합니다. 하지만 종전 영화들은 국가의 적이 대부분 공동체 외부에서 발생했던 것과는 달리 이 영화는 군부를 배경으로 이미 성장할 대로 성장한 군수업자들이 사회 내부의 적이 되어 백악관을 위기에 처하게 할 수 있음을 보여 줌으로써 미 정부에 군산

---

[75] 아이젠하워 대통령이 1961년 1월 17일 임기 3일을 남겨 두고 행한 자신의 퇴임 연설에서 "미국의 민주주의는 새로운 거대하고 음험陰險한 세력의 위협을 받고 있다. 그것은 군산 복합체라고도 할 수 있는 위협"이라고 말한 데서 유래하였다. 이후 이 군산 복합체는 냉전 시대에 군비 경쟁에 전력하던 미국의 체제를 비판하는 용어로 주로 사용되었다.

복합체가 깊숙이 침투했음을 엿보게 합니다. 그러나 이러한 미국의 정치적 지형의 복잡한 속내는 현실에서는 오히려 아이젠하워 대통령으로 하여금 연구 부문에의 투자를 추동하게 합니다.

미국이 군사대국으로써의 면모를 갖추기 시작한 것은 1940, 1950년대였고, 실제 아이젠하워 대통령의 재임 시기는 1950년대 거의를 차지하고 있어 미국의 국방력 강화 시기와 그의 재임 기간은 거의 일치했습니다. 그의 재임 기간 역시 군사비 지출이 막대했음을 뜻합니다. 이 시기 군부는 셀 수 없을 정도의 자금을 미사일이나 무기 부문의 진보된 연구에 쏟아부었습니다. 그러나 대부분의 프로그램들은 중복되어 있었습니다.[76] 그는 대통령에 취임하자마자 얼마 지나지 않은, 1954년에 이미 대륙 간 탄도 미사일Intercontinental Ballistic Missile(ICBM)의 발전을 승인하여 US 로켓은 소련보다 훨씬 복잡한 단계가 실험 중에 있었습니다. 그래서 그는 당연히 장거리 미사일과 같은 무기체계 뿐만 아니라 과학 기술 전반에 걸쳐서 자신들이 소련보다 앞서 있다고 생각하고 있었습니다.

그가 우주 경쟁에서 패배의 오명을 오롯이 지면서, 패배 이상으로 더욱 복잡하고 아쉽게 느껴지는 부분이 바로 육, 해, 공군이 미사일 분야에서 독자적인 개발을 해 오면서 그 비용을 쓸 만큼 쓰고도 졌기 때문이었습니다. 그들은 테니스공만 한 것도 공중에 쏘아 올리지 못했습니다. 미국은 소련에게 제대로 굴욕감을 맛본 셈입니다. 그래서 아이젠하

76　John Naughton(1999), 앞의 책, p. 78.

워 대통령의 심중은 패배 이상의 참담함이 함께했습니다. 물론 미국 대중 사회는 핵전쟁에 대한 과도한 우려감만을 드러냈을 뿐, 이 사실은 알지 못했습니다.

그러나 한편으로 아이젠하워 대통령 시기 최대의 군사비 지출은 미국의 경제적인 호황이 뒷받침하고 있었습니다. 그는 확장될 대로 확장된 '군산 복합체'의 폐해를 주장했지만, 2차 대전 이후 제조업의 융성[77], 특히 군수 산업의 호황과 1950년 한국전 발발은 또 한 차례 미국 산업 전반에 활력을 가져다주어 실제 그의 재임 시기 미국 경제는 전례 없는 호황기를 맞이하고 있었습니다.

1950년 미국의 GNP는 전 세계의 50% 이상을 차지할 정도로 거대 국가가 되었고, 특히 아이젠하워 행정부가 소련과 우주 경쟁에서 패배했던 시기는 '번영의 60년대'라고 불린, 미국의 번영이 최절정기에 도달하던 시기였습니다.

이 시기 미국 사회는 축적된 부를 바탕으로 대량 소비에 나섰고, 컴퓨터가 등장하는 등 기술의 발전도 두드러졌습니다. 1964년 미국의 시사지 『라이프』가 "미국인들은 이제 차고 넘치는 휴식 앞에 서 있다. 어떻게 하면 인생을 쉽게 살 수 있는가가 과제다"라고 쓸 정도로 미국 사회는 풍요로움으로 미래에 대한 낙관적인 기대를 이어 가던 시기였습니다. 샘 피지개티 Sam Pizzigati[78] 역시 "1950, 1960년대 미국인들 소득

---

77 2차 대전 후 미국은 연합국 측에 무이자로 돈을 지급하고, 원조 받은 국가는 미국으로부터 물건을 구입하여 미국의 제조업은 최대의 호황을 기록한다.
78 샘 피지개티. 2013, 『부의 독점은 어떻게 무너지는가?』, 이경남 역, 알키 참조.

분포는 가운데가 두툼한 다이아몬드형이었고 대다수 국민이 안락한 삶을 살았다"고 지적하고 있습니다.

그래서 아이젠하워 행정부가 스푸트니크 쇼크로 뭔가 결단을 내려야 했을 때, 부유한 정부는 가장 든든한 지원군이었습니다. 즉, 아이젠하워 대통령이 연구 부문에의 투자를 강행할 수 있었던 것은 당시 미국의 경제적 호황이 뒷받침하고 있었기 때문입니다. 그래서 미 정부는 새로운 위기 앞에 강도 높은 대비책을 마련할 수 있었는데, 그것의 핵심은 연구 부문에의 대규모 투자였고, 그것을 공식화한 것이 1957년 11월 7일 아이젠하워 대통령이 발표한 연두 교서였습니다. 그는 기술적인 쇼크를 대비하고 소련을 따라잡기 위한 해법으로 정책 결정의 중심에 과학과 기술을 두고 교육과 연구, 발전 분야에 대량의 신규 투자를 약속합니다. 그리고 그것의 투자 액수는 상상했던 것 이상으로 맨해튼 프로젝트나 방사능 연구소 등 2차 대전 때 투자했던 것을 왜소하게 만들 정도로 수조 원^{multibillion}의 기금이 투자됩니다. 1960년대 중반이 되자 미국의 전체 연구 개발비 지출은 국민 총생산의 3%가 되었고, 이 수치는 타 국가의 목표치로 사용될 정도였습니다.[79]

특히 아이젠하워 대통령 입장에서는 최고의 군사비를 지출하고도 소련을 뒤따라 잡을 수 없었다면 새로운 군사비 운용에 대한 남은 방법은 돈을 쓰되, 그 쓰는 방법이 달라야 했습니다. 그는 모든 펜타곤이

---

79 미국은 연구의 황금기가 도래했다. 미 정부의 "외적 도전$^{external\ challenge}$" 연구 개발 지출은 1959년에서 1964년으로 가면서 연간 50억 불에서 130억 불까지 늘어났다. Katie Hafner·Matthew Lyon(1996), 앞의 책, p. 23.

우주 연구를 국방부 장관에게 직접 보고하는 새로운 민간 기구인 아르파의 설립에 서명합니다.

아르파는 당시 과도한 국방비 지출을 고려한 대통령 자신의 심중을 반영한, 군의 세력권 전쟁$^{turf\ wars}$에 대한 대통령의 응답[80]이자 소련의 위성 발사 소식에 놀란 미 정부의 반성의 결과로 탄생했습니다. 그리고 당시 신임 국방장관으로 부임한 닐 멕엘로이$^{Neil\ McElroy}$ 장관은 군이나 관료로서의 경험은 없지만, 사기업인 P&G에서 자신이 세운 '블루스카이'라는 연구소에 최고의 자율성을 부여하여 연구 분야에서의 투자 효과를 인지한 경험이 있었습니다. 그래서 그는 그런 유사한 기관을 꿈꾸면서 대통령한테 새로운 민간 기구를 자기 밑에 달라고 요구했고, 대통령의 서명에는 그러한 점도 고려되었습니다. 아르파는 태생적으로 최고의 연구 기관을 목표로 탄생되었습니다.

이곳의 매니저들은 비교적 넉넉한 기금을 받았고 연구의 간섭이 없어 위기를 기회로 바꾸어, 허풍쟁이라고 치부할 정도로 연구의 대상이 되는 연구 천국—특히 국방 관련해서는 더욱더—이 도래하게 되었습니다.

"천재성은 예측할 수가 없으므로 알아서 발휘될 여지를 줘야 한다."

80　John Naughton(1999), 앞의 책, p. 78.

선의의 방관

누구나 예상치 못한 일에 부딪혔을 때 그것을 대처해 나가는 방식은 가용할 수 있는 인적, 물적 자원에 따라 달라집니다. 아이젠하워 대통령은 군비 확장의 늪을 연구로 대신합니다. 연구는 돈이 많이 들어갑니다. 그래서 연구와 자금은 떼려야 뗄 수 없는 관계입니다. 그의 연구비에 대한 과감한 투자는 풍요로운 시대를 상징적으로 보여 준 것이기도 했습니다. 당시 미국이 선택할 수 있었던 자원은 매우 풍부했고, 미국은 1960년대를 지나면서 네트워킹에 있어서도 드라마틱한 발전을 이루어 내는데, 당시 그의 투자는 미래까지를 아우르는 선도적인 투자였습니다.

아르파는 소련의 스푸트니크 발사 성공과 같은 기술적인 쇼크에 대한 대비책 마련을 위해 세워진, 국방부 직속 최초의 연구 기관으로 가장 진보적인 군부 연구 발전 프로젝트에 대해 총체적인 통제력을 구사할 수 있게 됩니다. 그리고 이곳에서 풍부한 자금력이 뒷받침된 시기에 인터넷의 선도 기술인 아르파 네트워크^{ARPA NETWORK}인 아르파넷^{ARPANET}이 탄생하여 후일 아르파는 역사적인 기관으로 등극하게 됩니다.

토마스 쿤^{Thomas Kuhn, 1922-1996}이 '패러다임^{paradigm}'[81]의 변화는 기존 사실의 집적에서 비롯되는 것이 아니라 실상은 위기감 때문이라고 했는

81　패러다임은 미국의 과학 철학자 겸 과학 사학자 토머스 쿤이 그의 저서 『과학혁명의 구조』(1962)에서 과학의 발전을 설명하기 위해서 도입한 개념이다. 패러다임은 쉽게 깨지지 않는 일종의 '기준틀'로 세계관의 변화와 같은 혁명적인 변혁을 지칭할 때 우리는 "패러다임의 변화"와 같은 표현을 쓴다.

데 인터넷이 등장할 수 있었던 데에는 이러한 핵전쟁에 대한 과도한 위기감이 근저에 놓여 있었습니다. '(지구와) 여행의 길동무' 혹은 '동반자'를 뜻하는 스푸트니크의 지구 여행이 핵전쟁이라는 군사적 위협을 증폭시킨 데에 따른 위기감은 네트워크 개발을 앞당기게 합니다.

아르파는 1958년 초반, 당시로서는 상당한 금액인 5억 2천 달러의 예산을 가지고 자신의 상관처럼 사기업인 GE의 부회장 출신인 로이 존슨을 초대 director[82]로 임명하며 사업에 들어갔는데, 초창기 70여 명에 달하는 직원들은 펜타곤과 계약 관계에 있는 최고급 산업 인재들로 채워졌고, 초창기 대학과의 연계는 거의 없었습니다. 스푸트니크 쇼크로 인해 탄생한 기관인지라 1958년 2월 우주 프로그램을 관장할 미 항공 우주국 National Aeronautics and Space Administration(NASA)이 창설될 때까지는 다양한 미국 우주 프로그램을 개발하는 것까지 포함하고 있었습니다. 그럼에도 아르파는 연구가 그들 후원의 계약자들에 의해서 행하여지도록 하여 연구의 주도권을 먼저 행사하지는 않아 조직이 방대하지는 않았습니다.

그러나 아르파가 처음 출발할 때는 호기롭게 최고의 수준 높은 연구를 진행하는 것을 목표로 설립되었으나, 무엇이 최고의 수준 높은 연구

---

82 2012년까지 아르파는 총 20명의 감독을 가지게 되고 평균 2.7년 정년의 재임 기간을 거친다. 특히 아르파넷이 출범해서 DCA로 이전되기까지의 감독들을 보면 초대 감독; Roy W. Johnson(1958~1959). 2대; Austin W. Betts(1960~1961). 3대; Jack P. Ruina (1961~1963). 4대; Robert L. Sproull(1963~1965). 5대; Carles M. Herzfeld (1965~1967). 6대; Eberhardt Rechtin(1967~1970). 7대; Steve J. Lukasik(1970~1975)이다. 3대 감독 시기에 부흥의 시기를 거쳐 7대에 이메일이 보급되어 아르파넷은 폭발적인 이용을 보이기 시작한다.

인지에 대해 의견의 일치를 보인 적은 없었습니다. 그래서 초반 아르파는 호기롭게 출발한 것과는 달리 살아남기에도 버거울 정도로 힘들어 했고, 예산 역시 5억 2천 달러에서 1억 5천만 달러까지 줄어들어 "과일 창고에 매달려 죽은 고양이" 『애비에이션 위크$^{Aviation\ Week}$』라고 조롱당하는 신세까지 갔습니다. 하지만 오히려 우주 분야가 새로이 설립된 나사로 빠져나가면서 아르파는 재정립의 기회를 갖게 됩니다.

그 재정립의 기회는 2대 감독인 육군 장군 출신의 오스틴 베츠$^{Austin\ Betts}$에 이어 제3대 감독으로 취임한 공군 차관 출신이자 교수 경력을 지닌 잭 루이나$^{Jack\ Ruina,\ 1961~1963}$ 시기에 맞이하게 됩니다. 그는 처음으로 과학자 출신이었습니다. 우선 그는 아르파의 일 년 예산을 오늘날 기준으로 거의 3천억까지 올리면서 기초 연구에 투자를 이어 갔습니다. 물론 그의 관심 역시 아르파가 펜타곤 직속인 만큼 군사적인 문제에 집중되어 있었습니다.

다만 그는 그 기술이 직접적으로 군사적 응용에 필요한가, 그러지 않는가, 보다는 최고의 수준 높은 기술에 투자해야 한다는 생각으로 매니저들에게 자율성과 권위, 행동할 수 있는 자유를 부여합니다. 그는 연구자에게 자율성과 자금을 충분히 지원해 준다면, 정부 조직 내에서 어슬렁거리며 다니기보다는 1~2년을 확실하게 일에 쏟으리라고 생각할 뿐, 언제까지 얼마를 벌어들여야 한다는 식의 생각은 처음부터 없었습니다.

특히 루이나는 애당초 세심한 검사자 역할을 포기했는데, 그것은 실제 공군 지휘자들이 기술 분야를 잘 모르기 때문이기도 했지만, 지난 링컨 연구소만 보더라도 오전에 브리핑하면 오후 칵테일 파티 때 투자가 결정 나는 식으로 군부는 이미 한 번도 가 보지 않는 길을 개척하는 데 있어서 전통적으로 개발자들을 신뢰해 왔습니다. 루이나 시기 역시 그로부터 직접적으로 연유되었는지는 확실하지 않지만, 자율성은 아르파의 주된 지휘 스타일이 됩니다.

1961년 무렵 루이나의 자율적인 "ARPA STYLE"은 당시 계급에 따라 재떨이 색깔부터 세심하게 달랐던, 상하복명이 확실한 펜타곤 내에서는 혁명적인 통치 스타일이었습니다. 루이나 시절 행동 분과 책임자의 경험에 따르면, 자신이 기금을 제공하는 것은 모두 오픈하고, 허락받지도 않았으며, 거의 루이나를 본 적이 없었고, 어떻게 진행되는 지를 물으러 한 달에 한 번 정도 얼굴을 볼 수 있었다고 합니다. 그는 항상 감사하게 그것을 선의의 방관$^{benign\ neglect}$이라고 불렀습니다.[83] 당시 아르파는 관료성을 탈피한 조직이었습니다.

그가 강조했던 아르파의 자율적 스타일은 잘 작동되었고, 이 시기 인터넷의 선도 기술인 아르파넷이 탄생합니다. 군부 최일선의 연구 기관에서 가장 자유로운 기술이 탄생할 수 있었던 것은 그 당시 미국 사회역시 유례가 없을 정도로 자유가 충만한 자유민주주의 시대로 시대가 최고의 조력자였습니다.

---

83 M. Mitchell Waldrop(2001), 앞의 책, p. 198.

시대와의 동거

당시 루이나의 자율적인 스타일은 시대를 관통하는 문화[84]이기도 했습니다. 온 나라가 자율성을 외치는 시대이다 보니 사막에 꽃을 쉽게 피울 수 있었다는 이야기입니다.

그가 아르파에 입성한 시기는 1961년 젊은 케네디가 아이젠하워 대통령 후임으로 제35대 대통령으로 당선되던 해였습니다. 루이나의 재임 시기 대부분은 케네디 대통령 재임 기간과 겹쳤고, 그의 철학 역시 어느 시기보다도 자유를 강조하는 대통령의 철학과도 닮아 있었습니다.

케네디 대통령 재임 시기는 냉전으로 소련이 공산국가의 선두 주자가 되면서 자연스럽게 미국이 자유 진영의 대표 국가가 되었고, 냉전이 심화되는 동안 미국은 전체주의에 대항하여 자유민주주의를 대표하는 국가로서 위상이 정립되어 갔기 때문에 어느 시기보다도 자유민주주의 가치가 더욱 강조되던 시기였습니다.

특히 케네디 대통령은 2차 대전 중 해군으로 복무하면서 일본 구축함의 공격을 받아 중상을 입은 데다 거기에 지병이 더해져 대통령이 되었을 때 100개가 넘는 진통제를 복용했다는 이야기가 전해질 정도로 전쟁의 참상을 잘 알고 있었습니다. 그리고 그는 상원 의원 시절 소

---

84 문화는 인간 집단의 생활 양식으로 보이지 않는, 사회 구조, 통치 스타일, 제도, 법률, 법철학 등의 요인들로 보이지는 않지만 그 나라의 경제 성장을 결정짓는 요인이기도 하다.

련의 미사일 쇼크를 경험하면서 의회에서 아이젠하워 대통령 공격의 최일선에 있었던 정치인이었습니다.

그래서 그는 스푸트니크 쇼크로 무너져 내린 소련과의 우주 경쟁에서의 패배를 설욕하고자 기술적인 프론티어 정신을 강조합니다. 그의 재임 시절 역시 미국은 경제적으로도 여유로웠습니다. 그가 취임 일성으로 내놓은 것이 1961년 5월 25일 특별 교서를 통해 1960년대가 끝날 때까지 인간을 달 세계에 착륙시켰다가 무사히 지구까지 귀환시키겠다는 것이었습니다.

그의 계획은 당시의 기술력 때문에 많은 사람의 비웃음을 샀지만, 그럼에도 미국은 아폴로 계획$^{Apollo\ Project}$[85]의 성공$^{1969.\ 7.\ 20.\ 16:18(미국동부\ 표준시)}$으로 인간이 달에 착륙하게 되면서 인류의 오랜 꿈을 실현합니다. 풍부한 재화와 자유로움이 넘쳐났던 1960년대 프론티어 정신이 낳은 승리였습니다.

아폴로 계획이 얼마나 기술적으로 어려운 도전이었는가는 그로부터 수십 년이 지난 최근 나사의 달나라 착륙 프로젝트인 '아르테미스'[86]가 과연 수십 년 전에 달 착륙한 것이 맞냐는 이야기가 나올 정도로 번번

---

85 아폴로 계획이 종료된 후, 아폴로 프로그램을 위한 총 자금은 약 194억 달러로 밝혀졌으며 이는 NASA 예산의 34%였다. 많은 자금이 소요되었을 뿐 아니라 많은 희생과 노력 그리고 도전이 어우러진 성취였다.
86 '아르테미스'는 그리스 신화 속 쌍둥이인 달의 여신에서 따온 이름으로 이것은 나사가 추진 중인 달 유인 탐사 프로젝트이다. 몇 단계를 거쳐 2025년에 인류 역사상 최초의 여성 우주인을 포함한 4명의 인류를 달에 보내는 것을 최종 목표로 하고 있다.

이 실패한 후에야 성공했던 것만 봐도 알 수 있습니다. 당시 미국의 도전은 인류에게 어마어마한 성취였습니다. 그 이전에는 지구상의 어떤 생물도 지구 밖으로 단 한 발자국도 벗어나 본 적이 없었습니다.

최근 세계 각국은 우주 자원을 활용하기 위한 우주 개발을 앞두고 각축을 벌이고 있는데, 미국은 여전히 우주 개발 및 우주 자원을 소유하고 판매하는 데 있어서 지배적인 위치에 있습니다. 1960년대부터 이어진 미국의 선도적인 투자는 오늘날까지 그 영향을 미치고 있다고 할 수 있습니다. 영화 「아바타^{Avatar}」[87]에서 만난, 판도라 행성의 나비족과 만날 날도 머지않은 듯 보입니다.

한편 그는 소련과의 대결 구도라는 냉전의 중심에서 자유 수호 의지를 강하게 피력했는데, 누구보다도 자유의 가치를 강조함으로써 그의 재임 시기 동안 자유는 미국 대중 사회에 있어서 숨 쉬는 공기처럼 만연했습니다. 그의 자유에의 철학은 지금도 회자되고 있는, 제35대 대통령 취임 연설에 여실히 드러납니다.

> "국민 여러분, 조국이 여러분을 위해 무엇을 할 수 있을 것인지 묻지 말고, 여러분이 조국을 위해 무엇을 할 수 있는지 스스로에게 물어보십시오. 세계의 시민 여러분, 미국이 여러분을 위해 무엇을 베풀 것인지 묻지 말고, 우리 모두가 손잡고 인간의 자유를 위해 무엇을 할 수 있을지 스스로에게 물어보십시오."

---

87 2009년 제임스 카메론이 감독한 우주 자원을 쟁취하기 위한 인간들과 또 다른 행성의 원주민인 나비족과의 투쟁을 그린 영화이다.

소련과의 냉전으로 인해 자유의 가치는 더욱 높아졌고, 케네디 대통령으로 이어지는 능동적인 자유에의 강조는 대중 사회에까지 깊게 스며들게 되면서 이 시기 대통령의 능동적인 자유를 강조하는 정치 철학^{액티비즘}은 아르파 스타일과 절묘하게 맞아떨어집니다.[88] 아르파 역시 군조직이면서 자유가 스며든 기술 프론티어 정신을 충분히 향유합니다. 이렇듯 네트워크로의 비상은 당시 시대정신인 자유가 함께 하고 있었습니다.

---

88 1950, 1960년대 미국 민주주의는 공동체의 덕성 중 자신의 운명을 스스로 통제하는 자치라는 개념이 우세했다. 마이클 샌델. 2023, 『당신이 모르는 민주주의』, 이 경식 역, 와이즈베리 참조.

> "누가 명성을 얻느냐는 중요하지 않아. 중요한 건 그것이 완성된다는 거지."
> -Joseph Licklider

2절
네트워크로의 비상

또다시 MIT: 제3의 길

이제 아르파는 머지않아 역사적인 기관으로 등극하게 됩니다. 그것은 아르파가 네트워크 개발의 총대를 메고 인터넷의 선도 기술인 아르파넷이라는 역사적인 결과물을 내놓았기 때문입니다. 그리고 이 역사적인 일에는 컴퓨터 관련 우수 인재들의 집합소였던 MIT의 링컨 연구소팀이 선전합니다.

최고의 수준 높은 연구 기관으로 탄생한 아르파는 새로운 투자 그림을 그려야 했고, 이때 이를 뒷받침해 줄 인재 역시 필요했습니다. 아르파는 다시 한번 MIT의 링컨 연구소 출신들을 소환하게 되고, 아르파와 MIT와의 인연이 시작됩니다. 그리고 이 시기에 네트워크와 관련한 최고의 도약이 일어납니다. 그 도약의 시기는 아르파가 군부의 뒤치다꺼리로 컴퓨터와의 인연을 맺게 될 상황에서 루이나가 영입한 조셉 칼 로브넷 릭 라이더^{Joseph Carl Robnet Licklider, 이하 '릭'으로 칭함}로 부터 시작되었다고 할 수 있습니다.

루이나는 아르파의 예산은 올려놓았지만, 그가 관심을 보인 분야는 군사 분야에 한정된 탄도 미사일 방어 등으로, 행동 연구나 지휘 통제는 아니었습니다. 그러나 '릭'의 아르파 입성은 아르파가 당면의 군사적 연구에만 몰두하지 않게 하여 아르파의 투자를 보다 다양하게 이루어지게 하는 계기가 됩니다. 특히 그의 재임 시기 컴퓨터 관련 연구 및 투자가 독보적으로 이루어집니다.

그는 컴퓨터에 관한 한 최첨단의 선진적인 조직인 MIT의 링컨 연구소 출신이었습니다. 물론 그의 처음 학문적인 배경은 컴퓨터 학자가 아니었습니다. 그는 한동안 우수한 심리학자로서 명성이 높았으나 2차 대전 당시, 하버드의 음향 연구소에 근무하면서 위너가 개최한 세미나 등에 참가하여 유기체적 기계관의 영향을 받았습니다.[89] 그리고 그는 MIT가 링컨 프로젝트를 추진하면서 인간적인 요인을 고려하기 위해 우수 심리학자를 영입할 때 일 순위로 링컨 연구소 심리학팀에 스카우트 되었습니다. 이 시기 컴퓨터학자들은 타 학문을 배경으로 한 사람이 많았는데, 처음 대학에 컴퓨터학과가 존재하지 않았기에 대부분 연구소 중심으로 최첨단 학문과 관계한 덕분입니다.

그래서 그는 링컨 연구소에서 최첨단 컴퓨터들인 휠윈드나 세이지, 그리고 TX-2를 실제로 체험할 수 있는 기회를 가질 수 있었습니다. 아르파에 스카우트 되었을 때 그는 컴퓨터가 과학적인 숫자 계산을 위한 도구로서 사용되는 것 이외에 다른 용도로 사용될 수 있다는, 당시

89　그의 컴퓨터와 관련된 보다 자세한 기록은 M. Mitchell Waldrop(2001), 앞의 책 참조.

로서는 무모할 정도로 원대한 꿈을 가졌을 뿐 아니라 컴퓨팅에 대해서도 매우 큰 비전을 지닌 컴퓨터학자였습니다.

그가 아르파 근무 첫날 만난 사람 역시 당시로서는 매우 급진적인 성향의 더글라스 엥겔바트$^{Douglas\ Engelbart}$였습니다. 그는 오늘날 우리가 매일 사용하는 컴퓨터 마우스[90]를 개발한 주인공이지만, 당시로서는 그의 꿈 역시 너무 원대하여 괴짜로까지 보인 인물이었습니다. '릭'의 성향을 엿볼 수 있습니다.

한 개인이 조직의 운명을 바꾸기는 힘들지만, 그 조직이 링컨 연구소라면 이야기는 달라집니다. 당시 링컨 연구소는 컴퓨터 관련 우수한 인재들의 집합소였습니다. 그의 아르파 입성은 아르파와 MIT의 연결 고리가 되어 MIT 출신의 천재들이 아르파로 모이게 한 구심점이 되었고, 이들은 아르파가 컴퓨터 관련해서 최고의 후원 기관으로 거듭나는 데 중추적인 역할을 담당하게 됩니다. 마뉴엘 카스텔$^{Manuel\ Castells}$[91]이 지적한 것처럼 정보 혁명이 기술 영재들이 한 축을 담당했기에 가능한 여정이었다면, 그것의 상당 부분은 MIT의 링컨 연구소 식구들의 몫이었습니다. 앞으로 이어질 그들의 활약이 그 증거입니다.

아르파의 풍부한 자금의 진원지가 루이나였다면 '릭'은 컴퓨팅이라

---

90 초창기 엥겔바트는 '릭'의 후원을 받았으나. 마우스는 '릭'이 아닌 나사의 후원으로 개발되었다.

91 그는 정보 혁명을 촉발한 것으로 기술 영재, 정부, 해커, 기업가들의 활약을 들고 있다. 마뉴엘 카스텔. 2004,『인터넷 갤럭시』, 박행웅 역, 한울 아카데미 참조.

는 보이지 않은 꿈을 아르파에 심었다고 해도 지나치지 않습니다. 당시 그는 링컨 연구소에서 실제 컴퓨터들을 사용하면서 컴퓨터에 관한 꿈들을 키워 왔기에 마냥 공허한 이상주의자로만 끝나지 않았습니다. 컴퓨터 역사에서 영향력이 매우 큰 논문 중의 하나이자 아르파를 위한 준비된 의제로 평가받은 그의 논문인 『인간-컴퓨터 공생Man-Computer Symbiosis』(1960, pp. 4~5)에서 그는 쓰기를

> "나의 바람은 머지않아 인간의 두뇌와 컴퓨터가 매우 밀접하게 관련 맺어질 것이고 그 결과로서 둘이 힘을 합한 것은 인간의 뇌가 전에 사고한 적이 없는 방식으로 사고하고, 우리가 오늘날 알고 있는 정보 처리 기계들이 한 번도 해 본 적이 없는 접근 방식으로 데이터를 처리하게 되는 것이다…. 그러한 시기는 인류 역사상 가장 창조적이고 가장 흥분적인 시기일 것이다."[92]

그는 컴퓨터가 없을 때보다 있을 때 인간은 더 나은 의사 결정을 내리게 되고 에너지를 더 분명한 통찰력을 기르는 데 마음껏 쓸 수 있으리라고 파악했습니다.

또한 그는 당시로서는 매우 선진적인, 자동화에 초점을 두고 활발한 활동을 벌이고 있던 인공 지능 사조에 대해서는 긍정적이었으나, 그것을 실현하는 것은 매우 오랜 세월이 필요하기에 보다 현실적으로 제3의 길인 인간과 컴퓨터의 상호 작용으로 인간 사고를 증진하는 데 컴퓨터를 이용하자고 주장합니다. 인간과 컴퓨터는 다른 특징을 지니고

---

92 John Naughton(1999), 앞의 책, p. 71에서 재인용.

있고, 그들은 효과적으로 서로를 보충할 수 있다는 것입니다.

오늘날 컴퓨터의 가장 큰 특징이랄 수 있는 인간과 컴퓨터의 상호 작용성에 대한 생각을 품기 시작한 것은 매우 의미 있는 일로, 그 역시 『사이버네틱스』의 영향을 받아 기술을 인간 정신과 관계된 것으로 파악하고 있습니다. 기술이 우리 인간의 정신을 고양시키는 파트너가 될 수 있다는 그의 상상은 기술의 용도에 있어서 육체적인 힘을 확장시켜 온 산업 시대 기술관과는 확연히 다른 모습입니다.

이제껏 기술은 우리의 목적을 위해 봉사하는 대상이었기에 기술이 인간 정신을 고양시키는 파트너가 될 수 있다는 그의 상상은 쉽게 완결될 수 없는 꿈이었습니다. 특히 학계가 아닌 정부 일선에 몸담기로 한 사람으로서는 당시 가장 과감하고 상상력 넘치는 생각이었습니다.

물론 그의 주장은 당시 인공 지능 사조들보다는 현실적이었지만, 그의 사고 역시 당시로서는 매우 급진적인 생각임에는 분명했습니다. 이러한 급진적인 사고를 지닌 컴퓨터 학자를 아르파가 후원하는 편에 섰다는 것은 자유가 충만했던 시절 아르파 역시 자율성을 충분히 향유한 조직이었음을 엿볼 수 있는 지점입니다.

그러나 당시 시장을 장악하고 있는 IBM표 대형 컴퓨터가 몇 억에서 몇십 억까지 출시되어 이용자의 접근 자체가 봉쇄된 상황에서, 어떻게 인간과 기계의 상호 파트너십을 발휘할 수 있겠는가? 그의 생각 역시 뜬구름 잡는 격이었습니다.

그래서 그는 컴퓨터가 매우 귀중하고 희귀한 시절에 현실적인 대안은 컴퓨터가 지닌 거대한 자원을 이용할 수 있도록 시분할 방식인 타임 쉐어링$^{time\ sharing}$ 방식으로 컴퓨터를 이용하는 것이라고 주장합니다. 이 방식은 당시 유행하고 있는 일괄 처리 방식인 배치 프로세싱 방식과는 달리, 거대 자산인 대형 컴퓨터를 즉각적으로 이용하기 위해 그 주변 장치와 소프트웨어의 지원을 받아 이용자 개개인에게 컴퓨터 이용 시간을 잠깐씩 할당해 주는 방식입니다. 그리고 이때 타임 쉐어링 방식에서 여러 단말기 등을 통해 수많은 이용자들에게 컴퓨터 이용 시간을 나누어 주게 되는 하나의 대형 컴퓨터가 호스트 컴퓨터$^{host\ computer}$입니다(아래 그림 참조). 그리고 이때 이용자들은 순식간에 이용 시간이 배분되기 때문에 자기 자신만이 컴퓨터를 이용하는 것으로 생각하게 됩니다.

타임 쉐어링 방식과 호스트 컴퓨터

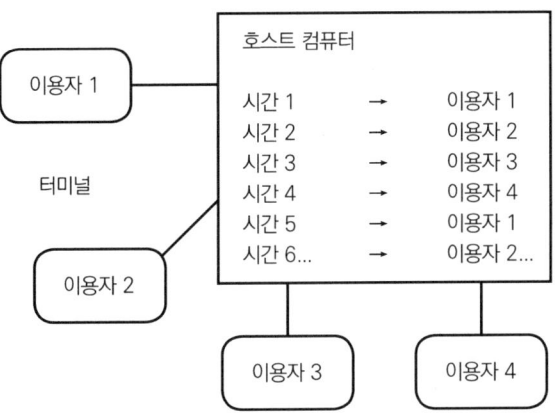

그래서 '릭'은 당시 IBM 등에 의해서 거의 배치 프로세싱 방식으로 출시된 컴퓨터를 타임 쉐어링 방식으로 바꾸기 위한 비용을 적극적으로 후원하기 시작합니다. 컴퓨터가 비싸고 희귀한 까닭에 컴퓨터가 지닌 자원을 나누어 쓰고자 한 그의 선택은 당시로서는 최선이었는지도 모릅니다. 아르파가 '릭'을 후원한 만큼 그의 재임 시기에 타임 쉐어링 방식으로 이용할 수 있는 컴퓨터가 적극 보급되기 시작합니다.

그리고 여기서 '릭'은 네트워크로 연결된 거대한 세상을 꿈꾸지 않았지만, 네트워크는 연결해야 할 컴퓨터들이 있어야 꿈을 꿀 수 있기에 타임 쉐어링 방식의 보급은 호스트 컴퓨터를 양산하게 됨으로써 그들 연결의 필요성은 결국 아르파가 네트워킹의 선두에 서게 되는 결과를 가져오게 됩니다.

물론 당시 '릭'을 포함한 링컨 연구소 식구들은 컴퓨터 이용자들 간의 상호 작용에는 눈뜨지 못했습니다. 즉 내 옆의 너와 나가 네트워크로 연결되는 세상을 꿈꾸진 않았습니다. 아마도 군부 후원이 절대적이었던 링컨 연구소는 컴퓨터 가격이 수억 원을 호가하는 시대에 컴퓨터를 이용해 왔기에 거대한 컴퓨터가 가진 자산을 이용하려는 것이 우선적인 목표로 컴퓨터 이용자 상호 간의 연결에 대해서는 다가서지 못한 한계를 보였습니다. 하지만 적어도 '릭'의 컴퓨터와 인간의 상호 작용성에 관한 그의 주장은 네트워킹을 꿈꾸게 하고 그것을 추진하는 데 큰 힘이 되었습니다.[93]

---

[93] Janet Abbate(2000)와 John Naughton(1999)은 아르파넷이 영감과 필요성에 의해 태어났는데, 그 영감의 원천은 '릭'으로 거슬러 올라갈 수 있음을 지적하고 있다.

묻지마 투자: IPTO

1950년대 컴퓨터와 관련해 학계에서는 아직은 『사이버네틱스』의 물결이 지배적인 상태에서 인공 지능 사조가 이제 걸음마를 떼고, 컴퓨터 산업의 발달이 기업들에 의해서 이루어지고 있었습니다. 그 무렵 아르파는 컴퓨터 관련 절대적인 후원 기관이자 권력 기관으로 거듭나게 되는데, 그것의 상당 부분은 '릭'이 컴퓨터학 쪽으로의 지원을 위해 행동 과학 연구소를 컴퓨터 전문 연구 기관인 정보 처리 기술 사무실 Information Process Technology Office(IPTO)로 명칭을 바꾸고, 전방위적으로 투자를 단행한 덕분입니다.

그의 전방위적 투자가 가능했던 것은 Hafner·Lyon(1996)에 따르면, 그가 영입 당시 루이나에게 "자신이 적합하다고 보는 어떤 방향으로든지 프로그램을 이끌 수 있는 자유를 보장받는다"는 제안을 했고, 루이나는 "부분적으로 그는 매우 바빴고, 부분적으로 그 자신이 컴퓨터에 대해 잘 이해하지 못했기 때문이기도 해서, 망설임 없이 그 단서에 동의했다"고 합니다. 당시로서는 매우 진보적인 컴퓨터 학자가 이미 투자에 관한 자유를 보장받고 아르파에 입성한 셈입니다. 그래서 그의 재임 시기 아르파는 컴퓨터 관련 최고의 권력 기관이자 후원 기관으로 거듭 태어나게 됩니다. 실제 아르파넷의 창설을 지휘하고 계획을 세운 곳도 IPTO였습니다. 엄밀히 말해 인터넷의 선도 기술인 아르파넷은 아르파의 부서인 IPTO로 부터 나온 프로그램 중의 하나였습니다.

우선 그는 IPTO의 초대 수장이 되자마자 재빨리 자신 예산의 대부분을 배치 프로세싱 방식으로 출시된 IBM 컴퓨터 등을 타임 쉐어링 방식으로 전환하는 데 쏟아부었습니다. 그리고 그 외에도 선구적인 연구에도 지원을 아끼지 않습니다. 그의 투자 일 순위로 지목된 곳은 피츠버그에 있는 카네기 테크$^{Carneige\ Tech}$였습니다. 카네기 투자는 그의 투자가 얼마나 통상적인 범주를 벗어난 것인가를 엿볼 수 있습니다.

'릭'은 그곳에서 인공 지능 운동을 주선해 온 이들에게 3억 원을 보내면서 자신들이 원하는 어떤 곳에 쓰라고, 어떤 질문도 하지 않았습니다. 카네기 테크의 3인 방인 알랜 뉴엘$^{Allen\ Newell}$, 허버트 시몬$^{Herbert\ Simon}$, 그리고 알랜 펠리스$^{Alan\ Perlis}$ 가운데 한 명인 뉴엘은 '릭'의 이름을 들은 적도 없었습니다. 이들은 특별히 컴퓨터의 상호 작용적인 문제에 관심을 표시하지도 않았지만, 그들은 연간 상당한 액수의 기금을 받았습니다. 카네기 대학은 독립적으로 컴퓨터학과를 탄생시킨 첫 번째 학교가 되었습니다. 1965년도 일입니다. 오늘날까지 카네기 대학은 인공 지능에서 탁월한 업적을 내놓고 있습니다.

새롭게 개척하는 분야에 있어서 기금은 필수적입니다. IPTO의 투자는 대학에 컴퓨터학과가 설립도 되지 않았던 시기에 그래픽, 인공 지능, 타임 세어링 작동 체계, 네트워크 등을 포함한 컴퓨터 관련 발전에 있어서 추동력을 제공하였습니다.

그리고 IPTO 후원의 차별적인 점은 대학에 있는 연구들에 퍼부었고, 그 가운데 상당 부분이 실질적으로 대학생들을 후원하는데 쓰여졌다는 점입니다. 이에 대해 James Moris$^{카네기멜론\ 컴퓨터학과\ 교수}$가 지적하길, "그것은 '릭'과 아르파가 젊은 과학자들 세대의 마음을 사로잡았고 그들로 하여금 컴퓨터학이 굉장히 흥미 있는 것이라는 것을 확신시킨 것으로 보인다"라며 "생각해 보라. 스푸트니크 직후 영광스런 분야는 컴퓨팅이 아니라 물리학이었다. 그러나 많은 총명한 사람들이 아직 존재하지도 않은 기술에 뛰어들게 된 것은 간단히, 아르파가 그것에 돈을 쏟았기 때문이다." 1960년대 아르파의 풍부한 연구 자금은 IPTO를 통해 많은 연구를 진행시킬 수 있었을 뿐 아니라 총명한 영재들을 끌어올 수 있었습니다.

특히 타임 쉐어링 방식의 적극적인 보급은 호스트 컴퓨터의 양산뿐 아니라 인적 자원을 육성하는 결과를 가져왔습니다. 호스트 컴퓨터는 여러 프로그램을 시행할 수 있는 여러 운영 체제를 보유해야 하고, 수많은 단말기와 온라인을 통한 자료의 즉시 처리가 가능하도록 하는 소프트웨어가 있어야 해서 호스트 컴퓨터가 놓인 대학들이나 연구소 등은 숙련된 프로그래머들을 보유해야 했는데, 당시 그 책임을 맡은 대부분은 대학원생들이었습니다. 그래서 아르파의 타임 쉐어링 방식에 대한 선도적이고 압도적인 후원은 결국 네트워크를 책임질 인적 자원을 후원하는 결과를 낳았습니다. 아르파는 의도했던, 의도하지 않았던 네트워킹으로 가는 길을 예비하고 있었습니다.

그는 재임 기간 대부분을 좋은 투자처를 발견하기 위한 출장으로 거의 길 위에서 보냈다고 할 정도로 왕성한 투자를 이끌었습니다. 그가 1964년 2년의 임기[1962~1964]를 끝내고 아르파를 떠날 무렵 그의 사무실에는 Berkeley, SDC, 그리고 MIT의 타임 쉐어링 프로그램인 프로젝트 맥[Project Mac]이 타임 쉐어링 시스템으로 연결되어 있었습니다. 그가 남긴 유형의 산출물로써는 크지 않을 수도 있지만, 운 좋게도 이것들이 네트워킹의 씨를 뿌리게 됩니다.

네트워크로의 비상: ARPANET

당시 군부 연구는 거의 끼리끼리 안면에 의해 충원되어 아르파 역시 소수의 연구 집단으로 집중되는 경향이 있었는데, '릭'의 후임들 대부분 링컨 연구소 출신의 우수한 인력들로 채워졌습니다. 그리고 그들 역시 '릭'이 투자한 곳의 대부분을 물려받아 아르파 투자에 있어서 큰 변화는 초래하지 않았습니다.

IPTO의 2대 감독은 링컨 연구소 출신의 이반 서덜랜드$^{\text{Ivan Sutherland,}}$ $^{1964\sim1966}$였습니다. 그의 경력도 화려합니다. 그는 2진법 고안 후 MIT를 떠났으나 다시 돌아와 후배들을 양성한 섀넌의 지도 아래 공부했으며, TX-0의 후속 컴퓨터였던 TX-2를 가지고 2차원 컴퓨터 그래픽 프로그램으로 박사 학위를 취득한, 스케치패드[94]의 발명자였습니다. 그 역시 대부분 '릭'이 재임했던 시절 이루어진 후원을 이어 갔습니다.

그리고 3대 IPTO 감독으로 로버트 테일러$^{\text{Robert Tayler, 1965}\sim1969}$가 취임합니다. 그는 전임들이 2년 동안 근무한 것에 비해 4년 동안 IPTO를 이끌면서 아르파넷 출범에 중요한 역할을 합니다. 그는 군복무 시절 읽

---

94 1963년 서덜랜드가 박사 학위 논문을 위해 작성한 컴퓨터 프로그램으로 후일 가상 현실 virtual reality의 출발점이 되었다. 이 프로그램으로 서덜랜드는 1988년 튜링상을 수상했다.

은 부시의 "우리가 생각하는 것처럼"이라는 에세이에 감명 받아 나사에 입사한, 링컨 연구소 출신도 아니고 박사 학위도 없는, 텍사스대 심리학과 석사 출신이었습니다. 그가 나사에 있을 때 엥겔바트의 마우스를 후원하여 그것을 늘 자랑스럽게 말하고 했던, 기술적인 공리심이 강한 사람이었습니다.[95] 그가 IPTO 책임자 자리에 앉을 무렵 네트워킹이 해결해야 할 현안 문제로 떠오릅니다.

 IPTO는 1966년까지 리서치 그룹이라고 부르는 16군데의 계약자를 가질 수 있었는데, 이들 대부분은 '릭'의 후원으로 그간 컴퓨터 이용 방식을 타임 쉐어링 방식으로 전환한 덕분에 호스트 컴퓨터들을 가지고 있었습니다. 그러나 아르파 후원으로 양산된, 호스트 컴퓨터들은 각기 다른 운영 체제로 운영되고 있었기 때문에 다른 호스트 컴퓨터를 방문하는 것은 매번 다른 언어를 사용하는 국가를 방문하는 것과 같아 다른 나라에 가서 그 나라 언어를 모르면 아무것도 할 수 없는 것처럼 짜증스러운 일들이 동반되었습니다.

 그리고 당연히 호스트 컴퓨터들, 예를 들면, MIT의 CTSS, TX-2 등은 자료 공유가 되지 않았습니다. 그래서 아르파 후원의 연구가 많아질수록 아르파 책임자는 관리 및 비용 등으로 어려움이 더욱 가중되어 갔고, 아르파 후원의 연구 공동체가 많아질수록 컴퓨팅 분야의 중복된 연구와 흩어진 컴퓨팅 사이트들의 연결은 아르파가 해결해야 할 급한

---

95 그는 부쉬나 위너의 비전에 영향을 받았으나, 나사에 입사하여 '릭'의 상호 작용성에 대한 비전을 공유했다. John Naughton(1999), 앞의 책, pp. 82~83.

임무가 되어 버렸습니다.

1966년 6월, 테일러의 상상력은 하나의 터미널에서 이러한 장소 어떤 곳이라도 갈 수 없을까? 하는 데까지 나아갔고, 그는 16군데를 통합한 아르파 공동체를 창조하고자 마음먹습니다. 테일러는 당시 자신의 예산을 다 써 버리고 없자 아르파 책임자인 찰스 헤르츠필드^{Charles} ^{Herzfeld}에게 찾아가 단 20분 만에 네트워크의 초기 자금인 1백만 달러를 얻는 데 성공합니다. 그 결재는 세계에서 가장 빠른 결재로 기록됩니다.[96] 당시 네트워크 설립에 관한 아르파 내에서의 우호적인 분위기를 엿볼 수 있습니다.

당시 테일러가 처음에 제안한 네트워크의 목적—아르파넷^{ARPANET}—은 이러한 흩어진 컴퓨팅 사이트들을 연결하여 연구자들 간에 호스트 컴퓨터의 자원을 이용하고 공유하는 것이었습니다. 이것이 인터넷으로 가는 선도 작업인 아르파넷의 출발점입니다.

그러나 당시 테일러가 품은 16개 아르파 후원의 연구 공동체의 컴퓨터들을 연결하고자 하는 꿈은 쉽지 않은 기술적인 도전들을 내포하고 있었습니다. 미국 내에서 아르파 이상으로 컴퓨터 관련 분야에 투자를 한 기관 역시 없었기에 아르파가 투자하지 않은 이상 네트워킹은 미국 전역에서 대규모 투자가 시도된 적이 없었다고 보면 됩니다. 그간 아르파가 수행한 네트워킹에 대한 경험은 두 건의 미미한 프로젝트가 전부였습니다.

---

96 Katie Hafner·Matthew Lyon(1996), 앞의 책, pp. 10~11.

그래서 공동체 전체를 연결하고자 하는 테일러를 향해 주위에서는 심리학자 출신의 순진한 넌센스라며 비판을 합니다. 이에 테일러는 자신의 기술적인 부분을 대체하고, 다른 프로젝트와는 달리 네트워킹에 대해 아르파가 통제권을 가지기를 원했기에 그 일에 적합한 인물로 당시 MIT에서 컴퓨터 관련하여 천재적인 평판을 얻고 있던 로렌스 로버트Lawrence Robert를 영입하고자 합니다.

그는 최근 아르파 후원의 두 번째 연결 프로젝트를 수행한 인물로 더 이상의 대안이 없을 정도로 최적의 적임자였습니다. 그러나 그는 링컨 연구소에서의 연구를 놓치고 싶지 않아 테일러의 요청을 매번 거절했지만, 아르파의 위세[97]로 결국 1966년 12월에 IPTO의 프로젝트를 책임지기 위해 펜타곤에 도착합니다.

특히 링컨 연구소 출신의 우수한 인력들을 아르파로 오게 한 것은 초창기 '릭'과의 인연이 시작이었지만, 아르파의 풍부한 자금과 자율성이 뒷받침되고 있었습니다. 아르파의 연구 공동체에 대한 후원은 그들을 네트워크 설립에 합류하게 할 수 있었고, '릭' 이후의 시기에도 그 후임자들 역시 자율성을 향유했습니다. 그들은 아르파가 국방부 산하 연구 기관이었지만, 군부 연구의 우선권을 가지도록 압력을 받지도 않았습니다.[98] 그리고 헤르츠필드의 결재에서 보듯이 IPTO의 네트워크

---

[97] 그의 펜타곤 입성은 테일러의 요청으로 당시 아르파의 수장인 헤르츠필드가 MIT 링컨 연구소의 소장에게 직접 전화를 걸어 연구소 기금(링컨 연구소 기금의 반 이상이 아르파로부터 나옴)이 어디에서 오는지를 강하게 확인시킨 후 이루어진 것이었다. 이는 아르파넷 설립 25주년을 기념하기 위한 테일러와의 인터뷰에서 그가 밝힌 내용이다. John Naughton(1999), 앞의 책, p. 88에서 재인용

[98] 위의 책, p. 83.

설립에 대한 아르파의 우호적인 분위기가 있었습니다. 이미 이 시기 아르파 후원의 프로젝트는 창조성이 발현될 수 있는 최고의 여건을 갖추고 있었다고 해도 무방합니다. 예산이나 연구 면에서 아르파의 위대한 시기는 로버트의 재임 시기와 거의 일치했습니다.

3절
위대한 시기

고르디우스의 매듭 1

로버트의 목표는 분명했습니다. 전혀 다른 지역에 고가의 컴퓨터가 설치되어 있고, 그 고가의 컴퓨터는 수많은 이용자로 연결되어 그들에게 컴퓨터 시간을 배분하여 이용토록 하고 있었습니다. 당연히 이들 대장 컴퓨터들, 즉 호스트 컴퓨터들은 자신만의 독특한 운영 방식이 있었는데, 아르파는 이들을 연결해서 서로 연구하는 것을 공유하고자 하는 것입니다.

그러나 사실상 이 호스트 컴퓨터 간의 연결은 당시로서는 기술적으로 정복되지 못한, 고르디우스의 매듭[99]이었습니다. 그간 아르파가 수행한 두 건의 연결 프로젝트 중 한 건은 UCLA의 레너드 클라인록 Leonard Kleinrock[100]이 다른 한 건은 로버트와 톰 마릴이 수행했는데, 모두 만족할 만한 성과를 이끌어 내지 못했습니다. 후일 두 번째 프로젝트에 참가한 톰 마릴은 그 작업이 끔찍한 경험이었다고 회고할 정도로 당시의 기술력으로서는 쉽지 않은 도전이었습니다. 이제 로버트는 아르파

---

99 고르디우스의 매듭은 알렉산드로스 대왕이 칼로 잘랐다고 하는 전설 속의 매듭이다. '대담한 방법을 써야만 풀 수 있는 문제'라는 뜻의 속담으로 쓰이고 있다.
100 MIT에서 섀년 밑에서 박사 학위를 취득한, 정보의 흐름에 관한 한 선구적인 인물이었다.

라는 듬직한 후원 기관을 등에 업고 다시 역사적인 도전에 나선 셈입니다.

그래서 로버트는 단짝인 클라인록 등과의 논의와 자신의 수행 경험을 되살려 아르파넷을 작동시키기 위해 두 가지 정도를 구상합니다. 하나는 메시지 전달을 중앙 집권적인 방식이 아닌 분산적으로 처리할 수 있는 패킷packet[101] 스위칭 방식을 도입하는 것과 또 다른 하나는 패킷 전달을 호스트 컴퓨터가 맡아서 수행한다는 것입니다.

로버트는 이 두 아이디어를 아르파 후원의 연구 공동체를 대상으로 발표하게 되지만, 그의 구상 가운데 패킷 전달을 호스트 컴퓨터가 맡아서 수행한다는 아이디어는 처음부터 아르파 공동체의 반발에 부딪힙니다. 그가 구상한 대로 호스트 컴퓨터를 연결하기 위한 패킷 전달을 호스트 컴퓨터의 운영을 책임지고 있는 프로그래머들이 맡는다면, 그것은 그들에게 기존의 업무에 새로운 업무가 추가되는 것을 의미했습니다. 그 당시 수많은 컴퓨터 이용자가 단말기를 통해 호스트 컴퓨터와 연결한 뒤, 컴퓨터 이용 시간을 배분받아 컴퓨터를 사용해 왔는데, 호스트 컴퓨터의 작동 방식 등의 업무 대부분은 당시 대학원생들이 맡아서 처리하고 있었습니다. 이들은 호스트 컴퓨터 간의 연결 작업이 기술적으로 지옥을 체험하는 것만큼이나 어려운 작업임을 누구보다도 잘 알고 있었기에 연결 작업을 자신들이 맡는 것에 대해 우호적이지 않았습니다.

---

101 네트워크를 통해 전송하기 쉽도록 자른 데이터의 전송 단위.

로버트가 모든 사이트를 연결하기 위한 방식에 대해 반발만 있을 뿐 뚜렷한 해결책이 없었을 때, 링컨 연구소 출신의 프로그래머이자 당시 워싱턴 대학에 근무 중인 웨슬리 클락$^{Wesly\ Clark}$이 결정적인 아이디어를 제시합니다. 그는 거의 10년 전쯤 링컨 연구소에 근무할 때 '릭'에게 TX-2 등의 작동법을 알려 준 사람이기도 합니다. 그는 로버트의 접근이 잘못된 것임을 지적하면서 호스트 컴퓨터들이 갖게 되는 과중한 업무를 덜어 주기 위해 그 업무를 가능한 네트워크에서 떼어 놓고, 그 대신에 각 호스트 컴퓨터와 네트워크 전송선 사이에 작은 컴퓨터를 두자고 제안합니다. 그가 설명한 방식대로라면 호스트 컴퓨터는 자신의 일만을 하게 되므로 여러 업무의 과중으로부터 해방될 수 있었습니다. 로버트는 이 제안을 수락합니다. 아르파넷이 완벽한 이론적인 모델에 의해서 개발된 것이 아니었기 때문에 아르파 매니저들은 그 개발 과정에서 이용자들의 의견 역시 수용하는 자세를 견지하면서 그 발달을 주도하게 됩니다.

이 미니 컴퓨터를 'IMP$^{interface\ message\ processors}$'라 부르게 되고, IMP는 오늘날 '라우터^{router}'[102]와 같은 기능을 갖게 됩니다. 이는 인터넷으로 가는 첫 번째 혁신적인 장치였습니다. 오늘날 인터넷 설치 시 집에 설치하는 공유기가 이에 해당됩니다. 여기서 라우터 생산을 하게 되는 새로운 산업이 태어납니다. 실제 컴퓨터를 개발하면 컴퓨터만 개발된 것이 아니라 관련 협력 업체가 필요하듯이 혁신적인 기술이 탄생하면 주변

---

102 컴퓨터 네트워크 간에 데이터 패킷을 전달하는 네트워킹 장치로 많은 네트워크로 이루어진 인터넷에서 목적지 네트워크까지 가는 경로를 처리하는 것을 말한다.

의 협력 업체 역시 탄생합니다. 미국이 1990년대 최고의 호황을 이끌게 된 것은 이미 지난 시기부터 정보 산업 관련 발달을 추동해 왔기에 컴퓨터 혁명이 발발하자 그것이 크게 확산된 결과였습니다. 우리는 이를 통해 집에서 핸드폰이나 컴퓨터 등 서로 다른 시스템의 기기를 연결하게 된 것입니다.

그리고 로버트는 자신의 이전 경험을 살려서 호스트 컴퓨터들이 서로 메시지를 주고받을 때 컴퓨터를 이용하여 메시지를 잘게 나눠 보내는 패킷 스위칭 방식을 도입하고자 했는데, 이 방식은 중앙에서 지휘하는 명령 및 통제 센터가 필요 없는 네트워크 설립이 가능합니다. 그래서 로버트는 현존의 대표적인 메시지 시스템인 전화 시스템보다는 이 방식이 훨씬 효율적이라 여겼습니다.

그러나 이 방식 역시 아직 실행된 적이 없는 기술적인 모험이 따르는 작업이었을 뿐 아니라 현존의 전화 시스템이 독보적인 위상을 누리고 있었던 터라 그들의 반발이 예상되는 대목으로 로버트가 이 방식을 도입하기에는 그들의 현실적인 저항까지 뛰어넘어야 하는, 이중의 어려움이 놓여 있는 방식이었습니다.

고르디우스의 매듭 2

여기서 우리는 1950년대에 트랜지스터를 발명한 벨 연구소의 위상을 다시 한번 만날 수 있는데, 1960년대 후반 벨 연구소의 직원 수는

15,000명, 박사 학위 소지자만 1,200여 명에 달할 정도로 벨 연구소의 명성이 절정에 달한 시기였습니다. 벨 연구소의 모기업인 AT&T는 이론뿐만 아니라 철저한 시스템 구축을 통해 다른 통신 회사들이 들어설 수 없는 독점 체제를 구축하여 100년 가까이 미국의 통신 시장을 장악하고 있었습니다.

이들이 운용 중인, 당시 대표적인 메시지 전달 시스템이었던 전화의 회선 교환 시스템은 중앙집중적으로 운영되고 있었으며, 통상 앞 통화자의 통화가 끝나야 다음 통화자와 연결되고, 그 통화가 끊어지지 않기 위해서는 전화 설비는 매우 튼튼하게 구축되어야 했습니다. 그리고 전화를 하기 위해서는 서로 간에 기기들이 미리 설치되어야 했기에 국가적인 통신망이 필요했습니다. 그래서 당시 전화 설비에는 많은 자금이 소요되었고, 당연히 전화 요금은 비쌌습니다.

그래서 초창기 컴퓨터 이용자들에게 전화 비용의 과다는 큰 어려움이었습니다. 아르파도 예외는 아니었고, 기술 혁명의 선구자들도 예외는 아니었습니다. 게이츠는 일찍부터 컴퓨터 이용에 푹 빠졌는데, 당시 비싼 전화 요금을 충당하기 위해 오랫동안 아르바이트를 해야 했고, 애플 I 을 설계한 스티브 워즈니악은 설계 코드를 직접 손으로 써야 했습니다.

이에 반해 로버트가 염두에 두고 있었던 패킷 스위칭 방식에서는 메시지를 전달할 때 메시지를 패킷이라 불리는 동일한 크기의 작은 단위로 쪼개 버립니다. 그리고 그 쪼개진 메시지 조각마다 즉 패킷마다 목적지가 명시된 주소 헤더, 즉 도착지 정보를 부여해서 노드들(컴퓨터에서 네트워크의 연결 지점, 혹은 재분배점을 말함)에 무작위로 발송해 버립니다. 노드는 쉽게 말해 컴퓨터가 놓여 있는 위치라고 할 수 있습니다. 우리 집에 컴퓨터가 있으면 우리 집이 하나의 노드가 됩니다.

그리고 나중에 도착지에서 헤더에 명시된 지침에 따라 온전한 메시지로 합쳐지게 합니다. 여기서 패킷이라는 잘게 쪼개서 보내는 방식은 이제껏 시도된 적 없는 혁명적인 발상이었습니다. 이 방식은 전화 회선에서 순차적으로 메시지가 전달되는 것과는 달리 메시지가 길거나 짧거나 보내는 속도가 별반 차이가 나지 않습니다.

그러나 그가 주장한 패킷 스위칭 방식에서 노드들에 패킷을 발송하다 보면, 어떤 노선에는 패킷들이 쏠리고 어떤 노선은 한가한 소위 병목 현상이 생길 수가 있기 때문에 비어 있는 노드를 빨리 찾아내야 하는 문제점이 생깁니다. 그래서 그는 메시지 전달을 수작업이 아닌 소형 컴퓨터를 이용하고자 합니다. 로버트는 이미 컴퓨터에 관해 천재적인 평판을 얻은 인물로 누구보다도 빨리 컴퓨터를 이용한 데이터 설계를 기획할 수 있었습니다.

그가 제안한 '패킷 교환' 방식은 패킷을 비어 있는 노드들에 무작위로 보내기에 신뢰성 면에서는 떨어지나 통신 비용을 획기적으로 떨어뜨릴 수 있었습니다. 당시 기계식 전화 스위치에서는 일반 전화선을 써서 장거리 전화 연결을 만들어 줄 때 20초에서 30초까지 걸렸지만 디지털 컴퓨터는 훨씬 빠른 속도를 제공할 수 있었고, 획기적인 비용 절감이 예상되었습니다. 전화망 비용의 대부분을 차지하는 통신망 관리가 필요 없어졌습니다. 단지 케이블과 작은 라우터만 필요할 뿐입니다. 오늘날 인터넷 비용이 전화 통화와 비교가 되지 않을 만큼 저렴하고 빠른 것은 이 패킷 스위칭 방식에 기인합니다.

후일 아르파는 패킷 스위칭 방식이 성공적으로 작동함을 증명하여 역사적인 기관으로 등극하게 되지만, 이 개념은 아르파가 처음 제안한 것은 아니었습니다. 물론 테일러가 자신의 구상을 발표할 당시, 네트워크에 이 방식을 활용하는 것은 자신이 처음이라 여겼으나 이미 이 방식에 대한 주창자들이 두 명이나 더 있었습니다. 즉, 패킷 스위칭 방식에 대한 이론은 이미 존재해 있었다는 이야기입니다.[103] 하나는 문서 창고에서 그것도 3년여에 걸쳐서 이론적인 모형이 구축되었음에도 펜타곤에 있는 사무실 서랍 속에서 잠만 자고 있었고, 또 다른 하나는 소규모 실험을 이미 끝냈음에도 더 이상의 진전은 이루어지지 못한 상태였습니다.

현존에서 지배적인 이용을 보이고 있는 기술도 언젠가 그 한계를 드러내게 되고, 그것은 개선되어지거나 폐기되는 수순에 처하게 됩니다. 그리고 이때 그 한계를 빨리 파악한 선구자들은 어디에나 있기 마련입니다. 대형 컴퓨터 시장에서 소형 컴퓨터의 미래를 보기 시작한 선구자들 역시 출현하기 시작했다는 의미입니다. 컴퓨터에 관한 한 최첨단에

---

103 두 명의 작업에 대해서 인터넷 사료에서는 그때까지 로버트는 몰랐다는 견해(Hafner·Lyon, 1999)와 그것은 명확하지 않다(John Naughton, 1999)는 견해가 있다.

있었던 연구자들인 아르파의 로버트, 그리고 미국 공군의 싱크 탱크인 랜드^{Rand}의 폴 바란$^{Paul\ Baran}$과 영국 국립물리연구소 소속의 도날드 데이비스$^{Donald\ W.\ Davies}$가 그 주인공들입니다. 이 세 명의 연구자들 모두 중앙 집중적인 시스템의 한계를 자신들이 잘 설계할 수 있는 데이터 기반의 소형 컴퓨터를 도입하여 해결하고자 하는 공통점을 가지고 있었습니다.

바란과 데이비스는 전혀 다른 지역에서 거의 동시에 비슷한 아이디어를 내놓았습니다. 그러나 이들의 아이디어는 선구적이었음에도 불구하고 실현되지 못했는데, 이 두 사례는 기술의 발달에 있어서 한 개인의 역량보다는 그 사회의 기술이나 제도, 인적 자원 등과 더 밀접하게 관련되어 탄생된다는 것을 실증적으로 보여 줍니다. 특히 이들의 사례에서는 새로운 기술이 탄생하는 데 있어서 국가의 역할을 극명하게 볼 수 있습니다.

> "Everthing is tied to everthingelse."
>
> -Paul Baran

같지만, 다른

인터넷의 운용은 아직까지 미국적인 가치가 우세하여 인터넷의 등장 역시 순전히 미국의 창조물이라고 생각하기가 쉽지만, 초창기 아이디어 상당 부분은 이론의 나라답게 영국에 의해서 제시되었습니다. 초창기 인터넷 창설에 관여한 영국인 주인공인 데이비스는 물리학자로 출발했으나 튜링이 2차 대전 이후인 1947년 초창기 Pilot ACE라고 부르는 내장 방식의 컴퓨터를 세웠을 때 국립물리연구소에 합류하여 1960년대 초에는 이미 컴퓨터 분야에서는 최고인 연구자였습니다.

그러나 그가 패킷 스위칭 방식을 고안할 무렵에는 미국이 핵전쟁의 공포에 있었던 것과는 달리 영국은 미국과의 경제적인 격차 때문에 노심초사하는 시기였습니다. 당시 경제적인 하락이 뚜렷한 시기에 정권을 잡은 노동당 정부의 최우선적인 과제는 경제 살리기였습니다. NPL이 유서 깊은 국책연구소이긴 했지만, 연구원의 연구 역시 자국의 경제적인 상황을 반영해서 이루어져야 했습니다.

그 역시 컴퓨터에 관한 최첨단에 있었기 때문에 아날로그 전화시스템의 결함에 대해 곰곰이 고민하고 있을 무렵 미국에서 운용 중인 타임 쉐어링 방식을 둘러볼 수 있는 여러 기회들을 가질 수 있었습니다. 그러면서 그가 주목한 것은 호스트 컴퓨터를 이용하기 위해 단말기가 놓여 있는 터미널룸이 호스트 컴퓨터와 멀어질수록 전화 비용이 가빠르게 증가한다는 점이었습니다.

그래서 그는 짧은 메시지를 가진 사람이나 긴 메시지를 가진 사람이나 모두에게 공평하게 모든 메시지를 동일하게 잘게 잘라 전달하는 패킷 스위칭 방식을 사용하면 전달 속도가 빨라질 것이고, 그러면 전화요금 역시 감소하여 당시 전화의 주이용자인 사업가들의 전화 비용에 대한 부담 역시 덜어 줄 수 있으리라 여기게 됩니다.

그는 타임 쉐어링 컴퓨터로부터 패킷의 경로를 지정해 주기 위해 패킷 헤더에서 옮겨진 정보를 이용하는 컴퓨터화한 스위칭 노드들의 네트워크를 가질 것을 제안하면서, 이 기술을 "패킷 스위칭$^{packet\ switching}$"[104]이라고 불렀습니다.

그러나 당시 "패킷 스위칭" 방식은 매우 급진적인 개념이었습니다. 메시지 전달을 위해 컴퓨터를 사용한다는 것은 상상 속에서도 존재하지 않았기에 메시지 시스템을 운용하는 일선의 전문가를 포함하여 그것을 이해할 사람이 거의 없었습니다. 결국 그는 국가적인 네트워크 설립을 위해 정부를 설득할 희망이 없다는 것을 느끼자 조그마한 실험이 유일한 가능성 있는 대안이라고 결정합니다.

1966년 여름, 그는 "Mark Ⅰ"—콜러서스의 첫 번째 개발 제품 이름이기도 합니다—이라 불린, 실험적인 네트워크를 구축하였습니다. "Mark Ⅰ"에 이어 시스템이 좀 더 보강된 "Mark Ⅱ"는 1986년까지 NPL 직원들 사이에 이용되었지만, 시스템의 지역적인 성공에도 불구하고 "Mark Ⅰ"은 후일 아르파넷이 가졌던 일종의 영향력을 갖진 못했습니다.

1966년 3월에 데이비스는 그의 네트워크 아이디어를 처음으로 공개할 기회에서 영국 국방부 출신 사람으로부터 이 방식이 이미 몇 년 전에 미국인 바란에 의해서 고안됐다는 뉴스를 듣게 됩니다. 미국의 바

---

104 http://en.m.wikipedia.org. ARPANET, 참고문헌 4 참조.

란 역시 독자적으로 거의 비슷한 시기에 비슷한 아이디어를 내놓았습니다.

바란 역시 자국의 시대적인 흐름으로부터 자유롭지 못했습니다. 바란이 공군의 싱크 탱크인 랜드[105]에 입사할 무렵 미국은 영국의 경제적인 침체와는 달리 스푸트니크 충격 후 소련과 팽팽한 긴장 관계로 돌입하였고, 1960년대 초 핵전쟁에 대한 광풍이 세게 몰아쳤던 시기였습니다. 랜드는 연구자에게 상당한 연구 재량이 부여된 곳으로, 바란은 그곳에서 3년여에 걸쳐 자신의 아이디어를 명료화시킬 수 있었는데, 그의 작업 역시 핵전쟁의 공포에 휩싸인 자국의 사정을 반영해 이루어졌습니다.

그는 핵전쟁 발발의 가능성이 농후한 시기에는 일단 핵전쟁이 발발하면 모두가 죽기 때문에 예방을 최선의 과제라 여깁니다. 전쟁을 예방하기 위해서는 자신이 먼저 공격했을 때, 상대방도 맞공격을 가할 수 있다는 사실을 알게 된다면, 상대 진영도 쉽사리 선공격을 하지 못할 것이기에 상대방의 핵 공격에도 지도자의 커뮤니케이션 채널 하나는 살아 있어야 했습니다.

그래서 바란은 현존의 중앙 집중적인 방식으로는 도중에 선 하나가

---

[105] 2차 대전 종전 후인 1946년에 컴퓨터 관련 발전을 지속시키기 위해 세워졌으며, 연구자들에게 상당한 연구의 재량권이 부여된 곳이었다. 바란의 아이디어 역시 3년여에 걸쳐 밀도 있게 연구가 진행된 탓에 후일 아르파넷 설계는 바란의 아이디어에 많이 의존했다.

차단되면 다음 메시지는 먹통이 되기에, 그는 얼마나 많은 선들이 생존력을 확보할 수 있을까에 초점을 두고, 생존력 있는 커뮤니케이션 채널을 위해 분산된 시스템을 주장합니다. 중앙 집권적인 방식 대신에 스위칭 노드들에 많은 선을 연결하고 스위칭은 네트워크에 있는 모든 노드 사이에 분산되게끔 한 다음 메시지의 전달을 각 노드에서 독자적으로 처리토록 한다면, 어느 선이 하나가 차단되더라도 메시지는 다른 노선을 타고 전달할 수 있게 된다고 생각합니다. 중앙 집중적인 시스템 대신에 분산된 라우팅과 분산된 링크들로 대체한 것입니다.

그리고 그가 주장한 분산된 시스템에서는 수많은 패킷들이 돌아다니려면 어느 한 노드들에서 패킷이 정체되면 안 되기에 노드들에서 패킷을 내보내는 속도가 빨라야 했고, 그러기 위해서는 메시지를 내보내는 각 노드들이 스스로 라우팅을 수행할 수 있을 정도의 충분한 지능 또한 지녀야 했습니다. 이를 위해 사람에게 의지하는 전화 스위치가 아니라 작고 싼 디지털 컴퓨터가 필요했습니다. 이는 노드들이 디지털 컴퓨터를 가져야 한다는 것을 의미했습니다. 로버트와 같은 개념입니다.

당시 미국의 컴퓨터 학계는 최첨단의 연구자들로 한정되어 있기는 했지만, 『사이버네틱스』를 포함하여 인공 지능의 영향력 아래 있었습니다. 바란 역시 생존력 있는 커뮤니케이션을 구상하면서 뇌의 신경망 일부가 파괴더라도 다른 부분으로 대체하여 그 기능을 유지하는 것을 관심 있게 보게 됩니다. 이론은 새로운 기술을 고안하는 데 비빌 언덕이 됩니다. 2차 대전 중 미국이 이론 부족에 통탄하며 집중적인 투자를 단행한 이유이기도 합니다. 그는 통신망 역시 여러 개의 중복적인 링크를 통해 일부가 손상을 입더라도 그 기능을 유지하리라 생각합니다.

그래서 바란의 시스템은 충분한 수준의 중복성을 가지도록 많은 연결 링크들을 가질 수 있었는데, 이러한 링크 연결 구조는 두뇌에 있는 신경 뉴런들 사이의 놀랍도록 복잡한 수십억 개의 연결과 개념적으로 닮아 있었습니다(아래 그림 참조).

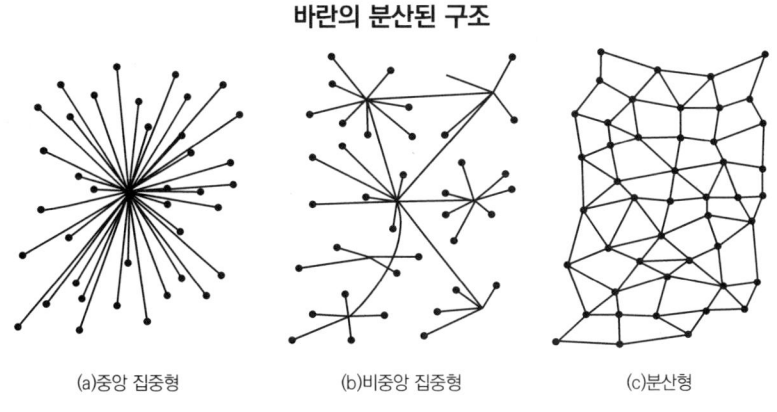

바란의 분산된 구조

(a)중앙 집중형　　　(b)비중앙 집중형　　　(c)분산형

이러한 분산된 시스템은 오늘날 인터넷의 구조와 매우 흡사합니다. 그리고 메시지들을 나누어서 보내질 수 있게끔 작은 블록 여러 개로 쪼개서 보내는데, 그는 잘라진 메시지에 대해서는 "메시지 블록"이라는 단어를 사용했습니다. 그는 자신의 작업이 모두 명료화될 때까지 패킷이라는 단어를 사용한 적은 없었습니다.

보다 엄밀히 말하면, 패킷 스위칭에 대한 개념의 제안은 바란에 의해서 먼저 이루어졌고, 그 뒤에 데이비스가 그 논의를 알았습니다. 바란이 말한 "메시지 블록"들은 데이비스에 의해 "packets"이라 불리게 되었고, "패킷 스위칭"이라는 용어를 붙인 것도 데이비스였습니다.[106] 나중에 이를 본 데이비스가 "고도로 연결된 네트워크들은 민간 환경에서는 필요치 않다"라고 코멘트합니다.

이렇듯 로버트, 바란, 데이비스 모두는 컴퓨터화한 스위치들을 통해 메시지들이 독자적으로 네트워크를 따라다니는 것을 디자인했습니다. 이들의 아이디어는 비록 목적은 달랐지만, 정보 전달에 있어서 역사의 새로운 장을 알리는 혁명적인 개념을 내포하고 있었습니다.

그러나 이들의 아이디어는 아직 사용 중이지 않은 최첨단의 새로운 기술에 의존한 까닭에 현실의 높은 벽을 뛰어넘기에는 한계가 있었습니다. 기존의 시스템 주창자들에게 이들의 아이디어는 날벼락이었습니다. 데이비스는 상부 기관을 설득할 수 없었고, 바란의 아이디어 역시 현존의 중앙 집권적인 전달방식의 주창자들로부터의 반발이 거셌습니다.

늘 다니던 길을 벗어나라. 전에 못 본 무언가를 발견할 것이다.
그들은 도전보다는 안전한 길을 갔다.

---

106   Katie Hafner·Matthew Lyon(1996), 앞의 책, p. 73.

벽돌담

철도가 등장하자 마부들이 반발하고, 공유 택시가 등장하자 택시 업계의 반발이 거셌듯이 당시 소형 컴퓨터라는 아직 오지 않는 새로운 미래의 기술에 의존하고 있는 그들의 아이디어는 당시 전화 시스템 설계에서 지배적인 위치에 있었던, 벨 연구소의 전문가들로부터 심한 반발을 불러옵니다. 특히 벨 연구소는 수십 년 동안 점진적인 개혁을 통해 집중적인 통화 시스템에서 완벽하게 연결된 모델을 구축해 오고 있었습니다. 디지털 경험이 전혀 없는 그들이 컴퓨터에 대해 이해를 하는 것은 사실 한계가 있었습니다.

그들은 자신들의 시스템이 도전받는 것 외에도 바란 등이 제시한 메시지를 빠른 경로로 무작위로 보내는 방식에 대해 무모할 정도로 신뢰성이 약한 정보 전달 방식으로 보았기에 상상 이상으로 반발했습니다.

1965년 가을에 랜드는 군사 커뮤니케이션 서비스들을 감독하고 있는 미국의 국방 통신국Defence Communications Agency(DCA)[107]에 바란의 프로포절을 보냈지만, 공군 내부의 열광적인 반응과 달리 DCA는 바란의 제안을 거절합니다. 자신의 아이디어를 발표하는 것과 다른 사람을 설득하는 것은 별개의 문제입니다. 당시 DCA에는 중앙 집권적인 네트워

---

[107] DCA는 당시 장거리 커뮤니케이션 부분을 담당했던 곳으로, 케네디 대통령 시절 육군, 해군, 공군의 무기 서비스의 통합을 가져오기 위한 일환으로 세워진 국방부 산하 기관이었다. 이제 어떤 새로운 네트워크도 공군과의 계약에 의해서가 아니라 DCA와의 계약에 의해서만이 세워져야만 했다. 그러나 이곳은 공군, 육군 장군 출신들이거나 전직 AT&T 출신들이 수장을 맡은 곳으로 새로운 기술에 노출된 적이 없는 사람들이 포진되어 있었다. John Naughton(1999), 앞의 책, p. 108.

크 시스템 기술자들이 상당수 포진하고 있었는데, 공군은 DCA를 설득할 수 없었습니다. 노튼이 기술한 것처럼 바란의 아이디어 역시 "벽돌담에 해당하는 관료주의자들과 충돌했습니다."[108] 새로운 기술의 등장은 그 사회가 얼마나 그 기술을 수용하느냐에 따라 그 발달이 결정됩니다.

아직 등장하지 않아서 체험하지 못한 것을 이해하기 위해서는 상상력 혹은 영감이 필요하지만, 관료제의 속성상 관료주의가 새로운 모험에 승부를 거는 것은 역사적으로 찾아보기 힘듭니다. 관료제는 현실 유지가 목표로 변화에 저항합니다. 그래서 때때로 기술의 흥망성쇠는 그 시기의 엘리트의 능력과 상당 부분 직결되고 그 점은 우리 근대사에서도 충분히 검증된 사례이기도 합니다.

물론 기업들도 마찬가지입니다. 당시 소형 컴퓨터의 미래를 보지 못한 벨 연구소 역시 장거리 전화 부문의 독점 구조가 깨진 것이 주요 요인이기도 했지만, 그들은 1970년 무렵까지 IMP가 성공적으로 작동하고 하버드에 이어 10번째로 자사에 IMP가 설치될 때까지 여전히 튼튼한 전화선을 발견하려고 애쓰고 있었습니다. 결국 인터넷 시대에 발맞추지 못한 탓에 벨 연구소는 그 찬란한 제국을 뒤로한 채 2016년 노키아에 인수됩니다.

결국 현존의 커뮤니케이션 전문가들 특히 AT&T 거대 전화 회사의 커뮤니케이션 전문가들을 포함하여 동시대 전문가들의 심한 사회적인

---

108 위의 책, p. 108.

저항으로 바란과 그의 공군 스폰서들은, 그 제안을 폐기하는 것이 낫다고 결정하게 됩니다. DCA에서의 모험은 폐기되었으나 그의 작업은 여러 군데 발표되었습니다. 물론 바란의 사적인 채널을 통해 그의 아이디어가 어느 곳에 얼마나 영향을 미쳤는지는 명확하지 않지만, 오늘날 인터넷이 소련의 핵공격에 대비한 미국의 방어 목적으로 개발됐다는 '인터넷 탄생설'은 바로 이 폴 바란의 문서가 공개되었기 때문입니다.[109] 폴 바란의 문서 소식을 접해 들은 시사 주간지 『타임^{TIME}』이 사실을 부풀려 인터넷이 본래 핵공격에 대비해 만들어졌다는 이야기를 보도했고, 이 이야기는 오랜 기간 인터넷의 탄생 배경으로 알려져 오게 됩니다.[110]

당연히 『타임』의 기사에 테일러와 로버트를 비롯하여 인터넷의 수많은 설계자들은 흥분합니다. 그들은 허구라고 주장하는 등 군부와 아르파넷 설계자들 간의 논쟁[111]이 있었음에도 1995년 '국립과학재단'의 최종 보고서는 이렇게 선언합니다. "국방부의 아르파에서 자라 나온 ARPANET의 패킷 교환 설계는 핵공격에 맞서서 신뢰할 만한 통신을 제공하려는 의도에서 나왔다."[112]

109　Bob Taylor와의 인터뷰. 월터 아이작슨(2015), 앞의 책, p. 352.
110　그래서 인터넷의 기원은 동일한 저자에 의해서도 시기에 따라 다르게 기술되고 있음을 볼 수 있다. 카스텔(2003, 76)과 (2004, 25)를 비교해 보라!
111　아르파넷의 목적을 두고 벌어진 설전에 대해서는 M. Mitchell Waldrop(2001, 262); Janet Abbate(2000, 37) 참조.
112　"NSFNET: A Partnership for High-Speed Networking: Final Report," 1995.
　　　http://www.merit.edu/documents/pdf/nsfnet/nsfnet_report.pdf.

역사적으로 꿀벌의 노고는 여왕벌에 의해서 잊히기 쉽습니다. 바란의 아이디어는 문서 창고에서 잠만 자다가 몇 년 후 아르파넷 설계자들이 이를 채택합니다. 바란의 아이디어가 제시될 무렵은 초등학생들이 학교에서 핵전쟁에 대비하여 책상 밑으로 피하는 연습을 해야 할 정도로 소련과의 핵전쟁하의 일촉즉발인 상태의 위험 상황에 있었음에도 그의 아이디어는 실현되지 못했습니다.

아르파의 로버트에 의해 아르파넷의 기술적 기반의 하나로서 그의 아이디어 역시 폭넓은 주의와 관심을 받기 시작했을 뿐이었습니다. 그리고 이들은 공격에서 살아남을 네트워크가 아니라 아르파 연구자들을 위한 자원 공유 네트워크가 목표였습니다.

물론 아르파넷 프로젝트는 군부의 직접적인 지휘로 인해 탄생한 프로젝트는 아니었다 할지라도 군부의 후원이 없었더라면 그 또한 탄생할 수 없었을 것입니다. 그러나 아르파넷이 인터넷으로 발달되어 가는 길 역시 짧지 않은 여정이었고, 그 과정은 아르파넷에 참여한 대학원생들의 열린 기술 문화가 주효했던 만큼 설령 바란의 실험이 성공했다고 하더라도 그것의 이용은 군부 한정으로 끝났을 여지 또한 충분했다고 할 수 있을 것입니다.

1967년 10월에 열린 테네시 심포지엄[113]에서 영국의 데이비스 작업

---

113 아르파넷의 설립을 위해 아르파 후원의 저명한 컴퓨터학자들을 초대한 두 번째 공식적인 모임이다.

을 알고 바란의 작업까지 듣게 된 로버트는 영국 팀의 조언을 받아들여 초당 5천 속도를 가지게 되고, 바란은 아르파넷 팀의 고문으로 합류합니다.[114] 그리고 아르파넷은 확고하게 패킷 스위칭 방식을 도입하였고, 아르파넷은 바란과 데이비스의 오리지널 아이디어의 혼합종이었습니다.[115]

그리고 여기서 로버트와의 협조를 통해 아르파넷 설립에 공헌한 클라인록은 유일하게 아르파넷의 핵심 기술인 패킷 스위칭 방식에 대해 자신의 우선권을 주장하여 초창기 인터넷 설립자 간에 넘쳐 났던 우정을 박살내 버린 주인공이 되기도 했습니다.[116] 이에 대해서 로버트는 패킷 스위칭 방식이 세 갈래 기원을 가지고 있는데, 그중 하나가 아르파의 클라인록으로부터 나왔다고 주장했지만,[117] 그를 지지하는 사람은 찾아보기 힘들었습니다.[118]

아르파넷의 하부 구조

아르파 후원의 연구 공동체 간의 정보 공유 네트워크인 아르파넷의

---

114 로버트의 유일한 아이디어는 초당 2,000 bites를 전송하는 전화선에 IMP를 연결하는 것이었다. John Naughton(1999), 앞의 책, p. 91.
115 Robert Kahn(1990, 11); Janet Abbate(2000, 57)를 보라.
116 보다 자세한 것은 월터 아이작슨(2015), 앞의 책, pp. 345~350 참조.
117 http://www.isoc.org/internet/history/brif.shtml, p. 2.
118 TUOMI(2002, 155)는 클라인녹 개념에서 패킹 스위칭 방식을 도출한다는 것이 쉽지 않다며 과연 패킷 스위칭 방식이 아르파가 독창적으로 제안한 것인가에 대해 석연찮은 의문을 제기했다.

기본적인 하부 구조는 최종적으로 사이트 4곳을 연결하기 위한 타임 쉐어링 호스트 컴퓨터, 패킷을 주고 받는 IMP, 그리고 IMP를 연결하기 위한 초당 56킬로바이트의 임대한 전화선으로 구성되었습니다.

전화선은 AT&T가 제공하기로 했고, 시급한 것은 호스트 프로토콜과 IMP를 설치하는 것이었지만. 우선 IMP 설치는 만약 성공하면 아르파 사이트 모두로 확장하는 것을 옵션으로 하여 16개 사이트에서 4개 사이트로 줄입니다. 그리고 동부에 있는 아르파는 네트워크의 확실한 성공을 위해 우선적으로 아르파 매니저와 친밀한 점을 고려하여 IMP가 놓일 곳으로 서부에 있는 4개 사이트를 선정합니다.

IMP 1로 선정된 곳은 UCLA의 클라인록팀입니다. 이 팀은 아르파넷 초창기부터 아르파와 긴밀히 의논해 온 곳으로 이곳에는 비공식적인 계약을 통해서 네트워크 측정 센터$^{\text{Network Measurement Center}}$가 세워졌습니다. 이곳에는 수십 명의 대학원생들이 있었고, 이들은 후일 인터넷 탄생의 주요 공헌자가 됩니다.

IMP 2는 SRI$^{\text{Stanford Research Institute}}$로 아르파넷 구상 단계에서부터 적극적인 관심을 드러낸, 뛰어나 비전을 지닌 과학자인 더글러스 엥겔바트가 있는 곳이었습니다. 온라인 자원을 창조하기 위해 아르파가 네트워크 정보 센터$^{\text{Network Information Center(NIC)}}$를 세운 곳입니다.

IMP 3은 산타 바바라에 있는 UCLA가 선정됩니다. 이곳의 연구자들은 상호 작용적인 그래픽을 연구 중이었고, 네 번째로 선정된 유타 연구자들은 군부를 위해 밤비전을 조사할 뿐만 아니라 '릭'의 후임이었던 서덜랜드가 아르파를 떠나 이곳에서 컴퓨터 그래픽을 연구하고 있었던 곳입니다.

그리고 아르파는 1968년 8월, 선정된 4곳의 대학에 패킷을 전달하는 소규모 컴퓨터인 IMP 설치를 맡을 곳으로는 메사추세츠주의 캠브리지에 있는 소규모 회사인 BBN[Bolt, Beranek and Newman]을 선정합니다. BBN은 MIT의 교수 경력이 있는, 음향학자인 리차드 볼트와 레오 베라넥이 볼트의 제자인 로버트 뉴먼과 함께 1948년 설립한 컨설팅 회사로 초창기는 말 그대로 음향 시스템 설계에 관한 컨설팅이 주 업무였습니다.

그래서 이 소규모의 컨설팅 회사가 아르파의 큰 계약 업무를 따내자 모두 놀랐지만, Hafner·Lyon(1996)에 따르면 BBN은 거의 준비된 계약자나 다름없었습니다. 우선 이곳은 '릭'의 전 고향이었습니다. 살던 곳이 아니라 '릭'이 아르파로 입성하기 전에 근무했던 곳이 BBN이었습니다. 1957년 베라넥은 음향 설계로 사업이 번창하자 사업의 다각화를 위해 하버드와 MIT에서 함께 근무한, 당시 컴퓨터에 관한 한 거대한 비전을 지닌 '릭'을 BBN에 좋은 보완이 되리라고 생각하여 그를 BBN으로 데려옵니다.

그리고 '릭'은 BBN에 오자마자 당시 DEC가 만든 첫 상용 컴퓨터인 PDP-1을 사 달라고 했고, 능력 있는 컴퓨터 학자들을 불러 모아 아르파로부터 입찰 제안서를 받을 당시 BBN은 이미 유능한 컴퓨터학자들의 집합소였습니다. 그래서 BBN은 컴퓨터에 관한 한 캠브리지에서는

MIT, 하버드에 이어 제3의 대학$^{\text{the third university}}$으로 불렸을 정도로 실력을 인정받은 곳이었습니다.

그리고 BBN은 '릭'이 BBN에 머무는 동안 MIT 낙제생을 채용한 것으로도 유명했습니다. 그의 생각에 이들은 급료는 더 적게 주면서 MIT를 갈 수 있을 정도로 총명함이 보장되었기 때문입니다. 후일 아르파에게 큰 선물인 이메일도 이곳의 해커에 의해서 탄생합니다. 이 무렵 학점을 제대로 이수하지 못한 MIT 해커들에게 BBN은 좋은 취직 자리였고, 당시 BBN은 아카데믹과 해커들이 혼재된 곳이었습니다.

그래서 BBN의 컴퓨터 분과는 반 정도가 해커에 가까웠는데, 당시 BBN의 분위기 역시 해커 문화를 반영하여 비교적 자유로웠습니다. IMP 팀의 오른스테인은 1969년 아르파와 펜타곤 군 관련 고위직에게 BBN이 맡은 프로젝트를 설명하러 가면서도 당시 베트남전으로 넓게 퍼진 반전사상으로 그것을 공개적으로 반대하는 저항핀을 달고서 참석하기도 했습니다. BBN이 선정된 후 아르파넷의 하부 구조는 다음 그림과 같이 구성되었습니다.

아르파넷의 하부 구조

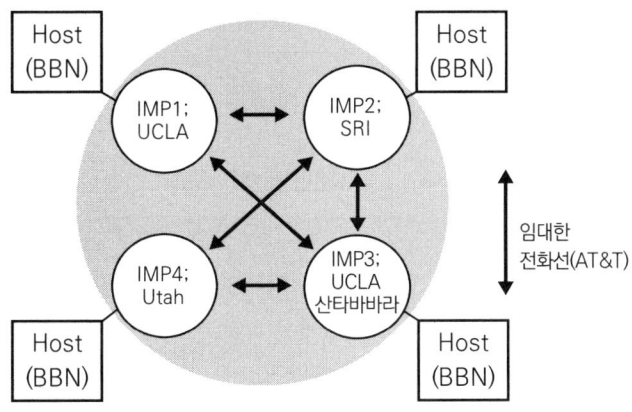

BBN의 IMP Guy

그리고 좀 더 가까이 들여다보면, 아르파넷의 설계자들이 MIT 출신의 소수 연구자들로 집중되었듯이 IMP를 설계하고 설치하기 위해 꾸린 팀 역시 대부분 링컨 연구소 출신이었습니다. BBN에서 IMP의 입찰 서류를 작성한 핵심적인 인물들을 보면 거의 링컨 연구소 출신으로 그들은 아르파의 로버트, 클라인록하고도 알고 지낸 사이였습니다. 당시 컴퓨터 관련 연구는 군부와 학계 그리고 산업체가 함께 가는 경향을 유지했는데, 아르파넷팀 역시 군부-산업-학계라는 상호 작용이라는 당대의 전형적인 패턴을 벗어나지 않았습니다.

BBN에서 IMP 설치에 함께 할 멤버들은 스스로를 IMP Guy(다음 표 참조)라고 불렀는데, 이들이 우선적으로 할 일은 1969년부터 8개월 안에 IMPS 1이 설치될 UCLA에 커뮤니케이션 층의 작동이 가능하도록 해야 했습니다. 즉 UCLA에 있는 IMP를 통해 패킷들을 스탠포드 대학교에 있는 컴퓨터와 연동된 IMP에 확실하게 전달하는 것이 그들의 임무였습니다.

BBN의 IMP Guy

이름	경력 및 BBN에서 맡은 일	
프랭크 하트	휠윈드 조교, 링컨 연구소	컴퓨터 시스템, 엔지니어
밥 칸	MIT, BBN 정보 과학 부문	응용수학자, 전기공학 교수
데이비드 월든	링컨 연구소	소프트웨어 설계
버니 코셀	BBN 컴퓨터 시스템	소프트웨어 문제 해결사
홀리 라이징	MIT	전기 엔지니어
시베로 오른스테인	하버드, 링컨 연구소	하드웨어 엔지니어
윌 크라우더	링컨 연구소	프로그래밍, 소프트웨어설계
벤 바커	하버드 학부생, 오른스테인 제자	IMP 테스트 담당

그들 역시 처음 부딪히는 수많은 기술적인 모험들을 풀어 나가야 했으나, 그들은 전문가답게 주어진 기간인 1971년 여름까지 우선 4개 노드에 IMP를 설치하는 데 성공합니다. 다음 그림은 당시 대학 4곳에 처음으로 설치된, 미니 냉장고 크기의 IMP의 모습입니다. 그리고 옆의 그림은 오늘날 같은 기능을 하고 있는 라우터 모습입니다.

왼쪽 사진 출처: https://commons.wikimedia.org/wiki/File:ARPANET_first_router_2.jpg
오른쪽 사진 출처: https://commons.wikimedia.org/wiki/File:Modem-and-router-units.jpg

그리고 5번째 IMP는 BBN에 설치되었고, 이어서 MIT, RAND, SDC, 하버드 등 15군데에 IMP가 설치되고 이후 아르파는 지속적으로 그 수를 늘려 갑니다. IMP가 BBN에 설치되자 BBN은 관리의 수월함을 위해 네트워크 통제 센터를 세워 IMP의 고장을 처리하거나 업그레이드된 소프트웨어 등을 배포하여 IMP를 좀 더 수월하게 관리하게 됩니다.

그리고 아르파넷팀은 처음에는 한 개의 호스트 컴퓨터에는 한 개의 IMP만 부착하기로 했지만, 이용자들의 적극적인 권유로 1970년대 말에는 여러 개를 부착할 수 있는 단말기 IMP 즉 TIP가 고안되어 이용자들을 확산하는 효과를 가져오게 됩니다. 아르파 매니저들 역시 처음 시도하는 기술적인 도전인 만큼 초창기 개발 때부터 이용자 지향의 열린 태도를 유지하였고, 인터넷은 네트워크의 속성상 이용자가 개발자

가 되기 쉬운 구조로 진화적 매체의 성격을 띠면서 발달하게 됩니다.[119]

IMP의 작업 과정은 아르파의 계층화된 작업 방식에 의거하여 철저하게 분권적으로 이루어졌습니다. 그러나 네트워크 개발이 꾸준한 속도로 진행되려면 단말기 IMP를 추가하려는 BBN과 프로토콜을 개발하려는 대학원생 그룹과 긴밀한 협조가 필요했고, BBN 팀은 초창기 호스트 프로토콜 팀의 작업에 깊숙이 관여하게 됩니다. 호스트 프로토콜 개발에 있어서는 협력 체제를 유지한 셈입니다.

일반인들이 인터넷을 사용하게 된 것은 1995년 무렵이지만 컴퓨터 간에 메시지를 주고받기 위한 컴퓨터 간 첫 연결은 1969년입니다. 1969년, UCLA에 있는 컴퓨터와 스탠포드 대학에 있는 컴퓨터 간에 공통의 규약을 처리하기 위한 첫 IMP가 설치되고, 이후 아르파넷이 1990년 2월 해체될 때까지 BBN의 IMP는 그 운명을 함께합니다.

그리고 다음 여정에서는 호스트 프로토콜을 책임지기 위해 역사 무대로 불려 나온 정보 혁명의 또 다른 한 축인 해커들의 활약과 마주하게 됩니다. 그들은 대부분 호스트 컴퓨터를 운영하는 대학원생들이었지만, 초창기 컴퓨터 이용자들이 거의 해커였기에 소수의 대학원생들을 제외하고는 이들 역시 대부분 해커들이었습니다. 초창기 그들은 실력 좋은 인적 자원으로 아직까지 존재하지 않은 기술 개발에 탑승하게

---

119 인터넷의 진화적인 매체로서의 성격은 TUOMI. 2002, *Network of Innovation*, New York, Oxford University Press 참조.

됩니다.

이들의 임무는 BBN이 만든, 자신들에게 제공될 IMP를 자신의 대학에 있는 대형 호스트 컴퓨터와 연결시키는 방법을 찾아내야 할 뿐 아니라 IMP에 패킷으로 호스트 컴퓨터에 전달된 내용을 해독하는 과제를 수행하는 것이었습니다. 그러나 1969년 BBN의 IMP는 UCLA에 설치되었지만, 먹통이었습니다. 이들은 UCLA에 첫 IMP가 설치될 때까지 아무런 성과를 내지 못했습니다.

그래서 주위에서는 그들 대신 더 유능한 엘리트 집단에게 맡겨야 한다는 의견이 제시되어 왔지만, 아르파는 끝까지 그들을 후원하는 편에 섰습니다. 아르파 역시 당시로서는 군조직이면서 자유가 깃든 기술 프론티어 정신을 충분히 향유한 조직이었습니다. 국가가 자금을 대고 그들의 실수를 허용하자 그들의 창조성은 날개를 답니다. 그리고 이 시기 형성된 그들의 자기 주도적인 정신은 인터넷 탄생의 원동력이 됩니다. 그들은 이윤을 추구하지 않는 국가 주도 프로젝트의 중요성을 입증해 냅니다.

제3부
실수의 성공학

"역사를 바꾼 것은 위대한 실수에 기인하기도 하지만
인터넷 혁명이 가능했던 것은
실수할 수 있는 자유가 보장된 덕분이었다."

1절
실수할 수 있는 자유

마법사의 출현

아마도 정보 혁명의 다양한 행위자들 가운데 가장 특이하면서도 의아심을 갖게 하는 행위자는 해커들일 것입니다. 자유로운 영혼들이 층층시하의 군부 산하 프로젝트에 탑승한 것은 쉽게 이해될 수 없기 때문입니다. 그럼에도 그들은 지난 시절 어떤 마법사도 하지 못한, 우리 일상의 상당 부분을 처리하고 있는 네트워크 및 개인 컴퓨터, WWW를 고안했습니다. 그리고 그들이 낳은 공유와 협력 정신은 오늘날 미국 혁신의 커다란 자산이 되고 있습니다.[120]

그들이 이윤이 우선시된 산업 시대에서 이윤과 거리가 먼 공유와 협력의 세계를 만들 수 있었던 것은 우선 그들의 성향에서 엿볼 수 있습니다. 그들은 어떤 분야에서나 타고난 소질이라는 것이 있듯이—비행사들은 어렸을 때부터 나는 꿈을 꾼다거나, 사업가들은 일찍부터 회사를 차릴 생각을 한다든가 하는—어렸을 적부터 기계에 관심이 있어 우

---

[120] 인터넷 역사를 기술한 사료들은 인터넷 문화의 한 축은 반문화 혁신의 해커들이 담당하고 있음을 지적하고 있다. '해커 문화'가 인터넷의 발전에 기여한 바를 보려면 Hafner and Markoff(1991); John Naughton(1999)를 보라.

연히 본 대형 컴퓨터 사진에 매료된, DNA에 컴퓨터 프로그래머 인자를 보유하고 있는 젊은이들이었습니다. 그래서 그들은 컴퓨터를 보자마자 그 이용에 푹 빠지게 됩니다. 그들에게 컴퓨터는 오락이자 삶이었습니다. 그들이 컴퓨터에 빠지게 된 것은 단순히 돈이 아니라는 이야기입니다.

이들이 본격적으로 출현 한 곳 역시 컴퓨터 관련 거대 사상의 메카인 MIT였습니다. 이들도 작업해야 할 컴퓨터가 있어야 했으므로 1959년 MIT의 링컨 연구소에 있던 TX-0가 MIT 26호 빌딩 2층에 있는 전자 연구소에 무상으로 설치되던 때로 거슬러 올라갑니다. MIT 해커들이 출현한 1950년대 말은 커다란 컴퓨터를 사진으로 대면하던 시절이었습니다. 그들은 꿈에서도 만나기 힘든, TX-0가 전자 연구소에 설치되자 순식간에 TX-0가 갖는 매력에 푹 빠지게 됩니다.

당시 학교에는 IBM 컴퓨터가 설치되어 있었고, 이것은 배치 프로세싱 방식에 의해 작업이 이루어졌기 때문에 당시 컴퓨터 이용에 있어서 절대적 권력을 쥐고 있던, 흰 가운을 입은 전문 프로그래머들이 미리 계획된 알고리즘에 따라 프로그램을 실행했습니다. 그래서 학생들의 컴퓨터로의 접근은 특별히 인가받거나 연구 중인 경우를 제외하고는 불가능하여 당시 학생들은 운영자 몰래 밤중에 컴퓨터실에 들어가곤 했습니다.

그러나 링컨 프로젝트팀의 선구적인 작업으로 탄생한 TX-0는 최초의 트랜지스터를 장착한, 최초의 대화식 컴퓨터였습니다. TX-0는 좀 더 작으면서도 이용자의 접근을 허락한, 그래픽이 표시되는 모니터와 키보드를 연결할 수 있어서 사용자 한 명이 손쉽게 조작할 수 있었습니다. 컴퓨터 앞에서 자신의 손으로 작업할 수 있는 것 자체가 그들에겐 기적에 가까운 일이었습니다. 게다가 MIT는 TX-0 설치에 돈 한 푼 들이지 않았기에 그것의 이용에 비교적 관대했습니다. 컴퓨터에 관심 있는 이들에게 전자 연구소는 순식간에 매일 순례하는, 성지 같은 곳이 되었습니다. TX-0 역시 링컨 프로젝트의 한 산물이었다는 점에서 해커의 등장 역시 국가의 프로젝트가 큰 힘을 발휘했습니다.

이 무렵 해커라는 말이 등장하기 시작했는데, '해커'라는 말이 쓰이게 된 기원은 TX-0가 전자 연구소에 들어온 이후 MIT 내에서 기계의 운행 설치 등에 관심이 많은 테일 로드 클럽$^{\text{Tech Model Rail Road Club(TMRC)}}$ 동아리의 한 분과인 동력발전분과 회원들이 그것의 새로운 이용에 감탄했고, 그곳 회원들의 관심이 컴퓨터로 옮겨 가면서 이들로부터 자연스럽게 해커라는 말이 사용되었습니다.[121] 그리고 이때 그들이 자신들 스스로를 해커라고 불렀을 때는 악의적인 이용자와는 거리가 먼, 순수한 취미가 우선인 컴퓨터 프로그래밍에 발군의 실력을 지닌, 대부분 유능한 프로그래머를 칭했습니다.[122]

당시 MIT에 등장한 해커들은 비교적 최근에 등장한, 시스템을 망치는 소위 크래커 개념의 해커들과는 달리 순수하게 컴퓨터를 통해 자신

---

121 http://en.m.wikipedia.org. hacker 참조.
122 스티븐 레비. 1996, 『해커, 그 광기와 비밀의 기록』, 김동광 역, 사민서각, p. 23.

만의 세상을 창조하는 것에 마음을 뺏긴, 컴퓨터의 이용에 젊음을 저당 잡힌 이들이었습니다. 당시 최고의 해커는 전문가들이었고, 해킹이 나쁜 이름이 된 것은 10년이 더 지나서였습니다.

당시 해커들이란 컴퓨팅에 있어서 대단한 열정과 실력을 가지고 학점도 무시한 채 재미 혹은 취미로 컴퓨터 이용에만 매달려서 몇 날 며칠씩 학교 어딘가에 처박혀 컴퓨터와 동거동락한 해커들을 포함하여 수업을 위해 컴퓨터를 이용하는 대학원생들 모두를 지칭했습니다. 물론 그들은 요즈음 컴퓨터 덕후[123]들과 흡사한 모습이지만, '사회적 삶 social life'의 특성을 지니고 있었다는 점에서는 차별적이기도 합니다.[124]

그러나 당시 TX-0와 그 후속인 TX-2의 이용자가 된다는 것은 만만한 일은 아니었습니다. 처음 출시된 TX 시리즈는 친절하지 않았습니다. 당시는 컴퓨터에 대한 교수 방법이라든가, 사용설명서의 도움, 그리고 도움말 메뉴가 없었고, 무엇보다도 컴퓨터의 프로그래밍을 규격화하는 조작 시스템이 아직도 문자화되지 않았던 시절이었습니다. 소위 컴퓨터를 운용하기 위한 매뉴얼이 없었습니다.

그들이 컴퓨터에 매달리는 것은 대부분 취미의 발로였지만, 당시 그

---

123   어떤 한 가지의 일에 광적인 취미를 가진 사람을 뜻하는 '오타쿠 otaku'의 우리말인 '오덕후'와 컴퓨터 취미가 광적인 사람을 합쳐 부른 말이다.
124   리누스는 '리누스 법칙 Linus'Law'에서 해커의 동기를 '생존 survival', '사회적 삶 social life', '오락 entertainment'. 세 가지로 지적하고 있다. 리누스 토발즈·패커 히매넌·마누엘 카스텔, 2002, 『해커, 디지털 시대의 장인들』, 신현승 역, 세종 서적, p. 13.

들은 사용 설명서도 없는 컴퓨터를 가지고 그것을 돌리기 위해 몇 날 며칠씩을 씨름하며 머리 터질 만큼 힘든, 응용 프로그램을 설계해야 했습니다. 초창기 컴퓨터 이용자들이 해커가 될 수밖에 없는 이유이기도 합니다. 그들에게 컴퓨터는 기회이자 저주였습니다. 기술적인 재능은 필수였으며 레이먼드(2001)가 지적했듯이 "해커가 되는 것은 무척 흥미롭지만, 많은 노력이 필요한 작업"이었습니다.

그래서 이런 작업상의 어려움은 이용자들 간의 협력을 촉진하게 됩니다. 아르파넷 설립자들이 이용자들의 의견을 수렴하면서 프로젝트를 추진했듯이 이들 역시 앞선 연구가 없는 상태에서 협력이 보다 우수한 방법임을 빨리 깨닫고는 경쟁보다는 공유와 협동 정신을 기술 개발의 주무기로 삼게 됩니다. 그들은 아무런 소프트웨어 없이 짜증나고 지루한 작업을 함에 있어서 끔찍스러운 시간을 낭비로 날려 보내지 않기 위해 누구나 '자유롭게 컴퓨터에 접근'하고 기술을 창조할 수 있는 능력만을 그리고 그것을 '공동체와 공유할 수 있는 능력'만을 가치로 여겨 직접적인 명령 체계는 존재하지 않았고, 그들은 산출된 최종 버전이 모든 사람들에게 유효할 수만 있다면 '그것을 토대로 자유롭게 연구에 몰두하고 개선을 거듭해 나갈 수 있도록 했습니다.'[125]

당시는 네트워크의 연결이 되지 않은 시절이기에 프로그램이 담긴 종이 테이프를 통해 의견을 개선하거나 새로운 특성을 덧붙일 수 있도록 했는데, 이들의 작업 방식은 네트워크가 발달됨에 따라 기본적인 작

---

125 스티븐 레비(1996), 앞의 책, p. 47.

업 방식으로 자리 잡아가게 됩니다. 그래서 이들의 작업 방식인 협력과 공유 정신은 자연스럽게 네트워크 발달에 새겨지게 되는데, 이들을 원조로 발달한 인터넷, 그리고 초창기 개인 컴퓨터는 경쟁, 소유권과는 멀리 협업, 공유정신을 지닌 채로 등장하게 됩니다.

그리고 여기서 해커들의 작업 방식은 단순히 협업 이상의 의미를 담고 있는데, 해커들의 공통적인 태도는 돈이 아니라 동료 공동체가 가치를 인정해 주는 무언가를 개발하려는 욕구에 의해서 자극을 받고, 그 공동체 내에서 자신의 의견이 타인에 의해 더 이상 기술적인 도전을 받지 않을 때 실력이 인정되었기 때문에 사실상 그들의 작업 방식은 인재들을 걸러 내는 과정이기도 했습니다. 그들이 컴퓨터를 부여잡고 노는 곳은 컴퓨터 관련 인재들의 놀이터였습니다. 후일 이들이 아르파넷에 탑승하게 된 근저에는 이들의 월등한 실력이 자리 잡고 있습니다. 당시 일반인들은 컴퓨터가 있는지도 모르는 시절 이들은 독보적으로 실력이 우수한 컴퓨터 이용자들이었습니다.

오늘날 혁신적인 학습 방법의 하나로 각광 받고 있는 위키피디아 Wikipedia가 이 시기 해커들의 문화로부터 유래한, 역사상 가장 위대한 협업적 지식 프로젝트입니다. 위키피디아는 2022년 세계에서 5번째로 인기 있는 사이트로 선정될 정도로 정확도면에서도 떨어지지 않으며, 역사상 가장 규모가 크고 가장 많이 읽힌 참조 작업으로 모든 것을

무료로 이용할 수 있습니다.[126]

　요즈음 뜨거운 주제이기도 한 '챗GPT' 역시 인터넷에 나와 있는 모든 정보를 검색하고 수렴하여 이들을 최대한 매끄럽게 연결하여 풍부한 내용을 담은 답을 내놓습니다. 그런 점에서 협업 공간으로서 최대의 공유 사이트인 위키피디아 같은 무료 공간의 중요성은 '챗GPT' 시대에도 더욱더 강조될 것으로 보입니다. '챗GPT' 역시 인터넷상의 허위 정보나 잘못된 정보로부터 자유롭지 못합니다.

　해커는 초창기 컴퓨터 이용이 보편화되지 않는 시절 그것의 좀 더 편리한 이용 방법을 고안하기 위해 헌신했던 젊은이들로 그들은 대부분 비공식적인 활동을 통해서 실력을 키워 갔습니다. 그에 반해 컴퓨터에 빠진 괴짜들의 합법적인 놀이터가 있었으니 당시 해커들의 천국이었던 MIT의 인공 지능 연구소였습니다. 해커들은 이곳에서 공식적인 활동을 통해 실력을 향상시킬 수 있었습니다. 인공 지능 연구소는 해커들의 외연을 확장해 주게 됩니다. 결국 인터넷 혁명의 한 축을 담당한 해커들의 등장과 그들의 실력 향상의 이면에는 국가 후원이 자리잡고 있었습니다.

126　위키피디아는 Wikipedians로 알려진 지원 봉사자 커뮤니티가 개방형 협업 및 MediaWiki라는 위키 기반 편집 시스템을 사용하여 누구나 편집할 수 있는 정책을 표방하고 있는, 다국어 무료 온라인 백과사전이다. 사실상 모든 분야의 모든 주제에 대한 학술적. 대중적 논문을 무료로 작성하고 지구상 누구나 그 정보를 무료로 이용할 수 있도록 하고 있다. 위키피디아 재단에서 기금을 모집 운영하고 있다. http://en.m.wikipedia.org. Wikipedia 참조.

인공 지능 연구소

1950년대 중반에 『사이버네틱스』를 순식간에 제치고 인공 지능 사조가 출현했는데, 다트머스 학회 개최 이후 맥카시가 프로젝트 수행을 위해 MIT로 오게 되고, 1959년에 마빈 민스키$^{Marvin\ Minsky}$가 합류하여 이들은 이곳에서 인공 지능 연구의 초석을 쌓습니다.[127] 이들은 위너의 『사이버네틱스』의 영향을 받았지만, 그들은 또 다른, 컴퓨터 기술을 이용해 기계 지능을 구현하고자 하는 전위적인 그룹이었습니다. 그들은 컴퓨터가 물건들을 조성하고, 추상적인 개념을 다루고, 마침내 컴퓨터가 지능을 가질 수 있다고 믿는 사람들이었습니다.

그리고 당시에는 컴퓨터 이용 방식으로는 배치 프로세싱 방식이 유행하고 있었지만, 인공 지능 연구소 식구들은 인공 지능 알고리즘을 개발해야 해서 컴퓨터와의 직접적인 대화가 필수적이었습니다. 그래서 그들은 이용자들에게 잠깐씩 컴퓨터 시간을 배분하여 이용하도록 하는 타임 쉐어링 방식의 열렬한 주창자들이기도 했습니다.

그러나 당시 IBM 등에서 생산된 대부분의 컴퓨터들은 배치 프로세싱 방식으로 출시되었기 때문에 그것의 이용을 타임 쉐어링 방식으로 바꾸기 위해서는 일단 컴퓨터를 새로 사거나 기존의 배치 프로세싱 방식을 다시 타임 쉐어링 방식의 운영 체계로 바꾸어야 했는데, 당시 이 작업에 소요된 자금을 후원한 곳이 아르파였습니다. 그래서 아르파는

---

[127] 튜링을 기리기 위해 만든, 컴퓨터인들의 노벨상이라 불린 튜링상을 1970년 민스키가 1971년 맥카시가 수상하여 이들 모두는 인공 지능 분야를 개척한 공을 인정받았다.

MIT 인공 지능 연구소에도 타임 쉐어링 방식으로의 전환을 포함하여 연간 300만 달러를 지원했는데, 인공 지능 연구소는 이 가운데 1/3 정도를 인공 지능 개발에 사용하면서 해커들을 프로그램 개발에 직간접적으로 참여하게 합니다.[128]

구체적으로 맥카시는 해커들에게 IBM 704를 대상으로 체스프로그램을 작업하도록 했고, 그 역시 해커들과 함께 인공 지능 연구에 사용되는 LISP 언어$^{\text{list processor language}}$를 개발하기도 했습니다. 해커들의 실력이 향상되었고, 이는 앞으로 인공 지능에 이바지하게 될 해커들의 역할을 암시하는 것이었습니다.

후일 맥카시는 타임 쉐어링에 대한 아르파 후원이 지지부진하면서 그의 조수인 스티브 러셀$^{\text{Steve Russell}}$을 데리고 스탠포드 대학교$^{\text{Standford University}}$ 인공 지능 연구소로 자리를 옮겼고, 그곳에서 자신의 경력 대부분을 쌓게 됩니다. 그곳 역시 인근 해커들의 부러움을 살 정도로 많은 해커들이 활동하게 됩니다. 그리고 이곳 해커들은 컴퓨터 크기가 작아지면서 개인들 역시 컴퓨터를 소유해야 한다는 캘리포니아 해커들과 융합되면서 개인 컴퓨터 발달에 공헌합니다.

민스키 역시 PDP-6의 시스템 소프트웨어 작성을 해커들에게 맡길 정도로 그들의 인공 지능 연구소의 자유로운 출입을 허락했고, 당시 연구소를 드나들던 해커들은 아주 적은 급료에도 수업을 합법적으로 빼먹을 수 있어서 아주 즐겁게 그 일들을 작업했습니다.

---
128 스티븐 레비(1996), 앞의 책, p. 86.

그리고 맥카시가 스탠포드로 떠난 후 MIT에 남은 민스키는 심리학적인 방법을 인공 지능 연구에 접목하고자 하여 1985년에 인간의 마음이 어떻게 작동한가에 대한 답이라고 할 수 있는, 『마음의 사회^{The Society of Mind}』를 출간하여 인공 지능 발전에 커다란 영향을 미쳤습니다. 그가 이끄는 인공 지능 팀은 로봇 공학 분야로 진출하여 로봇 산업 발달에 선구적인 공헌을 합니다. 인공 지능 연구의 선구자이자 미래학자인 커즈와일은 MIT 출신으로 고등학교 때부터 민스키와 서신을 주고 받은, 민스키의 제자였습니다.

한편 MIT 해커들이 활동할 무렵 컴퓨터는 여전히 크고 비쌌습니다. 그래서 당시 컴퓨터에 대한 생각은 아르파의 '릭'이 생각한 것처럼 컴퓨터가 갖는 자원을 이용하는 것이 우선적인 목적이었습니다. 이곳 MIT 해커들 역시 컴퓨터의 개인적인 이용보다는 TX-0나 PDP-1을 운영하기 위한 프로그램을 한 줄 한 줄 써 내려가는, 기계어 개발에 치중한 시스템 해커들이 주류를 이룹니다.

그러면서 이들 가운데 컴퓨터의 새로운 용도에 눈을 뜬 해커들이 출현했고, 그들은 미니 컴퓨터에서 구동되는 첫 게임을 개발하여 단숨에 해커들을 컴퓨터 앞으로 불러 모으게 됩니다. 그리고 컴퓨터 산업의 새로운 장르가 개척되기 시작합니다.

해커들의 블랙홀: 「우주 전쟁」

링컨 연구소의 컴퓨터 분과에서 TX-0과 TX-1을 무상으로 MIT에 기증한 후 올센 등이 독립해서 설립한 곳이 DEC입니다. 이곳에서 1961년 첫 상용 제품으로 출시한 PDP-1은 키보드와 모니터를 갖춘 최초의 미니 컴퓨터로 MIT, 인공 지능 연구소, 그리고 BBN에서 수많은 해커들이 즐겨 사용했습니다.

이 가운데 맥카시의 조수인 스티브 러셀은 PDP-1을 이용해 엘렌 코톡$^{Alan\ Kotok}$, 야크 그라에츠$^{Shag\ Graetz}$ 등 많은 해커들 간에 서로 계속 수정해 가면서 세계 최초로 컴퓨터에서 즐기는 우주 전투 비디오 게임인 「우주 전쟁^{Spacewar}」을 만듭니다. 이 게임은 2명이 각자의 우주선을 제어하며 우주 공간에서 로켓을 조종해 멀리 떨어진 상대방의 우주선을 미사일로 격추하는 방식으로 게임 화면을 조이스틱^{joystick}으로 조작하는 게임 방식이었습니다.

우주 전쟁

출처: https://commons.wikimedia.org/wiki/File:Spacewar_screenshot.jpg

그러나 게임 속 미사일은 중앙에 강력한 중력을 지닌 태양의 영향으로 적의 우주선을 향해 곧바로 날아가지 않아서 격추하기가 쉽지 않았습니다. 그럼에도 그들은 우선 컴퓨터를 가지고 놀면서 컴퓨터가 이용자에게 실시간으로 반응하도록 조작할 수 있게 해 주었다는 점에서 엄청난 희열과 심오한 즐거움을 맛볼 수 있었습니다.

당시 「우주 전쟁」은 컴퓨터 이용자들 즉 해커들의 쉬는 시간을 블랙홀처럼 빨아들여 오늘날 「리그 오브 레전드」[129]에 견줄 정도로 인기였습니다. 후일 소프트웨어 발달을 견인한 유닉스^{Unix}를 고안한 켄 톰슨$^{Ken\ Thompson}$이 「우주 전쟁」을 하기 위해 PDP-11에 유닉스를 개발했을 정도로 시간이 날 때마다 「우주 전쟁」을 게임하는 마니아들이 양성되고 있었습니다.

1962년 5월 MIT 연례행사인 '오픈 하우스'에서 공개된 버전이 오리지널 버전이 되었는데, 그 무렵 기계의 쉬는 시간 전부가 이 게임을 즐기는 데 사용되었을 정도로 인기였습니다. 「우주 전쟁」은 MIT 해킹의 선구자들이 남긴 전설적인 작업들 가운데 가장 오랫동안 지속되었고, 비디오 게임의 초기 역사에서 가장 중요하고 영향력 있는 게임 중의 하나가 되었습니다.

놀아 본 사람이 놀 줄 안다고, 해커들은 컴퓨터를 가지고 이것저것 해 보면서 컴퓨터가 아주 훌륭한 게임기, 즉 'fun'을 제공해 주는 기기

---

[129] 라이엇 게임즈가 개발한 MOBA 장르의 게임으로 게임 명칭의 이름을 따 LoL(롤), 영어권에서는 Leage 등의 약칭으로 불리운다. PC게임 중 전 세계에서 많은 유저들을 보유 중인 게임 중 하나로 2016 기준 월 플레이어 수 1억 명 이상을 달성했다.

가 될 수 있다는 사실을 누구보다도 재빨리 알아차렸습니다. 그들에 의해서 새로운 게임 산업이 태동할 수 있었던 것은 자연스러운 일이었습니다. 「우주 전쟁」 개발 이후 최초의 TV 가정용 텔레비전을 이용해 게임을 할 수 있도록 한 비디오 게임인 「오디세이^{Odyssey}」가 랄프 베어$^{Ralph\ BaeBaer}$130에 의해서 개발된 것은 5년 후인 1966년이었습니다.

「우주 전쟁」은 역사적으로도 처음 탄생하고 MIT 해킹의 전설인 만큼 그에 얽힌 이야기도 많을 수밖에 없는데, 그 가운데에는 아타리^{Atari}의 창업자인 놀런 부시넬$^{Nolan\ Bushnell}$의 이야기가 있습니다. 아타리를 창업하기 전 그가 재학 중인 유타 대학은 처음 IMP가 설치된, 4개의 노드 가운데 하나로 「우주 전쟁」이 탑재된 PDP-1를 보유하고 있었습니다. 누구보다도 「우주 전쟁」의 마니아였던 그는 「우주 전쟁」을 기반으로 「컴퓨터 스페이스」를 만들어 마니아층을 확보합니다. 그리고 그 이후 그의 새 회사가 아타리라 불리게 됩니다.

1972년 6월 설립된 아타리는 히트작인 「퐁」을 개발했고, 잡스와의 인연이 맺어진 시기도 이때입니다. 잡스를 부하로 둔 사람은 그가 유일했습니다. 부시넬은 후일 "「우주 전쟁」은 컴퓨터를 좋아하는 사람에게 기념비적인 사건이었고, 나에게는 인생을 바꿀 만한 영향력을 행사했

---

130 랄프 베어는 가정용 비디오 게임 콘솔의 개념을 발명한 선구자로 게임에 대한 많은 공헌과 20세기 후반 비디오 게임 산업에 불을 붙인 공로로 '비디오 게임의 아버지'로 불리운다. 그의 「오디세이」 성공은 다른 회사, 특히 당시 부시넬이 이끄는 아타리가 「퐁」을 개발하는 데 영향을 미쳤다. http://en.m.wikipedia.org. Ralph Baer 참조.

다. 스티브 러셀은 나에게는 신과 같은 사람이었다"[131]라고 회상합니다.

이제껏 학계의 연구 전용으로 이용되었던 컴퓨터의 새로운 이용에 눈뜬 그들은 컴퓨터가 왜 진정 혁명적인 도구인지를 다른 누구보다도 일찍 간파했습니다. 당시로서는 컴퓨터 크기가 좀 더 작아져야 했으니까 시간이 좀 더 필요한 일이었지만 캘리포니아 해커들이 PC 혁명을 탄생시킬 수 있었던 것은 그들 역시 누구보다도 빨리 컴퓨터의 'fun'으로서의 새로운 이용에 눈떴기 때문입니다. 애플의 전설이 시작된 애플 II 역시 캘리포니아 해커들이었던 스티브 워즈니악Steve Wozniak과 스티브 잡스Steve Jobs가 게임하기에 최적의 용도로 만든 것이었습니다.

적어도 1950, 1960년대 MIT 인공 지능 연구소에서 활동했던 해커들 가운데에는 크래커들은 없었고, 자신의 결과물을 상업적인 것으로 이용하려는 해커들 역시 없었습니다. 그들은 「우주 전쟁」 역시 컴퓨터 프로그래밍을 해크하는 즐거움에서 만든 것이고 오픈 소스open source[132]였기 때문에 공개적으로 풀었습니다. PDP-1을 만든 DEC의 직원은 오히려 「우주 전쟁」 복사본을 하나 받고서 뛸 듯이 기뻐했습니다. 자신들의 활동이 돈이 아니었던, 1960년대 해커들의 전형적인 모습입니다.

당시 컴퓨터 관련 연구는 학계에서조차 생소한 분야였고, MIT와 같은 선진적인 조직에서도 일부 교수들은 컴퓨터에 대한 광적인 취미를

---

131   Nolan Bushnell과의 인터뷰. 월터 아이작슨(2015), 앞의 책, p. 296.
132   소스 프로그램이 공개되어 자유롭게 수정하고 재배포할 수 있는 프로그램을 말한다.

시간 낭비, 심지어는 미친 짓으로까지 간주했습니다(TMRC 해커인 밥 와그너는 언젠가 공학 교수에게 컴퓨터가 '무엇인지'에 대해 한참 동안 설명해 주어야 했을 정도였다). 초창기 컴퓨터 이용자들은 아주 소수의 대학원생들을 제외하고는 대부분 해커들이었습니다. 이들은 컴퓨터 이용 방법에 대한 아이디어를 공유하고 협동에 익숙한 컴퓨터 이용자들이었습니다.

이들은 적어도 아르파넷 설립에 탑승하기 전 상당한 실력을 갖추고 있었고, 나름의 공동체 정신 역시 형성되어 있었습니다. 그래서 아르파가 아르파넷을 설립하고자 했을 때 초창기 해커 그룹은 실력 좋은 인적 자원이었습니다. 그런 점에서 이들의 아르파호 탑승은 예견된 일인지도 모릅니다. 물론 아르파넷에 탑승한 해커들은 시기적으로도 초창기 활동했던 MIT 해커들은 아니었고, 서부 연안에 집중된 초기 아르파넷 4사이트에 MIT 또한 포함되지 않았습니다. 그래서 초기 아르파넷 설립에 MIT 해커들은 직접적으로 탑승하진 않았으나 이들은 MIT 해커들의 정신을 물려받은 세대들이었습니다. 초창기 4개 사이트에 이어 다섯 번째 사이트는 BBN 그리고 MIT는 여섯 번째 사이트에 선정되어 MIT 출신의 해커들 역시 인터넷 발달에 괄목할 만한 공헌을 하게 됩니다.

그러나 이들이 아르파넷에서 해야 할 일은 그들이 이제껏 해 온 시스템 설계가 아닌 운영 방법 등을 개발하기 위한 소프트웨어 설계에 더 가까웠습니다.[133] 그들이 당시로서는 실력 있는 인적 자원이었을지라도 이들이 아르파넷에서 맡은 소프트웨어 설계 작업은 그들에게도 생소한 분야였습니다. 그럼에도 당시 아르파는 최고의 자율성을 향유한 조직으로 처음 시도되는 기술적인 작업에 전문가 하나 없는 그들에게 호스트 프로토콜 작업을 맡기게 됩니다. 그들이 네트워크 설립에 관여하게 된 것은 전적으로 아르파의 선택이었습니다. 그리고 아르파는 그들의 성과 없음에도 끝까지 후원하고 지지하여 그들로 하여금 정보 혁명에 공헌할 수 있는 길을 열어 주게 됩니다.

"미래를 예측하는 최고의 방법은 스스로 미래를 창조하는 것이다."
-앨런 케이

선의의 천재적인 조직: NWG

로버트는 IMP의 설치는 브레인 집단인 BBN에 맡겼으나 "호스트와 호스트 사이의 프로토콜" 개발은 거의 해커들이었던 대학원생 그룹에 맡깁니다. 물론 그들을 선택한 것은 로버트였습니다. 그들은 자신의 학교에 BBN이 설치해 놓은 IMP와 호스트 컴퓨터의 연결뿐 아니라 IMP

---
133 컴퓨터상에서 움직이는 프로그램은 크게 나누어 응용 프로그램과 시스템 프로그램의 두 가지로 구분된다. 응용 프로그램은 목적하는 업무를 수행하는 프로그램을 말하는데, 예를 들어 경리 프로그램이라고 하면 경리에 관한 입출력과 처리를 하는 프로그램 전부를 가리키는 데 대하여, 시스템 프로그램은 그 밖의 프로그램, 주로 OS(운영 체제)를 가리킨다. 그래서 초창기 컴퓨터가 운영 매뉴얼 없이 출시된 탓에 초창기 해커들은 시스템 해커들이 주류를 이루고 있었다.

를 통해 전달된 메시지를 해독하는 것까지 그들 몫이었습니다. 그 외에도 먼 지역의 이용자를 위한 로그인 절차를 담당하는 remote login, 그리고 파일 전달 프로그램인 File transfer 프로토콜 개발까지 그들 몫이었는데, 이 모든 것이 아직까지 시도조차 해 본 적이 없는 것들로 기술적으로 많은 노력들이 요구되는 상황이었습니다.

그들이 실력이 있다고 하나 호스트 프로토콜 작업이 만만한 것은 아니었습니다. 이렇듯 결코 쉽지 않은 작업에 아르파가 전문가 그룹이 아닌 해커들을 탑승하게 한 것은 아르파 매니저가 선택의 재량권을 가지고 있었다고는 하나 일단 그들 아니면 안되는 몇 가지 요인들 또한 있었습니다. 몇 가지를 간추려 본다면, 먼저 그들과 아르파와의 친밀감을 들 수 있습니다. 아르파는 앞서 고찰했듯이 아르파 안으로 총명한 인재들을 끌어들인 데에 적극적이었으며, 그들은 제 식구 감싸기라는 말이 나돌 정도로 아르파와 연을 맺고 있는 투자자 집단을 후원하고 특히 대학원생들을 유별나게 챙겨 왔습니다. 그래서 아르파 후원의 연구 공동체에 소속된 대학원생들은 실력뿐 아니라 다른 사람들과 함께 좋은 공동체 의식을 지닌 하나의 클럽의 멤버가 될 정도로 나름의 공동체 의식과 결속력을 가지고 있었습니다.

특히 테일러 시기는 아르파넷을 구상 중이라 아르파와 친밀감이 있는 대학원생 그룹에게 아르파 공동체 정신을 함양하고 당시 구상 중이었던 네트워킹에 대해 지지를 이끌어 내려고 대학원생 모임을 후원하기도 했는데, 그 그룹은 "당시 가장 젊은 컴퓨터 학자들의 가장 응집력 있는 그룹"이었습니다. 테일러가 주도한 모임에는 빈트 서프$^{\text{Vint Cerf}}$, 앨런 케이$^{Alan\ Kay}$ 등이 참석했는데, 후일 빈트 서프는 인터넷의 발달에 괄목할 만한 업적을 쌓았고, 앨런 케이는 오늘날 태블릿 컴퓨터의 효시라고 할 수 있는 '다이아나북'을 개발할 정도로 총명했습니다. 로버트가 아르파넷의 구상을 발표하는 첫 모임에 초청되기도 했던 대학원생들은 이 모임에서 호스트 컴퓨터가 이중의 짐을 지는 것에 대해 불만을 표출하기도 했었습니다.

그리고 아르파넷 팀에게는 반드시 작동되어야 한다는 강도 높은 압박감이 없었습니다. 군부 후원하의 컴퓨터 개발 때부터 개발자들에게는 비교적 실수할 수 있는 자유가 주어졌습니다. 앞서 보았듯이 아르파가 하고자 한 네트워킹 역시 완성된 플랜이나 이론이 없는 매우 모험적인 프로젝트였습니다. 어디까지나 아르파넷은 실험적인 성격이 강했습니다. 초창기 아르파의 설립 이유를 상기해 보면 이들은 최고의 연구에 목표를 두고 설립된 만큼 이들의 시도는 이윤을 추구하는 산업계와는 달랐습니다. 그리고 당시에는 기술 프론티어 정신이 충만하던 때로 이 점은 전문가가 아닌 대학원생들에게 비교적 두려움 없이 그 어려운 작업을 맡길 수 있었던 중요한 요인이었습니다.

또한 아르파는 네트워크의 성공적인 작동을 확인하기 위해서 트래픽을 발생시켜야 했는데, 이를 위해 대학에 군인들이 상주하는 것보다는 IMP가 설치될 4군데 소재의 대학원생들을 더 적임자로 여긴 점도 고려되었습니다. 그리고 트래픽 발생의 책임을 대학원생들이 갖다 보니 자연스럽게 이들 간의 협력을 촉진하게 되는데, 4곳의 대학생들은 끊임없이 비트를 보내고 받으면서 서로 간의 결과를 공유해야 했습니다. 이러다 보니 네트워킹 대상이 넓어지면서 협력해야 할 대상 또한 넓어져 갔습니다. 초창기 네트워크 발달이 보다 협력 지향적으로 나아가게 된 것은 대학가에의 후원 또한 주효했다고 할 수 있을 것입니다.

그리고 아르파가 이들의 투입에 대해 경제적인 고려를 했는지는 확실하지 않지만, 결과적으로 경제적인 면에서도 이들의 아르파넷 탑승은 매우 탁월했음이 증명되었습니다. 현실적으로 그들의 작업 비용은 매우 저렴했습니다. 전체적으로 아르파넷을 탄생시키는 데 소요된 경비는 몇 백억에 불과하여 오늘날 사이트 하나를 새로 시작하는 데에도 훨씬 못 미치는 경비가 소요되었습니다.[134] 이런 여러 이유로 그들은 아르파넷의 어려운 설계 작업에 투입되었고, 처음 그들은 막막했지만, 결과는 더 이상 좋을 수가 없었습니다.

BBN의 IMP 설치 이후 호스트 프로토콜 개발 책임을 맡은 4곳—UCLA, SRI, UC 산타바바라, 유타대학교—의 대학원생들은 아르파가 부여한 책임을 완수해야 했는데, 실력으로 치자면 또래 중 최고의 집단인 그들은 후일 자신들의 모임을 네트워크 작업 모임[Network Working Group(NWG)]이라고 명명합니다.[135] 그들은 우선적으로 자신들의 작업에 대해 매우 헌신적이었고, NWG 멤버가 된다는 것은 학교에서 아주 영예

134　Jonathan Zittrain. 2008. *The Future of the Internet-And how to stop IT*, Yale, p. 2.
135　같은 캘리포니아 고등학교 동년배들이었던, 빈트 서프, 존 포스텔, 그리고 크로커는 아르파에서 그들의 공식적인 직함이 없자 자신들의 모임을 조직하여 NWG로 명명했다. John Naughton(1999), 앞의 책, p. 134.

로운 멤버로 국가 내에 아주 젊고, 재능 있는 커뮤니케이션 프로그래머들에게 있어서 최고의 위치였습니다.[136]

이들의 수는 처음에는 20~30명에서 100명을 넘기기도 했는데, 당시 이들은 주로 시스템 프로그래머들로 구성되었기에 그들 대부분 네트워킹은 처음이었습니다. 이들이 아무리 학교에서 최고로 알아주는 정예 학생들이라고는 하지만 그들에게 호스트 컴퓨터를 연결할 수 있는 응용 프로그램의 개발은 전혀 새로운 일이다시피 했고, 선행 작업도 없었습니다.

그러나 아르파의 자율적인 스타일은 작동되고 있었습니다. 전문가 하나 없이 진행된 그들의 작업 속도는 느릴 수밖에 없었지만, 이때 아르파 매니저들은 그들에게 딱히 지시하거나 명령하는 것 없이 거의 방목에 가깝게 그들을 방치합니다. 지난 시기 군부가 과학자들에게 방목하다시피 자유를 주었듯이 "누군가 그들을 강제하지도 않았고, 누구도 그들에게 공식적인 모양새를 갖추라고 말하지 않았습니다."[137]

그리고 아르파 매니저 자신들 또한 대부분 연구원 출신들로 창조적 협업이 빛을 보이는 데는 시간이 걸린다는 것을 누구보다도 잘 이해한 사람들이었습니다. 특히 그들은 앞에서 지적한 요인들과 함께 대학원생들 역시 그들 작업을 협동적으로 추진한 것 등의 이유로 끝까지 그

---

136 Katie Hafner·Matthew Lyon(1996), 앞의 책, p. 145.
137 Janet Abbate(2000), 앞의 책, p. 180.

들에 대한 후원을 거두지 않았습니다.

역사적인 문서: RFC

그들은 BBN이 UCLA에 첫 IMP를 설치할 때까지 아무런 해결책을 제시하지 못했지만, 이때 인터넷 발달사에 역사적인 문서가 등장합니다. 1969년 봄여름을 지나서도 여전히 뚜렷한 해결책을 찾지 못한 그들은 1969년 봄 유타 대학 모임에서 RFC$^{Request\ for\ Comments}$를 생각해냅니다. 그들은 그들끼리 서로 자유롭게 의견을 개진하되, 공식적인 것이 없는 관계로 지나치게 단정적인 것을 피하기 위해, 즉 개인의 의견을 지나치게 내세우는 것을 피하고 공유와 협력을 촉진하기 위해 그들의 토론 결과를 기록하자는 결정을 합니다.

인터넷 발달사에 있어서는 역사적인 결정입니다만 그 결정은 심각하지 않은 채로 처음 기록을 맡은 스티브 크로커$^{Steve\ Crocker}$가 이 노트를 뭐라고 할지 몰라서 "Request for Comments"라고 타이프한 것이 전부입니다. 이것은 RFC라고 불리고, 크로커는 RFC$^{Request\ for\ Comments,}$ $^{검토\ 요청}$라는 노트를 사이트에 배포합니다. RFC는 오늘날까지 지속되고 있는데, 인터넷 개발과 관련한 표준은 항상 RFC로 문서화됩니다.[138]

1969년 4월 7일에 크로커에 의해서 작성된 Request for Comments:

---

138 오늘날 RFC는 미국의 국제 인터넷 표준화 기구인 IETF$^{Internet\ Engineering\ Task\ Force}$에서 제공 관리하고 있다.

1의 제목은 그들의 과제인 'Host Software'[139]였습니다. 두 번째 RFC는 작성자만 듀발이었을 뿐, 제목 역시 1과 같은 'Host Software'였습니다. 1, 2는 구식의 편지 봉투에 담겨 우편 송달 시스템을 거쳐 전달되었으나, 네트워크가 작동하자 그 이후는 SRI의 NIC에서 아르파넷을 통해 접속되었습니다.[140] MIT 해커들이 종이에 작성했던 것이 네트워크 상으로만 바뀌었을 뿐 그 작성 방식은 같았습니다.

그리고 RFC를 통한 그들의 작업 방식 역시 해커들의 작업 방식과 거의 유사했습니다. 그 모임의 규칙은 누구든지 무엇이든지 말할 수 있고 공식적인 것은 아무것도 없었고, 다만 명확한 결론이 없는 상태에서 RFC에 누군가 의제를 올리면 뒤이어 누가 그것을 수정하고 덧붙이고 해서 계속적으로 토론이 이루어지도록 했습니다. NWG 멤버들은 이 RFC 덕분에 일 처리를 매우 능률적으로 진행시키고, 자유롭게 연구에 몰두하고 개선을 거듭해 나갈 수 있었습니다.[141] 이러한 개발 분위기는 기업체에서는 쉽사리 볼 수 없는 풍경입니다. 40년 뒤 크로커는 "그들은 친근하고 으스대지 않고 모두를 끌어안았고, 우애가 넘쳤다." 특히 "프로토콜을 통제하고자 하는 경제적 유인이 전혀 없었기 때문에 합의

---

139 Steve Crocker. "Host Software," RFC 1, DOI 10.17487/RFC0001, April 1969, https://www.rfc-editor.org/info/*rfc*1.
140 1, 2는 전자 문서로 복원되어 WWW. rfc-editor.org에서 전문을 볼 수 있다. 'Host Software' 1, 2는 그들이 맡은 임무에 대해 선연구가 없이 시작해야 하는 막막함을 볼 수 있다.
141 스티븐 레비(1991), 앞의 책, p. 47.

에 이르기가 훨씬 쉬웠다"[142]라고 회고합니다.

현대 컴퓨터 개발에는 위너나 폰 노이만 등 학계에서 자기 분야에서 확고한 과학자들이 참여했다면, 호스트 프로토콜 작업의 주역은 아마추어인 대학원생들이었습니다. 기댈 언덕이 없었던 이들에게는 많은 시도와 협력, 그리고 분산된 의사 결정이 커다란 자산이었고, 그들의 주무대는 RFC였습니다. RFC는 이들이 실수하고 수정하면서 공개적으로 해법을 추구하는 공론의 장이었습니다.

1969년 9월 UCLA에 첫 번째 IMP가 설치된 이후인 12월까지도 그들이 만족할 만한 성과를 내지 못하자 로버트는 그들의 일을 좀 더 쉽게 하기 위해 1969년 12월에 호스트 프로토콜을 호스트 층 layer[143](두 쌍의 호스트 컴퓨터의 연결을 담당)과 응용 층(파일 전달과 로그인 절차를 담당)으로 나눌 것을 제안하여 호스트의 일을 경감시켜 주게 됩니다. 이로 인해 아르파넷은 BBN이 맡은 커뮤니케이션 층까지 해서 총 3개의 층을 가진 채 출발합니다(다음 그림 참조).

---

142 Steve Crocker, "How the Internet Got Its rules," *New York Times*(6, Apr. 2009).
143 시스템 일부를 이루는 층

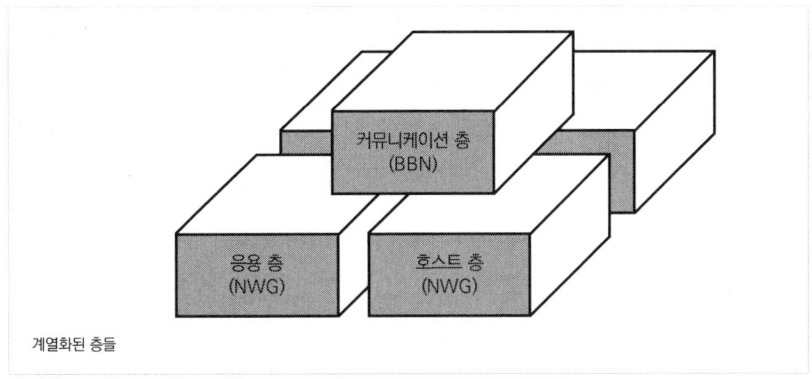

계열화된 층들

출처: TUOMI(2002, 137)

아르파넷의 계층화된 방식은 호스트 컴퓨터의 과중한 업무를 덜어 주는 효과가 있었을 뿐 아니라 소수의 대규모 허브에 의해 통제되지 않으므로 아르파넷 작업을 분산적으로 처리할 수 있게끔 하는 효과가 있었습니다. 실제 아르파넷 설계자들은 그 소프트웨어 개발 책임이 거의 대학원생들에게 달려 있어서 그것을 최대한 단순하게 고안하고자 했고, 층화된 방식 역시 하나의 방편이었습니다. 그래서 아르파넷은 네트워크에 새로운 기능이 추가될 때마다 그 영역만 새로 첨가하면 되었기에 작업의 피로도가 줄어들어 후일 네트워크의 순응성을 키워 주는 결과를 가져오게 됩니다.

실수할 수 있는 자유

그들이 호스트 소프트웨어를 개발하는 것은 거창한 학문적인 이론 위에서 출발한 것은 아니었습니다. 어떤 선행 이론이나 지식들이 거의 없었던 당시 NWG 멤버들이 할 수 있었던 일은 에디슨이 전구를 발명하기 위해서 책상머리에서 식사하고 온전히 실험에 빠져 수천 번의 필라멘트 연결 실험을 해야 했던 것처럼, 자신들이 고안한 소프트웨어를 실행해 보고, 안 되면 수천 번의 비트를 다시 보내 보고 수정하는 방법밖에 없었습니다. 수많은 학생들의 반복적인 테스트가 커다란 재산이었습니다. 오늘날 기업체에서 제품의 개발 과정을 공개하여 이용자들의 반응에 따라 사업을 접기도 하는 소위 베타 버전[144]이 이들의 작업 방식과 흡사합니다.

그들은 그들의 경험에 의지하였으며, 어떤 선연구도 없던 그들에게 자신들의 실수가 최대의 자산이었습니다. 에디슨의 말처럼 그들은 실패한 적이 없었습니다. 다만 전달되지 않은 만 가지 방법만을 차곡차곡 찾아갔을 뿐입니다. 시간이 그들 편이었기에 가능했습니다.

다만 에디슨이 그의 조수들과 자신의 실험실에서 작업을 했다면, 이들은 국가 프로젝트를 통해 IMP가 놓일 대학들을 돌아다니면서 마음껏 실수할 수 있는 자유를 누렸습니다. 그리고 RFC를 통해 토론된 사항이 모임에서 만장일치로 통과되면 그것은 일반적으로 아르파에 의해서 공식적인 정책으로 채택됩니다. RFC는 공식적인 스탠다드를 비공식적으로 진화시켜 나가는 것을 가능케 했습니다.

---

144 베타 버전은 고객들이 공동 작자가 될 수도 있으며, 또 가끔은 그래야 한다는 것을 인정하는 것이다. 구글이나 테슬라 등에서도 신기술 개발 시에 이 베타 버전을 이용하고 있다. 제프 자비스, 2013, 『공개하고 공유하라』, 위선주 역, 청림출판, p. 104.

당시 NWG 멤버로 아르파넷 프로젝트에 열성적으로 참여했던 밥 메칼프^{Bob Metcalfe}는 당시 학교에 IMP가 설치되면 그것을 학교 컴퓨터에 연결해 주는 아르바이트를 했는데, 이때의 경험을 살려 하버드 대학교에 "우리는 어떻게 아르파넷을 만들었나?^{How We Built the Arpanet?}"라는 제목으로 박사 학위 논문을 제출했지만, 당시 하버드는 엔지니어링 분야는 지나치게 양이 많고, 이론은 미비하다는 이유로 퇴짜를 놓았습니다. 그들의 작업이 이론보다는 경험과 실수에 의지했던 것이라는 것을 간접적으로 보여 준 것이라 할 수 있습니다.

결국 이들의 임무는 1970년 초창기, UCLA에 이어 SRI에 설치된 IMP 간 연결을 통해 UCLA에 있는 프로그래머가 자신들이 고안한 프로그램인 NCP^{Network Control Protocol}를 이용해 멀리 있는 SRI 호스트 컴퓨터에 'Login'을 성공적으로 보냄으로써 완수되었습니다. 이들은 1960년대 모험을 두려워하지 않은 기술 프론티어 정신이 드높았던 시절 오늘날 네트워크로 연결된 세상으로 가기 위한 첫 관문을 열었습니다.

그러나 이들이 호스트 프로토콜 작업에 매진했던 지난 12개월은 아르파에게나 미국 역사에서나 격변의 평탄치 않은 시간이었습니다. 베트남 전쟁이 모든 것을 빨아들였기 때문에 아르파 역시 펜타곤의 가장 권위 있는 3층 사무실에 위치해 있었던 IPTO 국장 사무실은 1969년 말에는 펜타곤에서 한참 떨어진 임대 사무실로 옮겨 가는 등 조용히 그 영광을 잃어 가고 있었습니다. 그럼에도 로버트가 재임했던 1970년대 초반까지는 컴퓨팅에 관한 아르파 예산은 줄지 않아 아르파넷은 안전지대에서 탄생할 수 있었습니다.

그리고 초창기 아르파넷 설립에는 매니저들의 태도 역시 중요하게 작용했습니다. '릭'이 아르파에서의 임기를 마치고 IBM으로 이직 당시 더 나은 보수도 고려했던 만큼 당시 '릭'을 포함한 로버트 등 최고 과학자들이 사기업에 비해 작은 급료에도 불구하고 아르파에 머문 것은 아르파에서의 자신의 일들이 공적으로 중요한 의무이자 국가의 최고 프로젝트를 수행한 데서 오는 헌신성 등이 작용했습니다. 그리고 그들 대부분은 학계 출신으로 직접적으로 군부 프로젝트가 아닌, 아르파넷 설계에 참여한 대학원생들의 보호막이 되었음은 물론입니다.

1971년 4월까지 NCP는 아르파넷 15개 사이트 모두에 수행되고, NCP가 성공하자 아르파넷에 연결된 모든 호스트 컴퓨터들은 NCP를 의무적으로 설치하여 후일 TCP가 고안되기까지 아르파넷 공동체에게 NCP는 지배적인 프로토콜이 됩니다. 그리고 이어서 먼 지역의 이용자를 위한 로그인 절차를 담당하는 telnet$^{telecommunications\ network}$이 1970년 초에 고안되고, 분리된 파일 전달 프로토콜인 FTP는 최종적으로 1972년 7월 완성됩니다. 최종적으로 그들의 작업 완수는 RFC의 편집자 겸 배포자였던 존 포스텔이 RFC 354로서 배포합니다.[145] 이 모든 것들은 이들이 실수를 통해 자율적으로 기술 개발에 매진한 결과였습니다.

결국 이들이 NCP 등을 고안하면서 근대 기술 개발 과정에서 쉽게 보이지 않는, 공유와 협력 정신을 주무기로 삼을 수 있었던 것은 아르파가 천재적인 조직에게 실수할 수 있는 자유를 전적으로 보장해 주었

---

145 Katie Hafner·Matthew Lyon(1996), 앞의 책, pp. 174~175.

기에 가능한 여정이었습니다.

그리고 이들은 몇 년이 지나 비슷한 패킷 교환 네트워크들이 서로 연결되어 있지 않았을 때, 그것에 대한 문제의식을 누구보다도 빨리 가질 수 있게 됨으로써 그들에게 부여한 자율성이 최고의 덕목이었음을 그리고 그들의 아르파넷 탑승이 아르파의 행운이었음을 그들 스스로 증명해 냅니다. 이제 시작은 아르파였지만, 마지막은 그들에 의해서 완성되는, 역사상 최고의 협업의 장이 펼쳐지기 시작합니다.

2절
인터넷으로 가는 길

첫 번째 응원군

정보 공유가 목적인 아르파넷은 성공적으로 작동되었습니다. 그러나 아르파넷이 성공적으로 작동되었다고 하더라도 초창기 아르파 후원의 15군데 연구 공동체들만 NCP를 통해 서로 자료를 공유할 수 있게 되었을 뿐 아르파넷은 외부 전문가 집단에게는 접근하기가 매우 까다로운, 그들에게만 특화된 네트워크였습니다. 일반인들에게는 그저 과학자들의 장난감$^{scintist\ toy}$에 불과했습니다. 그렇다고 그 공동체들 역시 공유할 수 있는 자원이 많음에도 자원 공유라는 목표에 멋지게 부합하지도 못했습니다. 1971년 가을에 아르파넷은 하루에 평균적으로 겨우 675,000개의 패킷을 실어 날랐는데, 그것은 아르파넷이 처리할 수 있는 용량인 3천만 패킷의 2% 남짓이었습니다. 아르파넷은 아르파넷 설계자들의 기대에도 한참 미치지 못한 채 당시 컴퓨터 연구 공동체라는 특수 집단의 소수만이 이용하고 있었습니다.

그래서 아르파는 아르파넷의 성공적인 사실을 공표하고, 그것의 활성화를 위해 1972년 10월에 워싱턴에서 처음으로 열리는 컴퓨터 커뮤니케이션 국제회의$^{International\ Conference\ on\ Computer\ Communication(ICCC)}$에 참가하여 아르파 네트워크 시연회를 개최하기로 결정합니다. 그리고 남은 1년여 시간 동안 당시에는 BBN에 있었던, 밥 칸$^{Bob\ Kahn}$으로 하여금 그 책임을 맡아 준비하게 합니다.

이 시연회는 아르파 공동체들이 동시에 한곳에서 모두 모습을 드러낸 첫 번째 행사였습니다. 국제 공동체는 말할 것도 없고, "패킷 스위칭"의 아버지인 영국의 데이비스까지도 그것을 보기 위해 영국으로부터 건너온 상황으로 시연회 대부분의 시간 동안 40대의 단말기들이 정상적으로 작동했습니다. 아주 사소한 실수를 제외하고는 아르파는 이 시연회에서 기존 커뮤니케이션 전문가들로부터 반대와 의구심 덩어리였던 패킷 스위칭 방식이 작동되는 것을 확실하게 증명하여 컴퓨터 학계의 열광적인 반응을 이끌어 냅니다. 시연회의 성공은 시작이 반이라고 새로운 세상을 여는, 상징적인 행사였습니다.

그리고 아르파넷이 인터넷으로 발달하기 위해서는, 즉 아르파넷 이용자들만이 아닌 네트워크 이용자 모두를 연결하기 위해서는 무엇보다도 또 다른 기술적인 도전이 필요했고, 이를 수행하기 위해서는 인적 자원 등이 뒷받침되어야 했습니다. 이 작업을 후원할 첫 번째 응원군이 등장합니다.

이 시연회에서 후일 인터넷 발달에 공헌하게 되는, 서프를 의장으로 한 국제적인 네트워크 워킹 그룹$^{International\ Network\ Working\ Group(INWG)}$이 탄생합니다.[146] INWG는 NWG의 국제적인 영역으로까지의 확장이라고 할 수 있는데, 이들은 인터넷 발달에 중요 공헌자 그룹이 됩니다. 시연회는 아르파넷의 국제 무대 데뷔였던 셈입니다. 오늘날 INWG는 인터넷의 자유정신을 지속시키기 위해 노력하는 가장 영향력 있는 민간단체로 성장했습니다.

그리고 군부 관련 연구는 군, 산, 학 시스템이 작동하여 군부는 항상 그들이 개발한 기술이 산업체로 이전될 수 있는가의 문제가 커다란 관심사였습니다. 미 군부는 처음 컴퓨터가 등장할 때도 기업가들이 나서지 않을 때 학계에 충분한 지원을 한 다음 상업성이 보일 때 그것을 기업체로 이전시켜 왔는데, 네트워킹에서도 예외는 아니었습니다. 아르파 역시 아르파넷이 성공적으로 작동하여 노드들이 증가하자 아르파넷의 상업화에 대한 검토에 들어갑니다.

아르파는 1972년 AT&T에 아르파넷의 상업화를 권고했지만, AT&T는 벨 연구소의 자문을 받아 자신들이 사용하고 있는 네트워크와 양립할 수 없다는 결론으로 권고를 거절합니다. AT&T의 거절로 초창기 기업이 인터넷을 독점할 수 있는 기회는 사라진 셈입니다.

일단 사람들이 많이 모여야 시장이 형성되어 돈이 되지만 1970년대에는 "컴퓨터 괴짜들^{geeks}"이 아닌 일반 이용자들을 네트로 끌어당길

146　그 이후 아르파넷은 국가 간 연결을 시도하는데, 아르파넷은 런던대학(영국)과의 연결에 앞서, 1973년 노르웨이의 노사^{NORSAR}와 첫 연결이 이루어졌다. 시연회 당시 ARPANET은 29개의 노드가 있었다.

수 있는 것이 거의 없었습니다. 아르파넷의 원래 목표대로 아르파넷 이용자가 아르파 후원의 연구 공동체에 속한 수천 명의 이용자들이 전부인 한 기업들을 끌어들일 메리트가 있을 리 없었습니다. 초창기 아르파넷은 사실상 자원 공유 목적으로 전체 용량의 아주 일부분만 사용되고 있었습니다.

아르파넷에 탑승한 이들이 아무리 실력이 뛰어나고 국가가 그들을 후원하고 있었을지라도 이어지는 인터넷 개발까지 그들이 공헌할 수 있게 된 것은 또 다른 행운이 함께 한 결과입니다. 우선 아르파넷은 그것의 한계를 뛰어넘을 수 있는 행운이 계획되지 않고, 기대되지 않은 채로 개인의 천재성에 힘입어 등장합니다.

행운의 응원군: 이메일

초창기 아르파넷을 발명하려는 사람은 구리선을 이용해서 메시지들이 전 지구를 뱅뱅 돌아다니는 메시지 처리 시스템을 개발하겠다는 거대한 비전을 가진 바가 없었습니다. 개발자들의 마음속에서는 자원 공유라는 목적, 그 한 가지뿐이었습니다.[147]

그럼에도 아르파넷은 얼마 지나지 않아 자원 공유라는 초창기 설립자들의 목적으로부터 멀어졌는데, 아르파넷은 금세 커뮤니케이션 매체로 사용하는 이용자 증가로 엄청난 트래픽 증가를 가져옵니다. 이 큰일

147　Katie Hafner·Matthew Lyon(1996), 앞의 책, p. 189.

을 해낸 것이 그저 멋진 해킹의 결과로 탄생한 이메일$^{\text{E-MAIL}}$입니다.

아르파넷에게 이메일이란, 마치 토마스 제퍼슨$^{\text{Thomas Jefferson}}$ 대통령 시절의 젊은 미국이 프랑스로부터 루이지애나를 구입한 것에 버금갈 만한 치적[148]이었습니다. 1803년 5월 미국은 프랑스로부터 풍부한 지하자원과 빼어난 풍치를 갖춘 82만 8,000평방 마일의 루이애지나의 기름진 땅을 고작 1천1백25만 달러$^{1,100만 프랑}$로 구입합니다. 이 거래는 인류 역사상 최대의 토지매매라고 할 만합니다.

그러나 이 거래는 오늘날의 프랑스의 입장에서 보면 나폴레옹 1세의 모든 치적을 흐릿하게 할 만한 실책이었고, 반면에 오늘날 미국 주류 사회의 처지에서 보면 제퍼슨이 대통령으로서 이룩한 최대의 치적이었습니다. 미국의 수도인 워싱턴 D.C.를 가면, 포토맥강 근처에는 웅장한 링컨 기념관, 하늘 높이 치솟은 워싱턴 메모리얼, 그리고 흰색의 로마 판테온 모습의 재퍼슨 기념관이 있습니다. 과거를 기억하는 데 인색하지 않은 국가이기도 하지만, 재퍼슨 대통령의 역사적인 위상을 엿보게 합니다. 이메일은 뻥 뚫린 고속도로와 같은 아르파넷에게 엄청난 트래픽의 증가를 가져온, 최대의 치적이었습니다. 이메일은 1972년 아르파넷의 IMP 설치팀에 속한 BBN 소속의 유능한 엔지니어이자 해커

---

148 재퍼슨 대통령은 1801년 미국의 제3대 대통령으로 당선된, 미국 건국의 아버지이다. 미국 민주주의의 대의를 밝힌 독립 선언서를 제2차 대륙 회의에서 작성, 공포함으로써 훗날 미국 민주주의를 상징하는 인물이 되었다. 전쟁이나 논쟁 없이 프랑스로부터 루이지애나 준주를 평화롭게 획득한 것도 그의 치적 중 하나이다. 미국 역사상 10대 대통령에 지속적으로 선정되었다.
http://en.m.Wikipedia.org. Thomas Jefferson.

인 레이 톰린슨$^{Ray\ Tomlinson}$에 의해서 탄생했습니다.

BBN은 앞서 고찰한 대로 '릭'이 아르파로 오긴 전 머물렀던 곳으로 유능한 교수 출신과 해커들이 혼재해 있었던 곳이었습니다. 톰린슨은 MIT 졸업 후 그곳에서 박사과정 2년을 마치고 BBN에 취직한, 전형적인 MIT 맨으로 해커였습니다. BBN의 IMP 설치팀은 이미 자신들의 작업을 끝내고, IMP 설치와의 속도를 맞추기 위해 호스트 프로토콜 작업을 맡은 NWG 멤버들과 협력하고 있었는데, 톰린슨 역시 자신의 작업을 끝낸 후 NWG 일을 거들고 있었습니다.

당시 프로그램 대부분은 DEC가 출시한 PDP-10 컴퓨터에서 수행되고 있었고, PDP-10은 다중 이용자를 지원하고 있었습니다. 그러나 메일은 PDP-10 기계 내에서만 다룰 수 있도록 설계되어 있었습니다. 즉, 같은 종류의 컴퓨터인 PDP-10끼리조차 메일을 주고받게 설계되어 있지 않았습니다. 이때 톰린슨은 뼛속까지 실험 정신으로 가득 찬 해커의 본능이 발동합니다.

톰린슨은 이미 몇 주 전에 CPYNET이라고 불리던 실험적인 파일 전송 프로토콜을 작성한 상태에서 1972년 어느 날 이 둘을 사용하면서 PDP-10에서 CPYNET을 수정하여 다른 방에 있는 PDP-10에 메일을 보냈는데, 그것이 성공합니다.

이 일은 역사적인 순간이었습니다. 물론 당시 톰린슨은 그것을 인지하지 못했고, 첫 번째 그가 쓴 메일 내용 역시 의미 없는 몇 글자에 불과했고, 그의 동료에게는 정상적인 작업으로 이루어진 것이 아니기에 누구한테도 말하지 말라고 단속까지 합니다. 그러나 비록 그의 메일이 실질적으로는 정식 네트워크를 통해 이루어지지는 않았지만, 방을 넘을 수 있다는 것은 파일 전송이 가능한 아르파넷에 연결되어 있었기 때문으로 전국적으로 넘나들 수 있다는 것을 의미했습니다. 이것이 최초로 독립적인 네트워크의 서로 다른 사용자들 간에 메시지를 전송할 수 있는 시스템이었습니다.

그리고 그를 더욱 유명하게 한 것은 우리가 소위 골뱅이라고 부르는 '@' 부호 덕분입니다. 그는 이메일에서 호스트 네트워크 이름과 사용자 이름을 분리하기 위해 '@' 부호를 사용했는데, '@'는 인터넷이 등장하기 전부터 우리가 컴퓨터를 사용하게 된 이래 네트워크 세상을 표현하는 세계적인 부호가 되었습니다. 오늘날 우리는 대부분 '@'로 표현되는 주소 시스템을 가지고 있습니다.

NWG의 프로토콜 작업이 거의 끝날 무렵 이메일은 탄생했고, 아르파넷에서는 어느 '노드'에 앉아 있든 간에 마치 조금 떨어져 있는 듯이 작업을 할 수 있게 되었습니다. 자원 공유를 목표로 한 아르파넷은 국가 지원의 자금이 소요되었지만, 이메일은 개발 비용이 전혀 없이 해커 한 사람에 의해서 고안되었습니다. 역시 큰일에는 행운이 따르는가 봅니다.

이 시기 아르파는 7대 국장인 루카식의 재임 시기였는데, 그는 이메일의 열렬한 옹호자로 아르파 역시 이메일의 등장을 환영하고 보급하는 일에 앞장섰습니다. 그러나 정작 이를 열정적으로 이용하는 사람들은 따로 있었습니다. 그들은 바로 전국의 해커들이었습니다. 수십 개의 노드가 더 만들어지면서 서로 얘기를 나누려는 인간의 습성이 기술과 결합하자 네트워크는 폭발적인 이용을 보이게 됩니다.

아르파넷은 공식적으로는 연방 정부의 재산이었지만 아르파넷에는 닫혀 있는 곳이 거의 없었고, 누가 방문하는지 그리고 그 목적이 무엇인지에 대해 개방적이었습니다. 워터게이트 위기가 최고에 달했을 때는 닉슨의 사임을 옹호한 학생들까지 네트워크에 모습을 나타냈습니다. 당시 대학원생들의 네트워크 사용을 누군가 막으려 한다면, 지금까지 컴퓨터 공동체 정신에 어긋나는 것이었습니다.

톰린슨의 CPYNET 해킹은 생각지도 않은 발견물이자 상상 이상의 돌파구였는데, 시간이 지나면서 개방성은 더욱 강조되었고, 이들은 아르파넷을 전문적 통신 도구이면서 개인적 통신 도구로 변모시켜 버렸습니다. 이메일을 위해 아르파넷을 사용하는 사람이 많아질수록 새로운 이용에 넓게 오픈되었고, 사람들 간에 새로운 연결을 창조해 갔습니다. 1973년 아르파넷을 지나가는 전체 트래픽의 75%가 이메일이었습니다. 아르파의 자원 공유가 무색해졌습니다.

그리고 초창기 사용자들은 이메일의 편리한 사용을 위해 끊임없이 토론을 거듭해 나가면서 오래된 아이디어는 조금씩 고쳐 나갔고, 이들의 성향은 무정부주의적 냄새가 날 정도로 아주 민주적이었습니다. 이메일이 등장하고 얼마 지나지 않아 아르파넷은 커뮤니케이션 매체이자 협력의 도구로서의 급격한 이용자의 증가를 가져옵니다. 아르파넷 이용자들은 서로 공유하고 오픈 프로세스를 유지해 왔는데, 이메일이 등장함에 따라 그 네트워크를 따라 그들의 우정을 쌓고 그들이 관심사를 논의하던 이들 때문에 더욱 번성했습니다. 국제적인 뉴스 그룹들 모두 이메일에 기반을 두고 번성하기 시작했습니다. 그래서 기술적인 견지에서는 톰린슨의 프로그램은 사소한 것이지만 문화적으로는 혁명에 가까웠습니다. 그리고 이메일의 진가는 아르파넷이 인터넷으로 변형되어 가는 데서 나타납니다. 아르파가 네트워킹의 주도권을 잡을 수 없을 때 NWG 멤버가 그 발달을 견인하게 되는데, 이때 이메일은 그들에게 아주 훌륭한 협력의 도구가 됩니다.

'릭'과 NWG의 부활

아르파 내 IPTO의 초대 감독인 '릭'이 아르파에서 인간과 컴퓨터의 상호 작용성을 피력한 지 이제 10여 년의 세월이 지났습니다. 지금까지 네트워크 기술은 정부 후원으로 개발되었습니다. 미국의 상황도 극적으로 변하고 아르파의 IPTO 내부에서도 변화가 왔습니다. 아르파의 이름이 다르파$^{\text{Defense Advanced Research Project Agency(DARPA)}}$로 바뀌고, 아르파넷은 그대로 유지되었으나, 아르파넷을 설계하고 추진했던, 로버트가 아르파를 떠나고 그 자리에 '릭'이 구원 투수로 등장합니다. 그리고 그 무렵 기술을 이용하고자 하는 산업체가 등장하기 시작합니다. 이때 '릭'은 아르파넷을 둘러싸고 처음으로 발생한 저작권 문제와 아르파넷의 DCA로의 이관 문제를 마무리 짓게 됩니다.

저작권 문제는 BBN 출신 직원들이 독립하여 타임 쉐어링 방식의 네트워크 회사를 설립하면서 BBN에게 그 소스 코드를 풀어 달라고 요구했으나 BBN이 이를 주저하면서 발생했는데, BBN 출신 직원들은 IMP 코드가 정부 지원 아래 개발된 것이니 BBN의 독점이 될 수 없다고 맞서면서 그들의 불만을 제기합니다. 이에 '릭'이 이를 공개적으로 풀 것을 조정하여 BBN이 약간의 핸들 피만 받고 소스 코드를 푸는 것으로 합의토록 함으로써 이후 업체들은 패킹 스위칭 기술을 채택한 네트워크 서비스를 판매하기 시작합니다.

아르파는 독점보다는 여러 업체의 상생의 길을 지향했는데, 이는 기술 개발 초기부터 특정 기업체가 아닌 미 정부의 투자로 개발이 이루어져 왔기 때문에 가능했습니다. 1995년 컴퓨터 이용자 대폭발이 일어날 때 이미 미국은 군부 후원하의 관련 산업의 발달로 인해 정보 통신 분야에서 이미 상당한 발전 수준에 이르렀습니다. 그래서 Abbate(2000)는 아르파의 정책이 신경제 탄생의 주요 요인이었다고 지적하기도 했습니다.

한편 아르파넷은 1971년이 끝날 무렵 15개 노드들이 있었지만, 1972년 3개의 대륙 횡단선이 신설되고, 그 이후인 1973~75년 사이에는 한 달에 한 개씩 새로운 노드들이 늘어나는 비율로 확장되어 1976년까지 미 공군, 해군, 육군 모두 자신들의 실험을 위해 아르파넷을 사용하고 있었습니다. 물론 당시 아르파넷은 일반 이용자가 사용하기에는 불편한 환경이었지만, 이메일 등장 이후 대학생들의 아르파넷 참여가 늘어난 데다 아르파는 반복적인 데이터 컴퓨터 커뮤니케이션의 제공자로써는 썩 어울리지 않아 아르파는 서비스 제공자의 역할을 포기해야 할 시점이 옵니다. 이에 '릭'은 1975년 7월 1일 처음 바란의 아이디어를 거절했던 국방 통신국인 DCA에 아르파넷을 넘겨주는 임무를 완수합니다.

그리고 처음 아르파넷이 탄생했을 때 아르파넷 이용자들은 NCP를 통해 정보 공유를 했지만 아르파넷의 NCP에서는 고정된 목적지를 제외한 주소를 표현할 길이 없어 아르파넷에 등록된 기계 이외에는 네트워크에 참여할 수가 없었습니다. 아르파넷이 등장하기 전 호스트 컴퓨터들 간에 호환되지 않는 것과도 비슷한 이치입니다. 아르파넷의 노드들은 지속적으로 증가해 갔으나 다른 운영 시스템을 지닌 네트워크와는 연동되지 않아 아르파넷의 자율적인 확장을 기대할 수가 없었습니다.

오늘날의 인터넷 즉 옆집과 앞집, 그리고 윗집과 아랫집 모두가 상호 연결되기 위해서는 아르파넷이 각기 다른 원리로 작동되고 있는 다른 네트워크들과의 연결이 가능해야 했습니다. 당연히 다른 네트워크 간의 연결 역시 아르파넷에서 또 다른 기술적인 도약이 필요한 작업이었고, 이 작업이 오늘날 인터넷의 핵심 원리가 됩니다.

그러나 이제 아르파는 1960년대 네트워킹의 주도권을 잡았던, 그 옛날의 화려했던 아르파가 아니었습니다. 물론 NWG나 INWG와 같은 인적 자원은 있었지만, 자금이 없었습니다. 미국 경제는 2차 대전 이후 1950년대와 1960년대를 지나면서 풍요로움을 뒤로 하고 1970년대 이후부터는 경제적인 상승 여력을 거의 소진했습니다. 2차 대전으로 인한 경제적 수혜의 약발은 사라지고 베트남전의 패배는 미국 경제에 큰 타격을 주게 됩니다.

1979년 2차 오일 쇼크를 거치면서 경기 불황에 시달리게 된 미국 경제는 1980년대 들어서도 나아질 기미를 보이지 않았고, 결국 1981년 대선에 당선된 로널드 레이건[Ronald Reagan, 1981-1989] 대통령은 불황에 당면하여 프리드리히 하이에크[Friedrich Hayek149]로 대표되는 '보이지 않는 손이 작동하는 시장에게 맡겨라'는 지침을 금과옥조시하는 신자유주의로 표현되는 작은 정부로 선회하게 됩니다.

이렇듯 미국의 심각한 경제적인 하락세는 1960년대 화려하게 컴퓨터 관련 후원을 주도했던 아르파의 위상 역시 사라져 감을 의미했습니다. 그래서 아르파는 국방과는 관련이 없는 이질적인 네트워크 연결이라는 새로운 프로젝트를 추진할 정도의 여력 또한 가질 수 없었습니다. 이때 이 작업의 전면에 나선 이들이 NWG 멤버들이었고, 이들 가운데 처음 네트워크 상호 연결의 필요성을 포착한 사람이 1년 동안 아르파넷 시연회 준비를 했던, 칸이었습니다.

칸은 뉴욕대학교에서 전자 공학을 전공하고, 프린스턴 대학교에서 박사 학위를 받은 후 1964년 MIT에서 조교수로 있던 중 BBN에 합류한 응용수학자이자 네트워크 전문가였습니다. 그는 아르파넷 초창기 때부터 아르파의 로버트와 긴밀히 논의해 오면서 아르파넷에 대해서는

---

149 오스트리아 출신의 영국 경제학자인 하이에크는 신자유주의 입장에서 모든 계획 경제에 반대했다. 1974년 스웨덴의 K.G. 뮈르달과 함께 경제 변동의 연구가 인정되어 노벨경제학상을 수상했다.

누구보다도 잘 알고 있었습니다. 아르파의 큰 프로젝트를 추진하기 위해 입사했지만, 그 프로젝트가 무산되자 그는 이질적인 네트워크 연결에 관심을 갖게 되고, 이때 NWG와 INWG의 협력이 빛을 발합니다.

NWG는 아르파가 자금 면에서나 조직 운영 면에서 가장 영광스런 시기의 유산이었다고 할 수 있습니다. 당시 그들은 호스트 프로토콜을 직접 자신들의 손으로 개발한 경험이 있었습니다. 그들에게 새로운 프로토콜 개발은 경험이 이끌었거나 아니면 전문가적인 본능이 이끌었거나 자연스럽게 그들에게 다가옵니다. 그리고 그들은 이메일로 인해 예전에 비해 협력적인 작업을 손쉽게 할 수 있게 됩니다.

"우리 모두는 연결되어 있다. 고로 존재한다."

협업의 위대한 성취

네트워크 발달은 기본적으로 공유와 협력을 바탕으로 발달해 왔습니다. 그럼에도 이질적인 네트워크의 연결은 협업의 괄목할 만한 성취로 여길 만한데 그것은 인터넷으로 가는 가장 중요한 길목이었음에도 아르파의 후원 없이 이용자들의 협업에 기대어 이루어졌기 때문입니다.

우선 칸은 1970년대 중반에 아르파 내에서 각기 자신만의 독자적인 방법으로 운영되고 있는 3개—PRNET, SATNET, ARPANET—의 네트워크 연결을 꿈꿉니다. 그러나 이 3개의 네트워크 모두는 패킷 스위칭 방식을 사용하고 있었지만, 자신들의 특별한 용도에 맞게 기술을 최적화시킨 매우 독특한 방식으로 운영되고 있었습니다. 이들이 다른 네트워크와도 데이터를 주고받기 위해서는 좀 더 독립적인 프로토콜[150]로 교체되어야만 했고, 그러기 위해서는 여러 기술적인 정의 역시 다시 세워질 필요가 있었습니다.

이에 칸은 1973년 봄에 UCLA에 IMP를 설치할 때부터 만나 가까운 사이를 유지했던 스탠포드 대학교의 빈트 서프와 함께 인터네트워킹internetworking 시스템 개발을 위한 공동 연구에 착수합니다. 서프는 UCLA 대학원에 진학하면서 네트워크와 인연을 맺게 되는데, 그 무렵 UCLA는 컴퓨터학과가 개설되었고, 고등학교 때부터 단짝이었던 크로커가 있었던 곳이었습니다. 그리고 이곳에는 1968년 아르파의 로버트와 단짝인 클라인녹의 책임 아래 네트워크 측정 센터가 세워져 이곳에는 40여 명의 대학원생들이 호스트 프로토콜 개발에 참여하게 되면서 서프 역시 크로커, 포스텔 등과 함께 NWG를 만들고, 프로토콜 개발에 참여하게 됩니다. 그는 호스트 컴퓨터를 연결하는 오리지널 NCP 디자인도 알고 있었고, 무엇보다 당시 운영되던 다양한 컴퓨터 운영 체제에 어떻게 이런 내용을 인터페이스로 연결시킬 것인지에 대한 지식을 갖추고 있었기에 그만한 조력자가 없었습니다.

이들이 해야 할 일은 하나의 규약이 아니라 세 개의 네트워크에 작

---

150 프로토콜이란 국가와 국가 간의 규약을 의미한다. 이는 상호 간의 정해진 규약에 따라 교류함으로써 언어, 문화, 환경 등의 차이에서 발생하는 불일치의 문제를 해결하기 위한 것이다. 이러한 규약을 통신상에 적용한 것이 통신 프로토콜이다.

동할 수 있는 규약을 만드는 것이어서 아르파넷보다는 복잡했습니다. 세 네트워크들 역시 각자 환경에 최적화되었기 때문에 원래 하던 일을 그대로 해야 했고, 각각의 네트워크는 독립적으로 유지되면서도, 네트워크 간의 네트워크인 인터넷에 접속될 때 특별한 변화나 조작이 없어야 했습니다. NCP 고안 시 패킷만을 주고받을 수 있는 IMP를 설치했듯이 이 작업에도 어떤 네트워크와도 소통할 수 있는 새로운 프로토콜 즉 공통의 규약을 알고 처리하게 하는 블랙박스 같은 것이 필요했습니다. 이것이 서프에 의해 게이트웨이^{gateway} 컴퓨터로 개념화됩니다. 그의 게이트웨이 컴퓨터 덕분에 PRNET에서 SATNET으로 ARPANET에서 PRNET으로 이제 어떤 종류의 네트워크라도 닥치는 대로 첨가 연결할 수 있게 됩니다. 게이트웨이 컴퓨터는 서로 다른 네트워크를 접속하게 해 주는 관문 역할을 합니다. 이것 역시 IMP처럼 라우터의 기능을 담당합니다.

그리고 그는 게이트웨이 개념을 INWG에 소개하여 국제적 협력이 가능하도록 했고, 1974년 봄에 칸은 엔지니어 저널에 서프와 함께 TCP$^{transmission\ control\ protocol}$ 개념이 담긴 논문[151]을 제출합니다. TCP는 현존하는 아르파넷 프로토콜을 다시 쓴 새로운 버전, 즉 유니버셜 프로토콜을 의미했는데, 이는 메시지들을 패킷보다 더 작은 여러 '데이터그

---

151 논문 제목은 "패킷 네트워크 상호통신을 위한 프로토콜$^{A\ Protocol\ for\ packet\ Intercommunication}$" 이었다. 그리고 그 논문 제목에는 서프의 이름이 먼저 올려졌는데, 간단한 내기에서 서프가 이겼기 때문이다. 덕분에 서프는 오늘날 '인터넷의 아버지'로 거론되는 행운을 얻게 되었다.

램$^{datagram'152}$으로 나누고 캡슐화해서 패킷처럼 목적지로 전송되었습니다. 이 TCP는 네트워킹에 있어서 절대적으로 중요합니다. TCP를 통해 네트워크 간의 커뮤니케이션이 가능해졌기 때문입니다.

서프의 게이트웨이

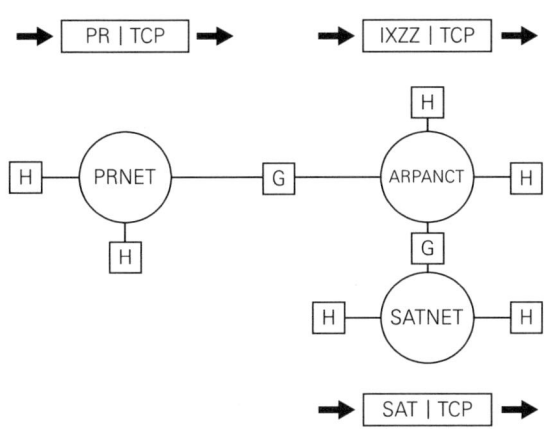

다시 찾은 영광: TCP/IP

초창기 네트워크의 모든 것이었던 아르파넷은 이제 TCP를 통해 네트워크 간에 상호 연결이 가능해짐에 따라 독립적인 네트워크가 아니라 여러 네트워크 중에 하나가 됩니다. 그리고 아르파넷이 DCA로 이

---

152 데이터그램은 원래 데이터가 전송 효율이 가장 높도록 최적의 크기로 분할하는 것을 말하고, 패킷은 이 데이터그램에 여러 헤더^{header}가 붙어 컴퓨터 네트워크 상에서 돌아다니는 최소 단위를 말한다. 따라서 패킷은 항상 데이터그램보다 크기가 크며, 이 패킷 안에 데이터그램이 들어 있다.

관된 이후 인터넷 개발자들은 인터넷 발달과정에 있어서 핵심적인 기술적인 성과로 꼽히는 TCP의 분리를 선언합니다. TCP의 분리 역시 아르파의 직접적인 지휘를 받은 바 없었습니다.

1978년 초엽 서프, 코엔, 포스텔, 그리고 제록스 '파크'(4부 참조) 엔지니어들은 패킷의 경로를 결정하는 TCP 일부를 떼어 내서 별개의 프로토콜인 IP$^{Internet\ Protocol}$를 더하여 TCP/IP로 나눌 것을 제시하여 칸과 서프가 인터네트워킹에 관심을 가진 지 5년 만인 1978년 TCP/IP 프로토콜$^{Transmission\ Control\ Protocol/Internet\ Protocol}$을 생산해 냈습니다.

TCP는 공식적으로 TCP/IP가 되는데, 이것이 오늘날 모든 인터넷에 사용되고 있는 공통의 규약, 즉 프로토콜입니다. 이것의 핵심 원리는 송신자 TCP와 수신자 TCP와는 별도로 개별 데이터그램의 경로를 결정하는 즉 특정 컴퓨터의 위치를 결정해 주는 IP 프로토콜을 추가한 것입니다. 이러한 컴퓨터 주소를 IP Address라고 하며, 각각의 인터넷 호스트 컴퓨터는 유일한 인터넷 주소를 지니게 됩니다. 이처럼 전 세계적으로 공통으로 사용할 수 있는 주소 시스템은 사실상 인류 역사상 처음 등장한 것입니다.

오늘날 컴퓨터 이용자들 모두 IP Address를 가지고 있고, 비영리 기구인 국제 인터넷 주소 관리 기구$^{The\ Internet\ Corporation\ for\ Assigned\ Names\ and\ Numbers(ICANN)}$에서 IP 주소를 유지하고 관리합니다. 오늘날 수십 조를 초과하는 IP Address가 등록되어 있습니다.

TCP/IP의 등장이 지니는 의의는 누구라도 원하는 사람이면 언제 어디서나 인터넷 네트워크에 접속하여 인터넷을 이용할 수 있으며, 어느 곳에 있는가에 관계없이 인터넷에 연결된 정보를 열람할 수 있는 개방형의 시스템을 구현했다는 점입니다. 이러한 개방성의 구현으로 인해 TCP/IP가 설치된 후에서야 네트워크는 어느 곳에나 가지를 칠 수 있게 됩니다. TCP/IP는 오늘날 전지구촌을 연결하는 인터넷 시대를 여는데 가장 핵심적인 성과로 꼽히고 있습니다.

그리고 이 핵심적인 성과는 국가적인 프로젝트도 아니고 기업체도 아닌 해커들과 기술 영재들의 협업으로 이루어졌습니다. 특히 아르파넷 공동체와 1972년 아르파넷의 데모 때 창설된, NWG의 국제적인 확장이라고 할 수 있는 INWG의 컴퓨터과학자들의 주도적인 참여가 뒷받침되었습니다. 그들은 경제적인 유인이 전혀 없는, 협업의 세계에서 멋진 결과물을 세상에 내놓았습니다.

네트워크 발달은 처음 아르파가 자금을 대자 나머지는 모두 NWG 멤버들이 알아서 했다고 해도 지나치지 않을 정도로 그들의 주도적인 참여가 밑바탕되었습니다. 그리고 그들의 성과 뒤에는 협력의 도구인 이메일이 있었습니다. 이메일은 커뮤니케이션 비용이 없기 때문에 네트워크의 창조를 결심한 NWG 멤버들에게 큰 힘이 되었습니다. 그래서 후일 서프를 포함한 여러 사람들은 "협력적인 연구의 세계가 아닌 곳에서는 TCP/IP가 발명될 수 없었을 것이라며 그것이 TCP/IP가 성공하게 된 정확한 이유"[153]라고 지적했습니다.

153　Katie Hafner·Matthew Lyon(1996), 앞의 책, p. 332에서 재인용.

그리고 이 협업의 근저에는 아르파의 영광이 쇠락해 갈 때 아르파넷에 참여한 NWG 멤버들의 추억으로의 소환이 있었습니다. INWG 회원의 상당수는 NWG의 적극적인 회원들로 누구보다도 아르파의 황금기를 기억하고 있는 이들이었습니다. 아마도 그들에게 자유로움으로 얼룩진 그 시절의 기술적인 성취가 가져온 자신감은 다시 한번 잡아보고 싶은 추억이었는지도 모릅니다.

NWG 멤버들은 아르파넷 개발 당시 아르파의 거의 방임에 가까운 상태에서—물론 조언 정도는 있었지만—자신들의 손으로 직접 프로토콜을 개발하면서 자신이 만든 프로토콜을 동시에 이용하는 세대들이 되었습니다. 그들은 네트워크의 새로운 서비스를 기대하고 실행하는 데 있어서 이미 호스트 간의 연결 프로그램을 완성한 적이 있었기에 그때의 자신감은 이윤을 떠나 그 작업에 남들보다 주도적인 선택권을 가지고 진행할 수 있었습니다.

NWG 멤버들이야말로 인터넷 발달에 있어서 최고 공헌자들입니다. 이들은 각자 개인으로도 뛰어난 발명품을 고안했지만, 그들 모두는 아르파넷이 인터넷으로 변형되어 가는 데 뚜렷한 발자취를 남겼습니다. 그들은 함께해서 더욱 빛났습니다. 그리고 이들의 성과가 아르파의 국가 프로젝트로부터 파생되어 자율성이 강조되는 시기 아르파 매니저들의 후원과 지지가 큰 힘이 되었다는 점에서 자유로 얼룩진 그 시대적인 분위기 또한 간과할 수 없을 것입니다.

그리고 이제는 개인 컴퓨터로서 최초로 상업적인 용도로 개발된 조립 컴퓨터인 "알테어 8800"의 성공으로 그간 정부, 기관, 학계에 한정되어 있던 네트워크 이용자가 보다 많아지면서 네트워크 이용 또한 점차 해커인 취미가들의 수중으로 옮겨 가고 있었습니다. 1970, 1980년대에는 군부 사이트가 아르파넷에 있었기에 비인가된 이용자들이 아르파넷에 한정된 군부 시스템에 침투해 올 여지가 커졌고, 이에 아르파넷을 이관 받은 DCA는 아르파넷에 접속을 강화하게 됩니다. 그리고 트랜지스터의 성능이 향상되면서 캘리포니아 인근에는 1960년대부터 불어닥친 베트남 전쟁의 회오리 속에서 컴퓨터 소유 운동이 등장하여 개인 컴퓨터 발달의 촉매제 역할을 합니다.

3절
"민중에게 컴퓨터"를

반도체의 성지: 실리콘밸리

초창기 컴퓨터나 네트워크의 발달은 대학과의 연계가 중요했으나, 반도체는 거의 기업체의 혁신가들이 그 발달을 견인하고 있었습니다. 초창기 벨 연구소의 3인방에 의해서 탄생한 트랜지스터는 대중성을 확보하지 못했으나, 1958년 텍사스 인스트루먼트사의 잭 킬비$^{Jack\ Kilby}$[154]와 페어차일드사[155]의 로버트 노이스$^{Robert\ Noyce}$는 트랜지스터의 단점을 상당 부분 극복했습니다. 이들은 하나의 게르마늄 위에 트랜지스터뿐만 아니라 모든 소자를 판화에 선을 새겨 넣듯이 실리콘에 새김으로서 복수의 트랜지스터를 사람 손으로 연결해야 하는 번거로움을 없애 버렸습니다.

특히 이들은 정부와 벨 연구소와의 협약에 의해 거의 같은 시기에 벨 연구소를 드나들게 되고 거의 동시적으로 집적 회로를 선보일 수

---

154   2000년에 노벨 물리학상을 수상하였다.
155   벨 연구소의 윌리엄 쇼클리가 세운 쇼클리 반도체 연구소 출신 8명이 나와서 세운 반도체 회사이다.

있었는데, 이들의 발명 뒤에는 국가의 공헌 또한 있었습니다.[156] 당시 벨 연구소 역시 집적 회로의 기본 기술이 되는 사진 석판술—하나의 웨이퍼 위에 여러 가지 장치를 올려놓는 기술—을 보유하고 있었지만 패킷 스위칭 방식에 대해 벨 연구진이 보여 준 것처럼 그들 역시 그것이 대단한 발견물이 될 것이라는 선견지명을 갖지 못했습니다.

물론 초창기 이들이 개발한 집적 회로 역시 바로 상용화될 정도로 질적 수준이 높지 않았습니다. 집적 회로에 쓰이는 실리콘 웨이퍼가 크기가 커지면서 쉽게 부서지고 오염됐기 때문에 1962년 초만 해도 소량의 회로밖에 제작할 수밖에 없었습니다. 그러나 1965년이 되자 그 기술은 눈부시게 발전하게 되고, 생산성이 확보되자 노이스는 고든 무어Gordon Moore와 함께 인텔Intel을 세우고, 많은 회사들도 인텔과 마찬가지로 반도체 회사를 창립하게 됩니다.

이들은 주로 쇼클리가 벨 연구소에서 나와 설립한, 쇼클리 반도체 연구소 인근에 생겼는데, 이들 대부분의 회사들이 산타클라라 베이SantaClara Bay 부근에 자리 잡고 있어서 이곳이 나중에 실리콘 밸리silicon valley라 불리게 됩니다.

그 이후 반도체 산업은 다른 어떤 산업보다도 빠르게 향상되어 갔으

---

156 당시 AT&T는 정부의 독점 방지법에 묶여 장거리 전화 독점을 유지하는 대신 벨 연구소에서 탄생한 기술은 소정의 수수료를 받고 공개하거나 일부 산업에의 진출은 아예 금지되었다. 그래서 벨 연구소는 정부와의 협약에 따라 트렌지스터의 발명품과 공정 역시 다른 여러 기업들과 공유해야 했는데, 킬비와 노이스는 거의 같은 시기 벨 연구소를 방문하여 연구를 공유할 수 있었다.

며 1959년과 1962년 사이, 겨우 3년 동안에 반도체의 가격은 85%까지 하락했고, 1962년에 50달러에서 1971년에는 1달러로 하락하여 사실상 짧은 시간에 가격 저항이 사라집니다. 역사적으로 비교해 보면 산업 혁명 기간에 영국에서 면제품 의류 가격이 85%까지 하락하는 데는 70년$^{1780~1850}$이 소요되었습니다.[157] 이에 비해 집적 회로의 가격 저항은 비교가 안 될 정도로 빨랐습니다.[158] 산업 혁명에 비해 정보 혁명이 빠르게 진행될 수 있었던 데에는 순식간에 일어난 반도체의 가격 파괴가 있었습니다.

이제 인텔은 보다 개선된 '인텔 4004'를 출시하여 개인 컴퓨터의 시대가 도래하고 있음을 알리기 시작합니다. '인텔 4004'는 전자 제품의 소형화로의 진전을 이끈, 세계 최초 상업용 칩으로 오늘날 반도체라 불리는 집적 회로의 직접적인 조상입니다.

'인텔 4004'

1969년 노이스와 킬비가 개발한 집적 회로의 취약점을 대부분 극복한 회로가 인텔의 또 다른 발명가에 의해 탄생합니다. 2021년에 탄생 50주년을 맞이한 '인텔 4004'가 그 주인공입니다. '인텔 4004'는 인텔을 돈방석에 올려놓은 효자 상품으로 그 시절 인텔의 성과는 대단했습

---

157 마뉴엘 카스텔(2000), 앞의 책, p. 69에서 재인용.
158 1965년 인텔사의 고든 무어는 "반도체 직접회로의 성능이 24개월마다 2배로 증가한다"는 무어의 법칙$^{Moore'Law}$을 발표하여 칩의 눈부신 성능을 예견했다. 그러나 무어의 법칙은 2016년 2월 공식적으로 종말을 맞았다.

니다.

 '인텔 4004'가 탄생할 무렵, 컴퓨터의 크기는 여전히 크고 비싸 인텔 역시 돈이 되는 거대 마이크로칩의 생산이 주 종목이었습니다. 그러나 이미 유명해져 버린, 1969년 4월 29일 인텔이 일본 기업인 비지콤으로부터 탁상용 계산기 칩을 의뢰받은 것을 계기로 인텔의 기술진들은 10진법 대신 2진법 연산 방식으로 4비트 프로세서로 칩을 만들 것을 제안하여 12가지 기능을 탑재한 실제로 작동하는 마이크로프로세서를 개발하는 데 성공합니다. 인텔은 2,238개의 트랜지스터로 집적된 이 최초의 소형 칩을 4004형이라 명명했습니다.

 '인텔 4004'는 지금의 보급형 펜티엄이 수천만 개 이상을 담고 있는 것에 비하면 아직은 초기였으나 이는 비로소 하나의 칩 위에 컴퓨터가 완성될 수 있었습니다. 그래서 인텔은 처음 '인텔 4004'를 "칩 안에 프로그래밍할 수 있는 소형 컴퓨터가 들어 있다"라고 선전하여 세계 최초로 cpu '인텔 4004'(미국 특허 3821715)가 컴퓨터의 두뇌로 사용될 수 있음을 알렸습니다.

 물론 1971년 11월 대중에게 판매를 시작한 이 칩 역시 느렸고, 처리할 수 있는 정보의 양에도 한계가 있었지만, 그것은 소형이었기 때문에 반도체를 단순한 부품이 아닌 연산 처리 능력이 필요한 곳에는 어디라도 전자 제품의 구성 요소로 사용될 수 있었습니다.

 그러나 당시 200달러로 판매된 '인텔 4004'를 응용한 컴퓨터 업체는 없었고, 그것을 주문한 일본의 비지콤도 그것의 미래를 파악하지 못했습니다. 애석하게도 비지콤은 1년이 넘게 지연된 인텔의 4004를 받았을 때 이미 업계의 상황은 변하고, 비지콤의 자금 사정 역시 어려워지자 인텔에 그 칩 가격을 낮춰 달라고 요구하여 그 칩 가격을 10만 달러에서 4만 달러로 낮추고, 대신 그것의 제품 공급권을 인텔에 내주기까지 했습니다. 이는 인텔이 계속해서 디지털 시대를 견인하게 하는 데 핵심적인 역할을 하게 될 조건이었지만, 일본으로서는 그다지 밝지 않은 미래를 암시한 조건이기도 했습니다.

때론 순간의 선택이 평생을 좌우합니다. 『실리콘밸리』의 저자인 피버에 따르면 당시 인텔사의 CEO인 노이스는 주저했으나 4004 칩 개발의 주역이었던 "호프가 지속적으로 결단을 촉구하여 결국 황금알을 낳는 거위는 인텔사 품으로 안기게 되었다"고 합니다. 후일 인텔의 매출은 당시 4004의 지적 재산권을 비지콤에 되사면서 지급했던 돈의 100만 배 이상의 매출을 올리게 되고, 호프는 인텔로부터 인텔 펠로우Intel Fellow라는 오직 한 사람밖에 없는 명예 칭호를 받았습니다. 이후 인텔은 번영의 시기를 맞이하게 됩니다.

1973년까지 인텔은 마이크로프로세서를 계속해서 개량하여 '인텔 8008', '인텔 8080' 등으로 이어진 제품을 출시하였고, IBM이나 DEC가 여전히 그 칩의 응용에 대해 생각하지 못했을 때 휴렛패커드Hewlett-Packard Company(HP)는 1974년 1월 795달러짜리 프로그램할 수 있는 포켓 계산기인 HP-65를 생산해 냅니다. 당시 HP-65는 요즈음 얼리어답터

early adopter¹⁵⁹들에게서나 볼 수 있는, 진귀한 아이템으로 우리나라에서는 한동안 공대생들의 필수품이기도 했습니다. HP는 일 년 이내에 HP-65 한 기종만 2천 5백만 대나 판매하는 기염을 통했는데, 개인 컴퓨팅이 정말 대중적인 현상이 되어 감을 보여 주었습니다.

이 무렵 『일렉트로닉스』지에 마이크로프로세서 칩을 내놓았다는 내용을 본 고교생 빌 게이츠와 워싱턴 주립대에 진학해 있는 폴 앨런은 이 칩의 사용을 두고 고민한 결과 트래프-오-데이터^{Traf-O-Data}라는 회사를 차리고 시내 도로의 차량 소통 감지기에 마이크로프로세서를 장착하여 기계가 집계한 수치를 분석하는 회사를 차립니다.

그러나 '인텔 8008'의 성능은 그다지 뛰어나지 못했기 때문에 그 기계 역시 별로 팔리지 않았습니다. 후일 PC 혁명이 폭발되면서 인텔 인사이드라는 유행어를 탄생시킨 그들의 인연은 이 시기부터 시작되고 있었고, 그의 사업가 등단은 생각보다 빨리 찾아옵니다.

기업들은 한창 성공에 도취되어 있을 때 가격의 변곡점을 파악하기 어렵습니다. 그래서 기업들은 그들이 속한 산업의 생태계가 변할 때 많이 도태됩니다. 개인 컴퓨터가 등장하기 직전인 1977년까지 중형 컴퓨터로 돈을 쓸어 담고 있었던 DEC 사장인 올센은 "개인이 집에 컴퓨터를 가지고 있을 이유가 없다"라고 선언했고, 그 칩을 생산한 인텔

---

159 일찍 받아들이는 사람이라는 뜻으로 최초로 생산된 제품과 신기술을 남들보다 먼저 구입하여 사용하는 사람을 말한다.

조차도 그것은 대형 기계의 부품으로 어울린다고 생각할 정도로 IBM, DEC, 하니웰 등의 대형 컴퓨터 회사는 아직 중대형 컴퓨터 생산이 충분히 돈이 되었기에 구태여 소형 컴퓨터 시장에 관심을 기울일 필요가 없었습니다.

그래서 인텔의 칩은 한동안 블랙 스완$^{black\ Swan}$[160]이었고, 개인 컴퓨터 시대가 도래하자 중대형 컴퓨터 시장을 석권했던, IBM, DXC, 하니웰 등의 명성은 사라졌습니다. IBM은 컴퓨터 생산 업체가 아닌 컨설팅 회사로 변신하여 그 명성을 이어 가고 있지만, 개인 컴퓨터 시장에서는 퇴출되다시피 했습니다.[161]

결국 개인 컴퓨터는 다른 혁신가를 맞이해야 했는데, 그 자리를 메꾼 것이 게임광이었던 캘리포니아 해커들입니다. 그들은 1950, 1960년대 물질주의가 가장 팽배하고, 자유의 가치가 가장 드높았던 시기에 성장한 젊은이들로 그들은 이미 자유를 충분히 경험해 본 세대이자 1970년대 불황과 베트남 전쟁으로 인해 어떤 세대보다도 빨리 자유의 결핍을 느낀 세대이기도 했습니다.

---

160 월가의 투자자이기도 한 나심 니콜라스 탈레브가 사용한 말로 흰 백조들 가운데 검은 백조가 출현하면 그냥 넘기기 쉽지만, 그 검은 백조가 큰 사건을 일으킨다는 것으로 처음에는 발생 가능성이 없어 보이지만, 일단 발생하면 엄청난 충격과 파급 효과를 가져오는 사건을 일컫는다. 금융권에서는 예상치 못한 리스크로 자주 쓰인다. 나심 니콜라스 탈레브. 2011, 『블랙스완』, 차익종 역, 동녘사이언스 참조.
161 초창기 펀치 카드 제조업체로 출발하여 1970, 1980년대 업계 거인이 되었으나 개인 컴퓨터 시대가 도래하자 그 부문의 생산은 접고 서비스 분야로 진출하였다. 그럼에도 슈퍼 컴퓨터 분야에서는 세계 최고를 유지하고 있다.
http://en.m.wikipedia. IBM 참조.

당시 이들은 캘리포니아에 부는 반전사상 등과 함께 기술이 특정인만의 소유물이어서는 안 된다는 신념을 가진 가질 수 있었고, 이들의 정부에 대한 저항 정신은 이제껏 대형, 중형 시장에 머물렀던 컴퓨터 시장을 개인 컴퓨터 시장으로 향하게 하는 촉매제 역할을 하게 됩니다. 마이크로프로세서는 기업가들에 의해 혁신을 재촉했으나, 그것의 개인 컴퓨터로의 응용을 서두르게 한 이들은 해커들이었습니다. 당시 캘리포니아 해커들 사이에 널리 퍼진 "민중에게 컴퓨터"라는 구호는 개인 컴퓨터의 발달을 추동한, 마지막 수순이었습니다.

"민중에게 컴퓨터"를

개인이 컴퓨터를 이용하기 위해서는 우선 컴퓨터의 크기가 작아져야 했습니다. 1970년대 되어서야 그 크기가 획기적으로 줄어들기 시작하면서 이제 개인들도 컴퓨터를 이용할 수 있지 않을까하는 꿈을 꾸는 무리들이 등장하기 시작합니다. 그러나 그 꿈을 품은 자들은 대형 컴퓨터 시장을 장악하고 있는 IBM도 PDP 시리즈를 생산한 DEC도 아닌, 해커들이었습니다. 초창기 컴퓨터 이용자들 대부분이 해커였기에 그들이 선구적인 공헌자가 되는 것은 당연한 수순일지도 모릅니다.

종전의 MIT 해커들이 매뉴얼도 없이 출시된 덩치 큰 컴퓨터의 운영체제를 개발하기 위해 밤낮없이 컴퓨터실을 드나들곤 했던 프로그램 마법사였다면, 이제는 컴퓨터 크기가 획기적으로 작아지면서 서서히 보통 사람들이 컴퓨터를 사용해야 한다는, 그래서 그것을 만드는 데 헌신하게 되는 하드웨어 해커들이 출현하게 됩니다.

처음 그들이 활발하게 할동한 곳은 학교였습니다. 1960년대 말, 어떤 미니 컴퓨터에도 이식 가능한 유닉스 프로그램이 등장하여 그것을 다운 받아 컴퓨터를 운영하는 이용자들이 양산되었고, 그들은 컴퓨터 크기가 작아지면서 컴퓨터 프로그램을 설계하는데 중독되기보다는 궁극적으로는 컴퓨터를 통해 얻을 수 있는 목표 쪽으로 방향을 바꾼 덕분에 하드웨어 해커들이 됩니다. 특히 1962년 MIT의 맥카시가 조수인 러셀을 데리고 옮겨 설립한, 스탠포드 인공 지능 연구소는 하드웨어 해커들의 온상지가 되었습니다.

그리고 학계에서의 움직임 외에도 1974년 『컴퓨터 해방·꿈의 기계』를 출간한 테드 넬슨[Ted Nelson162]과 같은 유명 인사들의 참여와 캘리포니아의 지역적 상황적인 요인이 더해지자 컴퓨터 소유운동은 캘리포니아 연안에서 불꽃처럼 타오르게 됩니다.

1960년대는 역사적으로 유명한 냉전 시대로 자유민주주의와 사회주의 이념의 살벌한 대결 구도가 지속되었고, 이 상황 속에서 발발한 월남전은 대학생들의 반전[反戰]사상의 확산을 가져오게 됩니다. 당시 대

---

162 미국의 정보 기술 선구자인 넬슨은 "하이퍼텍스트" 개념을 구상하여 간단한 사용자 인터페이스로 컴퓨터 네트워크를 만드는 것을 목표로 1960년에 "Project Xanadu"를 설립하고 그것의 개발에 매진했다. 그리고 개인 컴퓨터가 등장할 무렵 그는 컴퓨터에 보다 쉽게 일반인들의 접근을 허용해야 한다는 자신의 신념을 홈부르 컴퓨터 클럽 등을 돌아다니며 적극 표출했다. 그러나 그의 생애 전반에 걸쳐 매진했던 "Xanadu Project"는 정보의 출처가 표시되는 것을 원했기 때문에 많은 시간이 소요되었을 뿐 아니라 번성하지 못했다. 그러나 그것은 후일 WWW 개발에 영향을 미쳤고, 그 역시 인터넷의 아버지로 거론되는 한 명이기도 하다.
http://en.m.wikipedia.org. Ted Nelson 참조.

학가에서는 월남전에 대학생들이 대규모 파병되는 등 젊은이들의 상실감은 더욱 컸습니다. 특히 캘리포니아 연안은 월남전에 파병되는 대학생들의 집결지가 있는 곳이어서 캘리포니아에는 반전사상이 넓게 퍼졌고,[163] 이 지역을 중심으로 정부에 대한 저항 운동이 격렬히 전개되었습니다. 이들은 대형 컴퓨터가 놓여 있는 MIT의 전자 연구소를 습격하는 등 정부에 대해 격렬하게 저항 운동을 펼치기도 했으나 결국 이들의 저항 운동은 왜 컴퓨터가 학계의 그리고 정부 기관만이 사용할 수 있는 것이냐며 일반인들에게 자유를 주기 위한 수단으로써 컴퓨터 혁명과의 연결 고리를 갖게 됩니다.

당시 반전가요를 불러 해커들의 우상이었던 밥 딜런Bob Dylan의 대표적인 노래인 「바람만이 아는 대답」의 노랫말[164]을 보면, 당시 베트남전에 파병되어야 하는 청년들의 좌절감과 알 수 없는 미래에 대한 암울

---

163 캘리포니아 인근에서 타오른 반문화운동과 반전사상은 1969년에 열린 대규모 음악 축제인 우드스탁(Woodstock Art and Music Fair, 1969년 8월 15일~18일. 뉴욕주의 설리번군郡에 가까운 베델에서 열렸다)으로 정점을 이루었다. 역사상 가장 큰 음악 축제 중 하나로 거론되는 우드스탁은 1960년대 베트남 전쟁 등 격변의 시기를 살았던 젊은이들의 문화적 갈증을 해소시키는 역할을 했다.
http://en.m.wikipedia.org. Woodstock 참조.

164 딜런의 노랫말 일부를 소개하면 다음과 같다.
How many times must the cannon balls fly
얼마나 긴 세월동안 전쟁을 해야
Before they're forever banned?
사람들은 영원한 자유 얻나
The answer, my friend, is blowin' in the wind,
오 내 친구야 묻지를 마라
The answer is blowin' in the wind.
바람만이 아는 대답을

한 심정이 고스란히 녹아 있음을 볼 수 있습니다. 음악가로서 최초로 노벨상을 수상한 딜런의 「바람만이 아는 대답」의 음악적인 주제 역시 자유였습니다.

컴퓨터 소유 운동의 중심 세대들은 전후 최고의 골든 에이지를 겪은 이들로 어느 시기보다도 자유에 익숙한 세대들이었습니다. 그래서 캘리포니아 해커들의 반反권위적인 태도[165]역시 컴퓨터 소유 운동과 접점을 갖게 됩니다. 그들은 정부나 대기업으로부터 개인을 해방할 수 있는 기계로 개인 컴퓨터에 접근하고자 했고, 자유를 위한 도구로써 컴퓨터를 개인들이 소지하기를 바랐습니다. 이러한 시대적인 움직임에 대해 뮤지션 보노는 "무정부주의적 사고가 오히려 아직 존재하지 않는 새로운 세상을 상상할 수 있게 해 주는 원동력이었다"[166]고 지적하기도 했습니다.

그리고 캘리포니아 인근에서 유행한 히피 세대[167]의 반문화주의 열풍 역시 컴퓨터 소유 운동과 접점을 이루게 됩니다. 그들은 2차 대전 직후 경제적인 번영에 따라 소비주의가 만연한 것에 대한 반항으로 자급

---

165 레이몬드는 해커의 지위를 이렇게 정의한다. "그들은 자신과 다른 해커들을 숨도 못 쉬게 하지 않는 한, 기회가 닿을 때 마다 권위적인 태도에 맞서 싸운다." 레이몬드 (2001), 앞의 책, p. 236.
166 월터 아이작슨(2011), 앞의 책, pp. 106~107.
167 1960년대 미국 샌프란시스코, LA 등지의 청년층에서부터 시작되어 기성의 사회 통념, 제도, 가치관을 부정하고 인간성의 회복, 자연으로의 귀의 등을 주장하며 탈사회적으로 행동하는 사람을 가리키는 말이다. Hippy는 "hip, hip"(갈채를 보내는 소리) 등에서 나왔다는 설이 있다.

자족 스타일을 강조하였고, 컴퓨터를 개인의 권한 확대를 위한 진정한 기회를 제공하는 것으로 보았습니다. 그래서 그들 역시 컴퓨터 역시 직접 만들어서 대중들이 유익하게 사용해야 한다고 주장하여 컴퓨터 소유 운동에 불을 지핍니다.

1970년대 반문화운동의 기수로 활약한, 스탠포드 대학교 출신의 스튜어트 브랜든$^{Stewart\ Brand}$은 이미 1968년 12월에 엥겔바트 온라인 시스템 시연회[168]를 도와준 이력이 있는, 반문화와 사이버문화의 결합이 디지털 혁명의 비법임을 일찍 알아차린 인물이었습니다. 그래서 그는 반문화 히피족들이 컴퓨터광들과 공동전선을 이루도록 장려하게 됩니다.[169] 그는 히피공동체적 삶을 지향하는 히피들을 위해 『홀 어쓰 카탈로그$^{The\ Whole\ Earth\ Catalog}$』[170]를 발행했는데, 1968년 『홀 어쓰 카탈로그』 창간호에는 위너의 책 『사이버네틱스』와 HP의 프로그래밍 가능한 계산기, 사슴 가죽 재킷과 구슬 같은 물건들이 등장했습니다. 그 책의 기본 철학은 기술이 인간의 친구가 될 수 있다는 신념이었습니다. 그래서 그는 히피는 엔지니어들과 노력해야 하고, 미래는 AC 전원이 제공되는 축제가 되어야 한다는 것을 강조했습니다. 이 반문화 세대 역시 컴

---

168 당시 매우 선구적인 작업이었던 엥겔바트의 이 시연회는 샌프란시스코 컴퓨터 산업 컨퍼런스에서 스탠포드 대학 근처 엥겔바트의 연구소까지 마우스 크릴과 키보드 입력 모두 전달되었고, 공동으로 하이퍼텍스트 링크도 만들어 냈다. 오늘날 네트워크에 연결된 개인용 컴퓨터가 하는 일을 거의 다 보여 주었다.
169 아이작슨(2011), 앞의 책, p. 107.
170 미국 반문화 운동 카탈로그로 1968~1972년까지 정기적으로 출간되었으나, 1998년까지는 간헐적으로 출간되었다. 편집상의 초점은 자급자족, 생태학, 대안 교육, DIY 및 holism으로 이루어졌으며 "도구에 대한 접근"이라는 슬로건이 특징이었다. https://en.m.wikipedia.org. Whole Earth Catalog 참조.

퓨터 혁명이 일어나는 데 기여하게 됩니다.

  2005년 스티브 잡스가 스탠포드 대학교 졸업식에서 인용하여 유명해진, "Stay hungry! Stay Floosh!"는 『홀 어쓰 카탈로그』 창간호 뒷페이지를 장식한 문구였습니다. 1995년 인터넷 부흥기가 시작될 무렵 『타임』에 '사이버 공간에 오신 것을 환영합니다$^{\text{Welcome to Cyberspace}}$'라는 제목의 글에 '우리는 모두 히피에게 빚을 졌다$^{\text{We Owe It All To The Hippies}}$'라는 부제를 달 정도로 이들과 컴퓨터 소유 운동과는 밀접했습니다.[171]

  개인 컴퓨터의 탄생에는 시기적으로 암울한 냉전 속에서 반문화의 중앙 집권적 권위에 대한 경멸과 개인에게 자유를 주려는 저항적이고 혁명가적인 발상이 자리 잡고 있었습니다. 잡스가 개발 전권을 잡은 1984년 방영된, 매킨토시 광고는 이러한 성향을 확실하게 엿볼 수 있습니다. 잡스가 그 광고에서 내세운 것은 컴퓨터광의 시대정신인 자유였고, 매킨토시를 개인의 자유를 지키는 용감한 전사로 표현했습니다. 빨간 반바지를 입은 여전사가 열심히 달려 해머를 힘차게 내던져 권위를 상징하는 화면을 부셔 버리는 이 광고는 반항적인 영웅인 애플만이 사악한 거대 기업에 맞설 수 있다는 메시지를 전달하고자 한 것이었습니다.[172] 당시 애플은 직원들 야외 행사에서도 해적 깃발을 펄럭거리는

---

171 "CyberSpace," *Time*(Mar. 1995).
172 1984년 1월 22일 슈퍼볼 행사에 소개되었고, 광고 영상 끝에 다음과 같은 메시지가 나왔다. "1984년 1월 14일, 애플 컴퓨터가 매킨토시를 소개합니다. 그리고 당신은 왜 우리의 1984년이 오웰의 『1984년』과 다른지 알게 될 것입니다." 리들리 스콧 감독이 제작한 매킨토시 광고는 「티브이 가이드」와 「애드버타이징 에너지」가 뽑은 이 시대 최고의 광고로써 선정되는 기염을 토했다. http://en.m.wikipedia.org. Macintosh 참고.

등 기성의 권위에 도전한 저항 정신을 표출하고 있었습니다.

그리고 개인 컴퓨터를 꿈꾼 일군의 무리들 역시 그들만의 모임을 만들어 정보를 공유하기 시작합니다. 그들 역시 네트워킹에 도전한 선배들이 그랬듯이 처음 가는 길에 협력을 추구하기 시작했습니다.

홈부르 컴퓨터 클럽

캘리포니아 인근에 해커들의 활동이 활발했던 데에는 지정학적인 요인 또한 중요했습니다. 남서부는 2차 대전이 끝나고 냉전 시대로의 돌입과 케네디 대통령의 아폴로 계획과 맞물려 항공 우주 산업과 관련한 주요 기업과 연구 기관들이 몰려든 곳입니다. 이들은 대부분 국방과 관련한 비밀 관련 산업들이었지만 곧이어 반도체 산업이 기지개를 켜면서 그 지역은 첨단 산업 특히 반도체에 대한 정보가 넘쳐 났고, 어떤 지역보다도 그곳에서 나고 자란 캘리포니아 해커들은 칩에 대한 정보를 쉽게 들을 수 있었습니다.

그래서 캘리포니아 인근의 해커들은 일찍부터 컴퓨터 소유 운동뿐만 아니라 그들 스스로 직접 컴퓨터를 만드는 일에도 관심을 갖게 됩니다. 당시 거대 기업들이 인텔칩을 이용하여 컴퓨터를 만드는 것에 대해서는 관심조차 갖지 않았을 때 그들 사이에서는 이미 인텔의 8008 칩 하나면 있으면 컴퓨터를 만들 수 있으리라는 것은 공공연한 비밀이었습니다. 이곳에서 나고 자란 잡스와 워즈니악이 일찍 애플을 설립할 수 있었던 것은 이러한 지정학적인 배경이 자리 잡고 있기도 합니다.

그들 가운데 8008 칩을 가지고 개인 컴퓨터를 만들어 보곤 했던 프레드 무어$^{Fred\ Moore}$와 고든 프렌치$^{Gordon\ French}$는 1975년 캘리포니아 해커들의 전설적인 클럽인 홈부르 컴퓨터 클럽$^{Homebrew\ Computer\ Club}$을 만들게 되는데, 여기서 '홈부르'는 컴퓨터 소유 운동의 하나로 '직접 만든'이라는 뜻을 담고 있었습니다.

이들은 두 번째 모임에서 자신들의 모임을 홈부르 컴퓨터 클럽이라고 명명했고, 홈부르의 목적을 "협조"와 "공유"로 클럽의 목적을 "정보 교환"으로 명확히 규정합니다.[173] 이 클럽은 회원제도 아니었고 임원 선거도 없고 회비나 아무런 의무 사항도 없었습니다. 이곳에 모인 해커들은 칩을 이용해서 개인 컴퓨터를 만들려고 온갖 정보를 공유하고자 한 것입니다. 적어도 개인 컴퓨터를 처음 만들고자 시도한 이들 역시 공유와 협력을 우선적인 가치로 하고 있었습니다.

세상에는 생각보다 다양한 해커들이 있었고, 홈부르에 모습을 드러낸 그들은 잡스의 자서전을 쓴 아이작슨(2011)이 지적했듯이 "반문화 운동 분위기와 첨단 기술에 대한 애정이 뒤섞인 특성을 가지고 있었습니다." 홈부르 컴퓨터 클럽은 컴퓨터 소유 운동을 목표로 컴퓨터를 스스로 만들기를 즐기는 아마추어 컴퓨터 제작자들의 살롱 같은 곳이었습니다.

---

173 스티븐 레비(1991), 앞의 책, p. 282.

이들이 첫 모임을 했을 때 참석자 32명 가운데 조악한 상태였지만 6명은 이미 혼자서 컴퓨터를 만든 사람들이었고, 이들의 숫자는 갈수록 늘어나 100여 명에 이르기까지 했습니다. 회원들은 "컴퓨터를 가지고 노는 것에 재미를 느낀, 당시로서는 다소 괴짜들의 모임"[174]으로 그 당시 참석자 어느 누구도 알지 못했지만, 한 지붕 아래 모으기가 거의 불가능한, 가장 탁월한 공학자와 기술자들의 집합소였습니다.

그러나 이들은 개인 컴퓨터의 소유라는 보이지 않은 공통의 목표를 향해 노력했지만, 누구도 전문적으로 컴퓨터를 만들어 본 적이 없는 아마추어였습니다. 이들 역시 MIT 해커들이나 NWG 멤버들처럼 정답이 없는 길을 가야 했기에 해커들 사이에는 이미 오픈 소스가 당연한 것처럼 이들 역시 이 클럽에 모여 오픈 소스를 통해 컴퓨터 부품이나 다양한 정보와 아이디어를 교환했습니다.

이들은 "한 사람의 착상이 다른 사람에게 영향을 주어 커다란 프로젝트를 시작하게 만들거나, 혹은 누군가 알테어에 난수 발생기를 만들어 내는 멋진 프로그램을 발견하면 다른 사람도 할 수 있도록 프로그램을 알려 주고, 다음 모임에서 또 다른 누군가가 그 프로그램을 활용한 게임을 만들어 공개하는 식이었습니다."[175]

홈부르 회원들은 PC 혁명이 발생하기 전 이윤 때문이 아닌 누구나

---

174 지나 스미스. 2006, 『스티브 워즈니악』, 정석훈 역, 청림출판 참조.
175 Paul E. Ceruzzi. 1988, *A History of Commputing*, Cambridge, Mass, MIT Press 참조

가 컴퓨터를 가질 수 있는 순수한 꿈을 지녔고, 그들 모두는 자유를 위한 도구로써 컴퓨터가 인류를 위한 이기利器가 될 것이라고 여겼습니다.

그래서 그들은 저렴한 컴퓨터가 이전에는 할 수 없었던 일을 해낼 수 있도록 만들어 줄 것이라고 생각합니다. 당시에는 대기업만이 컴퓨터를 갖출 수 있었습니다. 이는 대기업만이 작은 기업들과 일반인들이 할 수 없는 일을 할 수 있다는 뜻이었습니다. 그런 점에서는 그들은 그런 상황을 바꾸고자 했고, 그들은 혁명가였습니다.[176] 해커들의 특성이 돈을 추구하지 않았듯이 이때 캘리포니아 해커들 역시 이윤을 추구하지 않았습니다. 워즈니악이 애플 I 을 고안한 것은 홈부르 회원들에게 무료로 나누어 주기 위한 것이었습니다.

이러한 홈부르의 분위기로 인해 "알테어 8800"이라는 개인용 컴퓨터가 홈부르에 전시되자 그들은 컴퓨터 혁명의 시작이라도 되는 양 열광했습니다. 그것은 조직판의 미등을 깜박거리게 할 수 있는 것이 전부로 참신하기는 해도 일반인들에게는 별로 유용한 도구는 아니었지만, 회원들에게는 매우 흥분된 사건이었습니다.

최초의 개인 컴퓨터: "알테어 8800"

1975년 『파플러 일렉트로닉스』 1월호 표지에는 컴퓨터 애호가들의 눈을 번쩍 뜨게 할 사진 한 장이 지면을 장식하고 있었습니다. 당시 자

---

176 스티븐 레비(1991), 앞의 책, p. 389.

급자족 정신을 반영하듯 "build-it-yourself kit"로 소개된 "알테어 8800"이라는 자그마한 키트가 사용자가 조립해서 쓰는 조건으로 397달러의 가격표를 붙인 채 소개되고 있었습니다. 물론 완전히 조립된 가격은 훨씬 초과되어 498달러였습니다.[177]

인텔이 소형 컴퓨터 칩을 개발했음에도 대형 컴퓨터 회사들이 눈길조차 주지 않는 사이 그 칩을 주목한 사람은 조립용 휴대용 계산기를 판매하던 MITS$^{Model\ Instrumentation\ Telemetry\ Systems}$의 애드 로버츠$^{Ed\ Roberts}$였습니다. 그는 『사이버네틱스』의 후예도 아니고 그렇다고 반문화주의자도 아니었습니다. 당시 그는 MITS의 주력 상품인 계산기 가격이 급락하는 바람에 1974년이 끝날 무렵 회사의 채무가 오히려 35만 달러를 넘어서게 되자 더 잃을 것도 없다는 심정으로 인텔 칩을 이용하여 "알테어 8800"을 선보이게 됩니다.

그것은 오늘날 컴퓨터와 세트인 모니터, 자판기 등의 모습은 찾아볼수 없는, 조그마한 키트로 이용자가 어떻게 사용하느냐에 따라 성능이 좌지우지된 미완성 키트에 불과했습니다. 한마디로 그의 키트는 인텔 8080 칩을 두뇌로 사용한, 아주 싼 가격인 초보적인 개인용 컴퓨터 키트(다음 사진 참조)였습니다.

---

177 http://en.m.wikipedia.org. Altair 8800 참조.

알테어 8800

출처: https://commons.wikimedia.org/wiki/File:Altair_8800,_Smithsonian_Museum_(white_background).jpg

그의 시도가 처음은 아니었지만, 인텔의 소형 칩을 이용하여 상업적인 용도로 개발된 것은 "알테어 8800"이 처음이었습니다. 당시 잡지에 실린 "알테어 8800"은 어떤 장치도 내장하고 있지 않았습니다. 중앙처리장치, 256 바이츠의 메모리, 비어 있는 슬롯이 전부로 기능이라고는 별로 없었습니다.

이 기계가 사용자에게 내용을 전달할 수 있는 유일한 방법은 전면의 패널 스위치를 작동시키면 그것의 처리 결과를 깜박이는 불빛으로 내보내는 것이 전부였습니다. 당연히 그 해독은 이용자 몫이었습니다. 실제적인 모든 용도에 비추어 본다면 이 기계는 장님이자 벙어리이며 귀머거리였습니다.

그럼에도 "알테어 8800"은 MITS의 잔고를 늘려 준 효자 상품이 됩니다. 당시 컴퓨터를 이용할 줄 아는 사람은 거의 학계이거나 취미 삼아 기계에 어느 정도 정통한 사람들의 전유물이었습니다. 당연히 주 고객은 해커들이거나 컴퓨터 취미가들이었습니다. 1975년 무렵 일반인들에게 "알테어 8800"을 준다면, 사용할 줄 몰라 구석진 방에 처박아 두었을 물건이었지만, 당시 해커들은 이 "알테어 8800"에 열광했습니다.

이 기계로 무엇을 할 수 있는지는 그들의 상상력에 달려 있었고, 상상력을 필요로 한다는 점에서 "알테어 8800"의 불안전함은 오히려 이들에게는 매력적인 요인이었습니다. 이들은 자신들의 취미를 살려 컴퓨터를 가지고 이 장치 저 장치 혹은 소프트웨어를 직접 작성하면서도 운영할 수 있었기 때문에 부품을 사다가 조립만 하면 자기만의 컴퓨터로 만들 수 있었습니다. 당시 해커들에게 "알테어 8800"은 안성맞춤의 기계였습니다.

해커들의 열광 덕분에 "알테어 8800"은 한 달 사이 몇천 대씩 팔려 나갈 정도로 대박을 터뜨렸고, 인텔의 8080 칩 역시 4004보다 20배나 빠르게 팔려 나갑니다. "알테어 8800"은 인텔이 만든 소형 칩의 상업성을 증명해 보인 첫 번째 컴퓨터였습니다.

그래서 당시 "알테어 8800"의 운영 체제인 알테어 베이직$^{Altair\ Basic}$ 작성을 계기로 하버드 대학교를 중퇴하고 사업가의 길로 들어선 게이츠는 알테어의 의미에 대해 "내 생각에 개인용 컴퓨터라는 이름을 얻을 수 있는 자격이 있는 최초의 물건은 알테어다"[178]라고 선언합니다. 이제 집적 회로는 종국적으로 컴퓨터 산업의 연구 개발 방향을 대형에서 소형으로 변화시키고 있었습니다. 물론 그 선두에 대기업은 찾아볼 수

---

178 빌 게이츠와의 인터뷰. 월터 아이작슨(2015), 앞의 책, p. 437.

없었습니다.

"알테어 8800"과 MITS는 최종적으로 1979년에 사라졌지만, 캘리포니아 인근에 기업가적 에너지를 충만케 했다는 점에서 알테어의 성공이 주는 의미는 컸습니다. 알테어 성공 이후 마이크로 칩을 이용하여 컴퓨터를 만들려는 붐이 여기저기서 일어났고, 개인 컴퓨터 창업은 IBM이나 DEC 같은 대형 컴퓨터 회사의 잰틀맨이 아닌 해커들과 성장한, 그러면서 세상을 다르게 볼 줄 아는 꾀죄죄한 창업가들이 이끌게 됩니다. 그들은 해커 문화와 충돌하거나 혜택을 보면서 성장의 기틀을 마련합니다. 그리고 협력의 완결이라고 할 수 있는 WWW의 등장으로 미국은 거대한 혁신 왕국을 건설하게 됩니다.

제4부
혁신 왕국의 탄생

모두가 어떤 것이든 누구와도 공유할 수 있게 하라.

마크 저커버그

"아직 존재하지 않는 기술을 고안하기 위해서는 상자 밖에서
생각할 줄 알아야 했지만 그것은 모든 사람에게 주어진 재능은 아니다."

1절
선구자들

빌게이츠의 공개서한

"알테어 8800"은 소형 컴퓨터의 상업성을 증명한 첫 번째 제품으로 이제껏 PC 혁명의 전면에 등장하지 않았던 기업가들―특히 잡스와 게이츠를 포함한―을 산업 전면으로 나설 차비를 하게 했다는 점에서 PC 혁명을 앞당기는 마중물이었습니다.

"알테어 8800"을 통해 먼저 사업가의 길로 나선 이는 게이츠였습니다. "알테어 8800"은 하드웨어로서 필요한 장치를 부착하거나 그것을 운영하거나 하는 것은 이용자 손으로 넘겨 버렸습니다. 그래서 이용자들은 운영 체제 역시 직접 작성해야 했는데, 그 작업은 "알테어 8800" 구입자 대부분의 해커들에게도 쉽지 않았습니다.

이에 MITS는 운영 체제를 별도로 팔겠다는 기사를 잡지에 실었고, 그 잡지를 본 알렌 덕분에 "알테어 8800"의 운영 체제를 게이츠와 알렌이 맡게 됩니다. 물론 그들은 자신들도 한때 해커였지만 이제 두 사람은 인세를 받는 조건으로 알테어 베이직을 MITS에 팔기로 하여 소

프트웨어 시장에 처음으로 도전장을 냅니다. 게이츠는 이미 고교생일 때 당시 대학생이던 알렌과 함께 트래프-오-데이터라는 회사를 차렸던 만큼 알테어 베이직 역시 이윤을 목적으로 한 판매용이었습니다.

기업가들은 이제껏 기꺼이 무료를 추구했던 해커들과는 달리 당연히 이윤을 추구해야 했고, 초창기 이 둘 사이에는 충돌이 있을 수밖에 없었습니다. 이 문제를 둘러싼 작은 소란이 홈부르에서 발생했는데, 그 소란의 주인공은 활기 넘친 19세의 빌 게이츠였습니다. 홈부르 클럽의 해커들은 무료로 정보를 서로 주고받는 것에 익숙해 있었고, 게이츠와 알렌이 작업한 프로그램 역시 거리낌 없이 대량 복사해 나누어 가집니다. 이러한 해커들의 행위에 이윤을 추구해야 하는 게이츠와 알렌은 불만을 품을 수밖에 없었고, 무료로 나누어 가진 홈부르 클럽 회원들의 행위가 그들에게는 오히려 도둑질로까지 비춰졌습니다.

이에 당시 '알테어 사용자 회지' 편집을 맡고 있었던 데이비드 번넬에 의해 항의문을 작성할 수 있는 기회를 갖게 된 게이츠는 1976년 「컴퓨터 애호가들에게 보내는 공개서한$^{\text{Open Letter to Hobbists}}$」[179]을 통해 자신의 밤샘 노동에 대해 정당한 보수를 받지 못한 것에 대한 불만을 직설적으로 토로합니다.

그는 서한에서 "대부분의 사용자들은 베이직을 전혀 구입하지 않았

---

179 게이츠의 홈부르에 보낸 서한에 대한 자세한 이야기는 Steven Levy. 2010, *hackers: heros of the computer revolution*, O'REIlly, pp. 232~233 참조.

다"면서 "어떤 전문가가 한 푼도 받지 않고 일을 할 것이며, 3년의 시간을 투자해서 프로그램을 하고, 오류를 찾아낼 것인가"라며 "애호가들, 당신들이 하는 것은 도적질이다"라고 비난합니다. 그는 "열 명의 좋은 프로그래머를 고용해서 애호가들의 시장이 좋은 소프트웨어의 홍수로 넘치게 하는 일처럼 즐거운 일이 없을 것 같다"며 자신의 베이직에 로열티를 낼 것을 강력히 요구하고 나섰습니다.

그의 편지가 게재되자 게이츠는 엄청나게 욕을 먹는 등 해커들은 격하게 반응했습니다. 더 좋은, 더 쉬운 컴퓨터 이용 방법을 고안하기 위해 협력해 온 컴퓨터 애호가들이나 운동가들에게 로열티라는 개념은 생소한 것이었습니다. 300개의 답장 가운데 돈을 지불하겠다는 의사를 밝힌 것은 다섯 개밖에 되지 않았고, 나머지는 대부분 욕설이었습니다.[180]

일반인들까지 컴퓨터를 사용하고 마음대로 조작할 수 있는 '열린' 공간이 되기 위해서는 한 가지 문제를 극복해야 했습니다. 그것은 게이츠가 '공개서한'에서 얘기한 대로 "어떤 전문가가 한 푼도 받지 않고 일을 할 것인가"라는 문제입니다. 혁명은 소수의 이용자에서 대중들에게까지 그 이용이 확대되어야 발생합니다.

이제껏 전문가들의 영역에 머물러 있는 컴퓨터를 일반인들이 사용하기 위해서는 모든 것이 패키지 되어야 하고, 그것은 보다 쉽고 간단하

---

180 월터 아이작슨(2011), 앞의 책, p. 485.

고 멋진, 대중적인 형태여야 합니다. 간단히 표현될 수 있는 이 과정은 현실적으로는 매우 힘난한 여정입니다. 개발자들은 여러 번 자금이 바닥나서 회사의 존폐가 힘들 지경도 겪어야 하고 때로는 동업자와 직원들이 떠나가는 일 등을 겪어야 하는데, 수년 혹은 더 이상의 세월이 필요한 이 과정을 누가 쉽사리 견딜 수 있겠는가? 이 일은 취미만으로는 어려운 기업가들의 몫입니다. 그것도 도전적이고 모험적인 이들의 몫입니다.

마이크로소프트의 창립은 운영 체제 해커들에게는 죽음이었습니다. 더 이상 프로그램의 내부 코드로부터 배울 수 있게 된 것이 없게 되었고, 자신들이 들어설 자리가 점점 없어지는 것을 의미했기 때문입니다.

중대형 컴퓨터 시장이나 반도체 분야에서는 기업가들의 혁신성이 그 발달을 견인하고 있었지만, 초창기 개인 컴퓨터나 그것의 운영 체제는 대기업이 눈길을 주지 않는 사이 해커들의 놀이터였습니다. 그러나 이제 그 운영 체제 시장에 게이츠가 도전장을 냈습니다.

게이츠는 복사본이 제작될 수 있는 해커 정신을 정면으로 거스름으로서 새로운 산업이 성장할 수 있는 기반을 마련합니다. 이는 앞으로 이어질 기업가들의 활약을 암시한 것이자 초창기 아르파넷 출범 때부터 해커들에 의해 열린 기술 문화가 유지되었던 곳 역시 자본가들에 의해서 서서히 닫힌 공간으로 탈바꿈되는 것을 의미했습니다.

머지않아 시장은 1970년대 애호가들이 꿈꾸던 평등하고 '열린' 공간이 아닌, 엄격한 지적 재산권이 지배함으로써 윈도우즈가 업그레이드 될 때마다 돈을 지불하고 그에 따라 마이크로소프트사의 수익이 늘어가는 구조로 바뀌게 됩니다.

한편 홈부르 회원들 가운데에는 해커들의 공유와 과시에 대해 별로 달가워하지 않은 또 다른 한 청년이 있었고, 그는 곧 이어질 컴퓨터 산업의 파란을 몰고 옵니다.

"우리는 미래를 창조하고 있습니다. 파도의 높은 물마루에서 서핑을 한다고 생각해 봐요. 얼마나 흥미진진하고 짜릿하겠습니까?
반면 파도가 다 지나간 물살 끝에서 개헤엄을 치는 걸 생각해 봐요.
아무런 재미도 흥분도 없지요. 우리 회사에 와서 세상을 바꿔 봅시다."

-스티브 잡스

애플 전경

출처: https://commons.wikimedia.org/wiki/File:Apple_Park_2022.jpg

전설의 애플

시대가 영웅을 만든다든가 혹은 재벌을 만든다든가 하는 말들을 많이 합니다. 산업 혁명이 진행되면서 철의 사용량이 급격하게 늘어나고 확산되면서 미국의 철강왕인 앤드류 카네기$^{Andrew\ Carnegie,\ 1835~1919}$가 탄생할 수 있었듯이 이제 새로운 산업에서의 거대한 부가 몰려올 채비를 서두르고 있었습니다. 그 가운데 제1세대 기술 혁명의 선구자들인 잡스와 게이츠의 시대가 열리기 시작하는데, 그 출발선에 먼저 도착한 사람은 애플의 잡스였습니다.

기술 혁명의 1세대들인 게이츠와 잡스는 해커 문화 위에서 성장했습니다. 잡스가 개발 전권을 잡은 1984년 이후부터 애플은 통제적인 시스템을 추구하여 해커 문화로부터 벗어났으나 애플 초창기에 출시된 애플Ⅰ, 애플Ⅱ는 해커 문화에 충실한 채로 세상에 나왔습니다.

당시 애플Ⅰ, 애플Ⅱ의 중심적인 설계를 맡는 워즈니악은 휴렛팩커드에서 계산기 업무를 담당하고 있던 중 잡스와 함께 홈부르 클럽에 나가곤 했던, 전형적인 해커[181]였습니다. 게이츠 옆에 앨런이 있다면 잡스 옆에는 워즈니악이 있었는데, 아이작슨(2011)의 표현대로라면 이들의 관계는 태양계에서 서로 끌어당기는 연성 작용을 하는 관계 정도로 표현할 수 있겠습니다.

워즈니악은 어릴 적부터 군사 업체인 록히드마틴사에 근무했던 아버

181　그는 히피가 되고 싶었으나 당시 히피들에게 인기 있었던 약^{LSD}을 복용하지 않아 히피 그룹에 동화될 수는 없었다. 지나 스미스(2008), 앞의 책, pp. 94~95.

지 덕분에 디지털 소자의 작동 방식을 익힌 뼛속 깊이 하드웨어 엔지니어였습니다. 그는 홈부르 클럽에 나가기 전에 이미 납땜을 도와주러 온 친구가 크림소다 음료를 너무 많이 마신 나머지 크림소다 컴퓨터라고 이름 붙인 컴퓨터를 제작할 정도로 유능한 엔지니어였습니다. 그 무렵 5살 아래의 잡스를 만납니다.

워즈니악은 훗날 잡스가 "그때까지 본 사람 중에서 나보다 더 전자공학에 대해 잘 아는 유일한 사람이었다"[182]고 말할 정도로 전자 지식이 풍부했습니다. 이들은 얼마 지나지 않아 블루박스 Blue box(장거리 국제 전화를 공짜로 할 수 있게 해 주던 일종의 불법 장치)를 만들어 잡스의 제안으로 함께 팔러 다니면서 동업자 관계를 형성했습니다. 그리고 리드대학교를 중퇴한 잡스가 인도로 명상을 떠난 이후 돌아와서 취직한 곳이 앞서 말한 아타리였습니다.

이들은 처음 참석한 홈부르 모임에서 대화의 중심이 된 인텔 8008 칩 이야기를 따라잡을 수가 없었지만, 이내 워즈니악은 그것이 자신이 설계한 크림소다 컴퓨터와 거의 같다는 것을 알아차립니다. 그는 그 칩을 보면서 컴퓨터와 키보드와 화면이 모두 통합될 개인용 컴퓨터라는 비전을 머릿속에 떠올리게 됩니다. 홈부르에서의 큰 수확이었습니다.

그는 홈브루 회원들의 도움을 받아 수개월 동안 매달린 끝에 애플 I 의 구상을 끝내고 비싼 전화 요금으로 직접 손으로 코드를 씁니다. 그

---

182 잡스와 워즈니악의 인연에 대해서는 아이작슨(2011), 앞의 책, p. 49~80.

리고 그가 하나씩 회로를 만드는 동안 잡스는 그의 왼편에 앉아 칩에 전선을 연결합니다. 이들은 홈부르에 여러 개의 칩과 회로소자가 적재된 하나의 회로 기판(아래 사진 참조)를 선보입니다.

워즈니악의 회로 기판

출처: https://commons.wikimedia.org/wiki/File:Apple1innards.jpg

워즈니악이 회로 기판을 완성할 무렵인 1970년대는 미국의 전자 게임이 활황세를 탔던 시기로 당시 잡스가 근무했던 아타리가 최초의 비디오 게임인 〈퐁〉을 개발하여 엄청난 인기를 끌던 시절이었습니다. 워즈니악과 잡스 역시 이 게임의 마니아들이었습니다. 그래서 워즈니악이 회로 기판을 만들 때에는 이미 컴퓨터란 학문적인 용도만이 아닌 게임할 수 있는 능력을 최대한 발휘해 주는 프로그램을 의미했습니다.

물론 컴퓨터 혁명의 도화선은 마이크로프로세서의 발명이 우선 진행되었기에 가능했지만, 컴퓨터를 다양하게 접해 본 이들이야말로 컴퓨터가 정보 공유나 교환이 아닌 엔터테인먼트로써의 가능성을 빨리 알아볼 수 있었습니다. 캘리포니아 해커들은 게임기로서의 그것의 수요를 재빨리 인식했습니다.

아르파넷에서 이메일이 고안되어 이용자들이 아르파넷을 학문적인 공유에서 커뮤니케이션 매체로 변형시켜 갔듯이 워즈니악의 작업 역시 학문적인 용도가 아닌 새로운 이용을 위해 개인 컴퓨터 이용을 꿈꾸게 했다는 점에서 혁명성이 내포되어 있었습니다. 그러나 그 역시 이윤을 추구하지 않았고, 커뮤니티 윤리를 기꺼이 포용했습니다. 홈부르 클럽은 아이디어의 무료 공유를 추구했기 때문에 빌 게이츠의 공격을 받기도 했지만, 그는 회로 기판 설계도 전체를 100여 장 복사해서 달라는 사람에게 나누어 주었습니다.

그러나 블루박스 때와 마찬가지로, 잡스의 생각은 달랐습니다. 워즈니악과 함께 홈부르에 참석하곤 했던 잡스는 그들은 직접 회로 기판을 만들 시간이 없으니 설계도 사본을 나눠 주는 일을 그만두고 그것을 판매하자고 워즈니악을 설득했고, 잡스의 권유로 힘들게 자금을 마련한 그들은 회로 기판에 모니터 등을 부착하여 1976년 7월에 666.66$의 가격표를 단, 애플Ⅰ을 선보이게 됩니다.[183]

애플Ⅰ 역시 "알테어 8800"과 거의 비슷한 키트에 가까운 모습이었

---

183 이 신형 컴퓨터에 대한 첫 기사는 지금은 사라지고 없지만, 컴퓨터 애호가들을 위한 잡지인 『인터페이스』 1976년 7월 호에 게재되었다. 아이작슨(2011), 위의 책, p. 123.

지만, 슬롯을 4개나 넣어서 자신이 원하는 것을 첨가할 수 있도록 해 커들을 배려했습니다. 그러나 애플Ⅰ의 뚜렷한 차별성 중 하나는 알테어 회로 기판보다는 성능과 용량이 훨씬 컸습니다. 잡스의 제안대로 납땜할 시간이 없는 홈부르 회원들에게는 안성맞춤인 기계였습니다.

그들은 애플Ⅰ의 경험을 통해 패키지가 필요하다는 것을 인식하고 우여곡절 끝에 2년 전에 인텔을 퇴직한 마큘라를 만나 애플Ⅱ의 출발을 알리게 됩니다. 당시 마큘라는 워즈니악을 HP로부터 나오게 한 뒤 당시로서는 거금인 백만 달러를 투자합니다. 마큘라의 선견지명은 오늘날 '잡스 액트Jobs Act'[184]를 출범시킨 모델이 되었습니다.

애플Ⅱ 역시 애플Ⅰ처럼 해커들을 위한 공간을 배려하였고, 홈부르 클럽 정신에 충실한 채로 세상 속으로 나오게 됩니다. 1977년 초반에는 MITS사도 사라지지 않았고, 홈부르 및 그와 유사한 모임들에서 비롯한 취미가hobbist[185] 컴퓨터 회사가 여럿 생겨나 있었습니다. 그 가운데에 애플Ⅱ는 단연 단순하면서도 하드웨어에서 소프트웨어까지 완벽하게 통합된 최초의 개인용 컴퓨터였습니다.

게다가 애플Ⅱ는 응용 프로그램인 비지칼크VisiCalc 스프레드시트 소프

---

184 미국은 버락 오바마Barack Obama, 2009-2017 대통령 시절 제2의 스티브 잡스를 키워 내기 위한 이른바 '잡스액트Jobs Act'를 상원에 이어 하원에서 통과시켰다. '잡스액트'는 1인 혹은 소수의 창업자가 다수의 투자자에게 크라우드 펀딩을 받을 수 있도록 한 제도이다.
185 취미趣味는 인간이 금전적 목적이 아닌 기쁨을 얻는 활동이라고 정의할 수 있다. 취미에 아주 열심인 사람을 호비스트hobbyist라고 부른다.

트웨어[186]를 탑재했는데, 그것은 게임기를 넘어서는 효과를 가져오게 됩니다. 비지칼크는 댄 브릭클린(Dan Bricklin) 등이 최초로 개발한 것으로 이들은 1960년 후반 아르파 후원의 멀틱스[Multics187] 개발에 참여했던 프로그래머들이었습니다. 멀틱스는 지난 시기 '릭'이 아르파에 근무할 적에 전기 콘센트에 코드를 꼽기만 하면 냉장고나 전자레인지 등 이용자가 원하는 전자 제품을 사용할 수 있게 하듯이 어떠한 프로그램을 넣어도 실행할 수 있는 전천후 프로그램 개발을 목표로 한 대형 프로젝트였는데, 너무 어려워 도중에 중단되었습니다.

그러나 당시 멀틱스는 수많은 프로그래머들을 양성하게 되었고, 이들은 이어지는 인터넷 발달에 공헌했는데, 대표적으로 유닉스를 고안한 켄 톰슨과 데니스 리치가 있습니다. 당시 이들은 벨 연구소에서 멀틱스에 파견된 프로그래머들이었습니다. 게이츠 역시 이 프로젝트 때문에 일찍 컴퓨터를 접할 수 있었습니다. 당시 게이츠가 다니던 학교의 자모회에서는 그곳에서 나온 수익금으로 멀틱스 프로젝트에 참여한 하니웰 컴퓨터에 단말기를 설치하여 학생들이 컴퓨터를 이용할 수 있도록 했습니다. 이때부터 컴퓨터 이용에 푹 빠지게 된 게이츠는 컴퓨터 앞을 거의 떠난 적이 없었습니다. 덕분에 자신의 꿈 역시 빨리 갖게 됩니다. 게이츠는 후일 이 시기 시애틀에서 컴퓨터를 접할 수 있는 것만

---

186 일상 업무에 많이 발생되는 여러 가지 도표 형태의 양식으로 계산하는 사무 업무를 자동으로 할 수 있는 표 계산 프로그램이다. 경리, 회계 업무에 사용하던 계산 용지를 컴퓨터로 옮긴 것으로 최근에는 데이터베이스, 그래프 기능까지 추가되었다.
187 아르파가 후원한 초기 타임 세어링 컴퓨터 프로젝트로 1969년 첫 버전이 출시된 이래 2000년 10월 30일에 마지막으로 멀틱스를 쓰던 컴퓨터가 종료되었다. MIT와 GE, 벨 연구소가 참여했으며, GE-645 메인프레임과 하니웰 6180 계열에서 수행되었다. http://en.m.wikipedia.org. Multics 참조

으로도 기적에 가까운 일로 항상 감사하게 생각하고 있다고 말할 정도로 그에게는 행운적인 시기였습니다.[188] 비록 실패하더라도 투자가 중요한 이유입니다. 그래서 거대하고 모험적인 투자는 대부분 국가의 몫이 됩니다.

비지칼크는 개인용 컴퓨터를 사무용으로서의 가치를 드러내어 애플Ⅱ의 판매량을 10배나 증가시킨 킬러 앱스였습니다. 그것은 이제 학계가 아닌 사무실 이용자들에게 판타스틱한 세계로 안내한 것입니다. 애플은 1977년 6월에 1,298달러로 판매를 시작했고, 3년 만에 10만 대가 팔리게 됩니다.

실제 애플Ⅰ과 애플Ⅱ는 워즈니악의 해커리즘에 기대어 출시되기는 했지만, 이것들을 전원 장치와 근사한 케이스까지 갖춘, 사용자 친화적인 패키지로 변신시킨 인물은 잡스였습니다. 잡스는 게이츠처럼 소프트웨어 천재도 아니고 워즈니악처럼 하드웨어 천재도 아니었지만 부분부분을 융합하는 데 뛰어난 자질이 있었습니다. 아마도 워즈니악이 잡스를 만나지 않았더라면 일반 대중들의 컴퓨터와의 조우도 그만큼 더 늦어졌을지도 모를 일입니다.

그리고 이미 알려졌다시피 애플Ⅰ과 애플Ⅱ에 이어 잡스가 개발의 전권을 잡은 제품들은 거의 실패합니다. 잡스의 진두지휘하에 출시된, 애플Ⅲ, 리사^{Lisa}, 매킨토시^{Macintosh}는 사용자들이 제품 뚜껑을 열어 내부

---

[188] 빌 게이츠, 1996, 『빌게이츠의 미래로 가는 길』, 이규행 역, 삼성.

구조를 조작하지 못하도록 하는 폐쇄적이고 통제된 시스템을 추구했습니다. 실제는 누군가가 자신을 배신자라고 불러도 자신 있게 반박하지 못할 정도로 잡스는 마음속 깊은 곳에서는 컴퓨터광 정신과 멀어져 가고 있었습니다.

그래서 잡스가 개발한, 스스로 무언가를 더하거나 첨가할 수 있는 자유로운 이용을 원천적으로 봉쇄해 버린 제품들을 이용할 사람은 많지 않았습니다. 아직까지는 일부 소수의 기업 고객층을 제외하면 여전히 컴퓨터 이용의 주 고객층은 해커들이었습니다. 일반 대중이 선택하기에는 시기상조였습니다. 결국 애플Ⅲ는 판매 부진이라는 늪을 피해가지 못한 채 최종적으로 1984년 단종되는 사태를 맞이합니다.

그럼에도 잡스는 이 기간에 애플의 신념이 되다시피 한 사용자 경험을 처음부터 끝까지 책임지는 원칙을 수립합니다. 그는 기술과 소프트웨어의 호환성에 대해서는 거들떠보지도 않았고, 죽을 때까지도 자신의 제품에 대해 결코 타협하지 않았습니다.[189]

결국 그는 11%의 자신의 소유 주식 가운데 단 1주 만의 주식을 남긴 채 애플의 일선에서 물러납니다. 애플은 애플Ⅱ를 업그레이드 시키면서 16년간 다양한 모델을 출시하여 600만대 가까이 판매되는 실적을 올려 미국 역사에서 가장 빠르게 성장한 기업 가운데 하나가 되었

---

189 애플은 오늘날까지도 운영 체제에 있어서는 비밀주의를 고수하고 있지만, 애플 역시 자사가 만든 표준에 다른 사람들이 발전시키는 것을 수용하여 웹킷[Webkit] 브라우저 엔진을 오픈 소스로 발표하기도 했다. 제프 자비스(2013), 앞의 책, p. 297.

습니다. 이렇게 해서 애플은 마이크로소프트보다 한 발 앞서 승리의 월계관을 쓰게 되었고, 이어서 마이크로소프트의 도약 역시 시작됩니다. 거대한 공룡인 IBM에 의해서….

> 세상을 바꿀 수 있다고 생각할 만큼 미친 사람들이
> 결국 세상을 바꾸는 사람들이다.
> -애플의 1997년 광고

동굴 속의 코끼리

1960, 1970년대 메인프레임 강자였던, 특히 360시리즈로 거대 시장을 장악하고 있던 IBM이 이제 막 떠오른 개인 컴퓨터 시장을 눈여겨볼 일이 없었습니다. 그럼에도 IBM은 오늘날 우리가 개인 컴퓨터를 지칭할 때 사용하는 PC라는 단어를 우리에게 선물해 주었습니다. 그러나 그것은 개인 컴퓨터 시장에서의 대중적인 기반을 상실한 후 남긴, 유산이었습니다.

1970년대에 들어서자 컴퓨터 업계의 거인인 IBM의 입지가 크게 줄어듭니다. 냉장고 크기 정도의 미니 컴퓨터 시장에서는 DEC와 왕 연구소에 밀렸고, IBM 사장이 책상 위의 장난감이라고 평하면서 거들떠 보지도 않았던 개인용 컴퓨터 시장에서도 애플을 따라잡기에 역부족으로 보였습니다.

그러나 예상치 못한 변화에 어떻게 대응하느냐에 따라서 국가, 기업 혹은 개인의 삶 역시 달라집니다. IBM은 그 변화에 살아남기 위해 소형 컴퓨터 시장에 눈을 돌리면서 에이콘^{Acorn}이라는 코드명으로 최단기 가정용 컴퓨터 개발 프로젝트를 진행합니다. 이에 당시 한 전문가는 "IBM이 개인용 컴퓨터를 만드는 것은 코끼리에게 탭댄스를 가르치는 것과도 같을 것이다"라고 혹평했는데, 애석하게도 그 예상은 틀리지 않았습니다.

무엇보다도 IBM은 개인 컴퓨터 시장에서는 애플보다는 후발 주자였는데, 경쟁력을 확보하기 위해 자신의 고유한 개발 방식을 버리는 패착敗着을 단행하게 됩니다. IBM은 인텔의 8086의 저렴 버전인 8088 CPU를 탑재하고 마이크로소프트사에게 운영 체계인 "Disk Operationg System"(후에 DOS라고 명명됨)[190]을 의뢰하여 조립품적인 성격이자 해커 지향적인 개인 컴퓨터를 출시하여 후발 주자들이 쉽게 따라올 수 있는 여지를 주게 됩니다. 물론 처음에는 IBM의 승리처럼 보였습니다.

개인 컴퓨터 시장은 해커 지향적인 PC를 출시한 IBM에게 넘어갑니다. "퍼스널 컴퓨터, 승자는… IBM"이라는 헤드라인이 『비지니스 위크』를 장식하고, 1982년 『타임』이 선정한 올해의 인물은 컴퓨터였습니다. 이어 잡스 자신이 표지 모델이 될 것이라 기대했던, 1983년 1월 『타임』의 커버스토리를 장식한 것도 컴퓨터였습니다.

---

190 당시 IBM의 PC와 마이크로소프트의 DOS를 개발에 관련된 에피소드는 월터 아이작슨(2015), 앞의 책 참조.

그러나 그 컴퓨터는 애플이나 IBM이 만든 것이 아닌, IBM 복제판이었습니다. IBM PC는 IBM의 고유 기술로 만들어진 것이 아니라 조립품적인 성격으로 만들어졌기 때문에 곧 복제에 취약했습니다. 그래서 IBM PC가 출시된 지 얼마 지나지 않아 특히 아시아에서 IBM의 PC가 대규모로 복제되는 바람에 당시 기술 면에서는 애플이 우위였음에도 IBM이 출시한 PC의 판매는 성공적이었고, IBM이 사실상 컴퓨터의 표준으로 정착되는 결과를 가져옵니다.

IBM 복제판이 전 세계적으로 확산되면서 IBM PC는 개인용 컴퓨터 Personal Computer(PC)라는 일반 이름을 선사하여 개인 컴퓨터 하면 PC가 됩니다. 거대 공룡이 조그만 동굴로 들어가면서 제 살을 깎아야 하는 뼈 아픈 실책을 하게 되고, 이때 마이크로소프트의 도약이 시작됩니다.

IBM은 IBM PC로 컴퓨터의 대중화에 성공했지만, 정작 실속은 마이크로소프트가 챙깁니다. 마이크로소프트는 MS-DOS를 지난 MITS와의 계약처럼 수정된 버전이라도 IBM 컴퓨터에만 독점적으로 쓰게 하지 않고 다른 회사가 만든 컴퓨터에도 쓸 수 있게 계약을 하여 다른 컴퓨터에의 판권을 확보했습니다. 이런 전략은 마이크로소프트의 운영체제가 마이크로소프트에서 제어할 수 있는 업계 표준으로 자리 잡도록 하는데 결정적인 역할을 합니다.

IBM PC가 1981년 8월에 1,565달러의 정가를 달고 공개되었을 때, 잡스와 애플의 개발팀은 IBM PC를 보며 대체로 "거지같다"는 의견들이었지만, 애플은 거지같은 IBM PC에 밀리고, 최종적으로 웃은 사람은 게이츠였습니다.

1982년 애플Ⅱ의 판매량은 27만 9000대였고 IBM PC와 IBM 클론의 판매량은 24만대였습니다. 하지만 1983년에 이 수치는 크게 달라지고 있었습니다. 애플Ⅱ는 42만대, IBM PC와 클론은 130만대였습니다. 그리고 애플Ⅲ와 리사는 참담하게 실패한 상태였습니다. 잡스가 애플의 일선에서 물러난 계기가 되었습니다.

IBM이 새로운 PC를 개발하면서 운영 체제 개선을 시도하고 확장성을 증가시킬 때마다 마이크로소프트도 새로운 소프트웨어를 내놓으며 MS-DOS는 운영 체계의 표준으로 자리 잡으며 시장 지배력을 높이게 됩니다. 게이츠가 웃으며 회고한 것도 우리의 광고 문구도 '우리는 표준을 정합니다'였습니다.

게이츠는 마이크로소프트 운영 체제와 소프트웨어 라이선스를 다양한 제조사들에게 제공했고, 잡스는 모든 것을 통제하길 원했습니다. 마이크로소프트의 운영 체계가 최고는 아니었지만, 대중에게 필요한 것은 최고보다는 편리성이었습니다. 게이츠는 일찍 호환성이 가져오는 상업성을 간파했습니다. 마이크로소프트는 하드웨어 제조사들에 자사의 운영 체제 사용권을 기꺼이 부여함으로써 승리를 하게 됩니다.

결국 해커 문화 위에서 성장한 마이크로소프트와 애플의 성공 이후 산업계는 구축된 플랫폼을 무료로 제공하느냐 혹은 자기만의 운영 체계로 살아남길 바라느냐 하는 두 갈래 길이 생겨납니다. 오늘날 스마트폰 시장에서 막강한 힘을 가진 애플은 출발은 해커 문화에서 했으나, 지금은 하드웨어 및 OS까지를 통제하는 통합형을 지향하고, 애플에 비해 스마트폰 시장에 늦게 뛰어든 구글은 소프트웨어 제공을 바탕으로 호환성을 추구하고 있습니다.

이렇듯 애플과 마이크로소프트는 새롭게 열리기 시작한 역사 무대에 성공적으로 등단했습니다. 그러나 이들의 성공은 해커 문화가 혼재해 있는 곳에서 돈이 된다는 사실을 빨리 간파한 기업가적인 역량과 혜안이 원천이었지만, 이들 역시 해커 문화 속에서 성장한 만큼 해커 문화로부터 빚진 것도 사실입니다. 그들이 사업 일선에 들어섰을 때 해커 문화에 의해 탄생한 기술들을 거의 무료로 사용할 수 있었기 때문입니다. 그 대표적인 사례로 그래픽 사용자 인터페이스$^{\text{Graphical User Interface(GUI)}}$를 들 수 있습니다.

GUI는 잡스가 매킨토시에 응용하고 마이크로소프트의 상업적인 대성공의 시발점이 된 기술로 이들이 해커 문화가 공존하고 있던 팔로알토 연구소$^{\text{Palo Alto Research Center(PARC, '파크')}}$로부터 거의 무료로 얻게 된 기술입니다. 물론 이들은 이 기술의 사용으로 인해 평생 앙숙으로 지내야 했던 후유증은 남았습니다.

부유한 이웃

1970년대 때, 미래를 짚어 보라면 누구나 팔로알토 연구소를 거론할 정도로 '파크'는 1970년대 컴퓨터에 관한 한 '혁신'과 '창조'의 산실로 손꼽힌 곳입니다. 이곳은 제록스사가 한 가지 생산으로 세계적인 명성을 쌓은 데 대한 우려심으로 새로운 방향으로의 영역, 즉 커뮤니케이션 비즈니스 영역으로 사업을 확장하고 싶은 바람으로 세운 민간 연구소[191]였습니다. 당시 제록스사는 아스피린, 크리넥스처럼 프린팅 업체로는 고유 명사가 된 곳입니다.

1979년 하순 어느 날, 한창 잘나가던 24세의 젊은 기업가인 스티브 잡스는 '파크'를 방문하기 위해 친히 실리콘밸리의 Coyote Hill Road 언덕까지 차를 몰고 올라갑니다. '파크'에 어마어마한 신기술이 있다는 말을 들은 이후의 두 번째 행보입니다. 그가 두 번째 '파크'를 방문했을 때, 그곳에서는 '파크'가 개발한 GUI가 개인 컴퓨터인 알토[192]에서 구동 중이었습니다.

당시 애플II를 비롯한 대부분의 컴퓨터는 화면의 검정색 바탕에 끔찍한 초록색으로 숫자나 문자를 표시할 뿐이었습니다. 하지만 사용자가 GUI에 사용된 비트맵 기술을 사용하면 컴퓨터 화면에 딱딱한 문자나 숫자들 대신 아름다운 디스플레이와 그래픽 등으로 그림 위주의 부드러운 이미지를 구현할 수 있게 됩니다. 매우 혁신적인 기술이었습니다.

이때 잡스는 '파크'의 여러 혁신 기술을 구경했지만, 그를 단번에 사로잡은 것은 GUI였습니다. 잡스는 '파크' 연구실을 뛰어다니며 "당신

191　1970년에 설립한 이 회사는 뉴욕 로체스터에 있는 제록스의 기존 연구소가 회사의 복사기 사업을 개선하고 확장하는 데 중점을 두었던 것과는 달리 고급 물리학, 재료 과학 및 컴퓨터 과학 응용 분야에서 새로운 기술을 개척하는 것을 목표로 했다. 2002년 본사에서 분사된 이곳은 개인용 PC인 알토[Alto] 컴퓨터, GUI, 이더넷[Ethernet] 등의 핵심 기술을 탄생시켰다. 이외에도 레이저 프린터, 이더넷 컴퓨터 랜, 객체 지향 프로그래밍 등 팔로알토 연구소가 지난 40년간 개발한 기술은 모두 열거하기가 힘들 정도이다. http://en.m.wikipedia.org. PARC 참조.
192　'파크'에서 개발한 개인용 컴퓨터로 상업화에는 성공하지 못했다.

들은 금광 위에 앉아 있다!"고 소리치며 "제록스가 왜 이걸 이용해 먹지 않는지 도무지 모르겠네"하며 크게 외칩니다.[193] GUI 기술에 반한 잡스는 당시 비밀 프로젝트였던 매킨토시용 소프트웨어에 알토에서 구동 중인 GUI를 구현하고자 합니다. 잡스는 때때로 모방을 자랑스럽게 인정했지만. 애플이 '파크'의 기술을 가져다 쓴 것은 IT 업계 역사상 가장 의미심장한 도둑질로 간주되곤 합니다.[194]

그러나 그 의미심장한 사건은 그로 끝나지 않았습니다. 잡스는 IBM PC가 출시되던 날 게이츠를 만나 GUI가 구현된 매킨토시 운영 체계를 마이크로소프트에 의뢰했고, 그는 혹시 게이츠가 GUI를 가져다 쓰지 않을까 하는 우려감으로 매킨토시가 1983년 1월에 출시되면 이후 1년 동안 비슷한 소프트웨어를 만들지 않겠다는 동의를 받아 냈고, 애플은 1984년 1월 성공적으로 매킨토시를 출시했습니다.

그러나 그것은 이미 예정된 날로부터 1년을 넘긴 후였습니다. 매킨토시의 운영 체계를 의뢰받은 마이크로소프트는 1년간 다른 곳에 팔지 않기로 하고 애플과 계약을 맺었지만, 애플과의 합의 내용에는 출시 지연과 관련된 조항이 없었기 때문에 마이크로소프트는 생각보다 빨리 라이선스 계약에서 풀리게 된 셈입니다.

그래서 마이크로소프트가 GUI 기술을 차용할 것이라는 잡스의 우려는 현실이 됩니다. 1983년 말, 예정보다 빨리 윈도우 개발에 착수

---

193 아이작슨(2011), 앞의 책, p. 165.
194 이 부분에 대해서는 '파크'가 실수한 것 아니냐는 의견도 있다. 위의 책, p. 166 참조. 이 책 역시 '파크'의 실수에 더 무게를 두고 있다.

한 게이츠는 잡스가 노발대발하든 말든 간에 새 운영 체제인 윈도우Windows에 GUI를 채택하여 IBM PC와 호환 기종에서 사용하고자 했습니다. 구속 협약은 1983년 말에 만료될 것이었고, 마이크로소프트는 그보다 훨씬 후에 윈도우를 내놓을 계획이었으니 계약 위반은 없었습니다.

윈도우는 1985년 11월이 되어서야 출시됐습니다. 그럼에도 잡스는 노발대발합니다. "그는 다른 사람의 아이디어를 베끼면서도 부끄러운 줄 모른다", "당신을 믿었는데, 우리 걸 훔치고야 말았어!"[195] 엄청 화가 난 잡스 앞에서 게이츠는 "실은 우리 둘 다 제록스의 그래픽 사용자 환경을 훔쳐다 쓴 거 아니냐?"고 반박하면서 "글쎄요, 스티브, 이 문제는 다른 시각으로 볼 수도 있다고 생각해요. 우리 둘에겐 제록스라는 부유한 이웃이 있었는데, 내가 텔레비전을 훔치려고 그 집에 침입했다가 당신이 이미 훔쳐 갔다는 사실을 발견한 것으로 볼 수도 있다는 얘기에요."[196]라며 그는 훗날 업계의 고전이 되어 버린 재치 있는 한마디를 던지면서 게임은 끝납니다. 최종적으로 법정에서 게이츠의 손을 들어 주었습니다.[197] 잡스는 세상을 떠날 때까지 분노와 원망을 풀지 않았습니다.

195　스티브 잡스와의 인터뷰. 월터 아이작슨(2015), 앞의 책, p. 519.
196　월터 아이작슨(2011), 앞의 책, p. 294.
197　10년 넘게 법정 분쟁이 이어졌음에도 불구하고 법원은 코드를 표절한 경우가 아닌 한 저작권법으로 소프트웨어가 보호될 여지는 거의 없다고 밝힘으로써 애플에 동의하지 않았다. LeRoy L. Kondo(2002). "Untangling the Tangled Web: Federal Court Reform Through Specialization for Internet Law and Other High Technology Cases," *UCLA Journal of Law and Technology*. 그러나 기업 시장에서의 PC의 영향력이 확대되고 소프트웨어 개발이 하나의 산업으로 부상하자 미국 대법원은 1981년 다이아몬드-디어 Diamond vs Diehr 분쟁에서 기존 입장을 바꿔 특허 출원이 가능해졌다.
　　www.bitlaw.com/software-patent/history.html.

마이크로소프트의 윈도우는 조잡하기 이를 데 없었음에도 야금야금 시장 지배력을 장악해 갔는데, 디자인이 아닌 사업 모델의 승리였습니다. 게이츠는 잡스에 대적할 정도의 성공적인 기반을 닦기 시작했습니다. 모두가 알다시피 매킨토시는 사라지지는 않으나, PC를 대중화한 공은 마이크로소프트 윈도우와 오피스가 차지합니다. 1990년 마이크로소프트 윈도우의 시장 점유율은 80%에 도달했고, 계속해서 상승세를 보여 2000년에는 95%를 달성했습니다.[198]

그러나 한편 GUI의 개발 당사자인 '파크'는 GUI의 상업화로 거의 이익을 얻지 못했습니다. GUI를 차용한 잡스는 아이작슨과의 인터뷰에서 "아무것도 모르는 바보였어요. 최고의 기술을 손에 쥐고도 성공을 놓쳤지요. 제록스가 컴퓨터 업계 전체를 장악할 수도 있었는데 말입니다"라며 제록스 경영진을 비난합니다.[199] 그럼에도 그들은 할 말이 없었습니다. 실제 '파크'는 모두 열거하기 힘들 정도로 정보 산업에 관련된 수많은 기술을 탄생시켰지만, 그것들의 대부분은 상업화에 실패했기 때문입니다.

'파크'의 상업화 실패에 대해서는 본사와 '파크'가 멀리 떨어져 있었기에 의사 전달 시스템에의 한계[200]가 있었다든가 혹은 고위층의 컴퓨

---

198 곧이어 1992년 '윈도우^{Windows} 3.0'을 개선한 '윈도우 3.1'이 등장했고, 이 두 버전은 출시 2년 만에 1,000만개에 달하는 엄청난 판매량을 올림으로써 게이츠는 세계 제일의 부자 자리를 예약할 수 있었다.
199 제록스사와 잡스와의 인연은 아이작슨(2011), 앞의 책 참조.
200 '파크'는 코네티컷 주에 있는 제록스 본사에서 4,800km나 떨어진 곳에 위치해 있었다.

터의 미래에 대한 이해 부족 등이 제기되었습니다. 그러나 보다 본질적으로 사업적인 성공을 위해서는 공학적인 재능 외에도 그것을 팔 수 있는 사업가적인 역량이 동반되어야 하지만, 당시 '파크'의 컴퓨터 기술진의 조직 문화는 상업화에 최적화되었다기보다는 지난 시기 해커 문화에서나 볼듯한 기술적인 공리심이 강한 조직 문화를 가지고 있었습니다.[201]

> "공학적 재능은 혁신의 불꽃 일으킬 수 있지만, 온 세상을 활활 타오르게 하기 위해서는 반드시 사업적 기량이 결합되어야 한다."
>
> -월터 아이작슨

마지막 낙원

'파크'는 겉모양은 민간 연구소였지만, 내적으로는 풍부한 연구 자금과 자율성, 그리고 우수한 연구진들로 이루어져 연구 천국으로서 명성이 높은 곳이었습니다. 당시 '파크'에서 컴퓨터 과학 부문을 책임지고 있었던 사람은 아르파에서 맨 처음 사이트 16군데를 모두 연결하겠다는 광대한 포부를 품었던 로버트 테일러였습니다. 그는 IPTO에서 3년 동안 근무하면서 누구보다도 아르파의 자율적인 스타일에 노출된 사람이었습니다. 그리고 그는 풍부한 자금을 바탕으로 공유의 네트워크

---

201 이에 대한 견해는 John Naughton(1999)과 M. Mitchell Waldrop(2001)이 있으며, 이 책 역시 그들의 견해가 반영되어 있다.

를 출범시킨 장본인이기도 했습니다. 그는 상업적인 DNA보다는 새로운 기술 개발을 위해 연구원들의 창조성을 북돋는 데 더욱더 잘 훈련된 사람이었습니다.

테일러 이외에도 초기 아르파넷 예산 백만 달러를 지원한 헤르츠필드, NWG의 멤버였던 밥 메칼프, 앨런 케이 등이 '파크'에 근무하고 있었습니다. 그리고 테일러는 BBN에서 IMP팀에 있었던 오른스테인과 크라우더까지 데려왔습니다. 오른스테인은 펜타곤에 저항핀을 달고 참석한 인물로 BBN의 컴퓨터 분과 역시 자유로운 분위기로 명성이 높은 곳이었습니다.

'파크'의 컴퓨터 분과는 게이츠나 잡스와는 다른 자질, 즉, 이윤이 우선시된 기업가적 정신과는 달리 개발 실력이 월등한 사람들이 포진해 있었습니다. 1970년대 컴퓨터 인력의 상당수는 IPTO 출신들로 충원되어 졌는데, '파크'의 컴퓨터 분과도 예외는 아니었습니다. 게다가 기술적인 공리심이 강한 테일러는 전국 최고의 컴퓨터 과학자와 엔지니어 100명 가운데 76명을 고용하여 아르파에서 했던 대로 그들에게 그들이 하고 싶은 대로 하라고 주문했습니다.[202] 사업적인 기량이 뛰어난 사람을 고용했다는 기록은 찾아볼 수 없습니다. 그는 개발에 특화된 이들을 고용했고, 그들은 눈부신 창조성을 발휘하여 GUI, 레이저 프린트, 이더넷 등 여러 혁신적인 신기술들을 개발합니다.

'파크'는 잡스를 매료시킨 GUI 외에도 무선 네트워크인 이더넷을 개

---

202 John Naughton(1999), 앞의 책, p. 267.

발 운영 중에 있었습니다. 이더넷은 짧은 거리에 선이 없이 패킷을 전송할 수 있는 아주 빠르고 효과적인 전송 방법입니다. NWG의 적극적인 멤버였던 메칼프는 하버드 대학교에서 박사 논문이 퇴짜를 받자 테일러의 권유로 '파크'에 머물면서 우연히 아브람슨 교수가 쓴 알로하넷 ALOHnet203 프로포절을 읽어 보게 된 것이 계기가 되어, 그것의 이론적인 가정을 수정 보완하여 하버드 대학교에 박사 학위 논문으로 제출하여 통과합니다. 그 이후 '파크'에서 하와이 대학교 출신의 데이비드 복스204와 함께 이 원리를 이용하여 이더넷을 개발하였고, '파크'는 그 이용을 장려하고 있었습니다.

그래서 잡스가 '파크'를 방문할 당시 이더넷 역시 작동 중이었지만, 잡스는 GUI에 매료되었을 뿐 이더넷에는 별다른 흥미를 보이지 않았습니다. 아마도 잡스가 '파크'를 방문할 당시에는 개인 컴퓨터가 등장하여 개인과 컴퓨터의 상호 작용에 다가섰지만, 컴퓨터 이용자 상호 간의 연결은 WWW가 고안된 이후에나 가능했으니 당시에는 그것이 눈에 보이지 않았을지도 모릅니다. 게이츠 역시 네트워킹은 늦게 진입했습니다. 마이크로소프트의 웹 브라우저205인 인터넷 익스플로러 개발

---

203 알로하넷은 하와이 대학교의 노옴 아브람슨 교수와 몇몇 동료들이 수많은 섬으로 이루어진 하와이의 특성에 맞게 선이 없는 음파인 라디오 신호를 쏘는 방식으로 설계한 선구적인 컴퓨터 네트워킹 시스템이다. 테일러가 아르파를 떠나기 전인 1969년 자금을 지원했다. http://en.m.wikipedia.org. ALOHAnet 참조.
204 1976년에 메칼프와 그의 조수인 데이비드 복스가 *Ethernet: Distributed Packet-Switching For Local Computer Networks*를 출간했다.
205 인터넷에서 웹 서버의 모든 정보를 볼 수 있게 해 줄 뿐 아니라 하이퍼텍스트 문서 검색을 도와주는 응용 프로그램이다.

은 마크 앤드리슨의 모자이크 개발 이후인 1995년도 이루어집니다. 오랜 기간 게이츠와 잡스는 네트워킹에 대해서는 거의 관심을 두지 않았습니다. 잡스는 개인 컴퓨터의 출시로 게이츠는 개인 컴퓨터의 운영 체제 개발로 부를 이루면서 컴퓨터 산업의 최일선에 있었습니다. 그들은 대학가를 중심으로 발달해 온 네트워크의 비전에는 거의 노출된 기회가 없었던 만큼 그것에 대해 관심을 갖는 것 역시 한계가 있었을 것으로 보입니다. 네트워크는 다음 세대의 몫이었습니다. 인터넷의 데이터가 자산인 구글의 창업자들이 아르파넷의 두 번째 사이트가 있었던 스텐포드 대학에서 공부한 것도 인터넷 개발의 산증인인 빈트 서프가 UCLA를 거쳐 구글의 부사장을 지내게 된 것 역시 우연이 아닙니다.

'파크'에 근무 중인 테일러를 포함한 메칼프 등은 군부 후원 아래 지난 네트워크 발전 때부터 실패의 후유증이 없는 안전지대에서 최고의 연구에 목표를 두고 연구를 진행해 오면서 기술적 성취감이라든가 공리심이 강했고, 창조성이 규율과는 정반대의 시점에서 탄생한다는 것을 체험한 이들입니다.

그래서 '파크'의 연구진들은 창조성을 발현하기 위해 연구에 최적인 환경 속에서 해커들의 시간을 되돌려 놓은 듯한 분위기를 조성했습니다. '파크'는 상하 구조 전혀 없이 지도자가 거의 보이지 않은 채로 조직을 운영한 그들은 때론 방문객들조차도 당황스럽게 했는데, 출입 뱃지도, 그 조직의 인원 배치표조차도 가지고 있지 않았습니다.[206] '파크'

---

206   M. Mitchell Waldro(2001), 앞의 책, p. 352.

의 분위기는 마케팅보다는 연구에 최적인 환경을 낳았습니다. 그들은 이더넷의 수요가 늘어나자 오늘날의 가치로 수백만 달러에 해당하는, 이더넷에 필요한 장비들을 보조하기도 합니다. 기술적인 공리심이 강한 조직이었음을 엿보게 한 대목입니다.

그래서 1970, 1980년대 '파크'는 혁신적인 기술들을 선보였지만 그것을 상업화하는 데에는 2% 부족했습니다. GUI 역시 애플이 바로 응용하지 못했습니다. 그것을 사용자 친화적으로 매끄럽게 수정해야 했기 때문입니다. '파크'의 기술들이 '파크' 차원에서의 상업화에는 빛나지 못한 대신 기업가들이 소비자 지향의 기술로 구현하기 위해 절치부심의 시간을 가져야 했을 때, 수많은 아이디어들의 보고가 되어 때로는 그들이 먼저 개발하는 위험 부담을 피할 수 있게 했습니다.[207]

잡스의 의미심장한 도둑질로 비견되는 '파크'의 핵심 기술 유출 사건은 세계가 컴퓨터를 둘러싸고 기업들의 혁신 정신이 분출되어 한 치도 빈틈없는 부의 쟁탈전으로 돌변해 가려는 시기에 아르파 출신의 직원들이 대거 포진해 있는, 그래서 아르파 파생의 기술적인 공리심이 남았던 민간 연구소가 기업가적인 마인드와 부딪혀서 허용한 마지막 실수였는지도 모릅니다.

개인 컴퓨터는 애플, IBM 등의 선전으로 그 이용이 크게 확대되었

---

207 애플은 '파크'에서 만든 그래픽 사용자 인터페이스[GUI]를 보고 당시 비상장이었던 애플의 주식 액면가 100만 달러어치를 지불하고 기본적인 기술을 전수받았다. 프레드 보겔스타인. 2114, 『도그파이트』, 김고명 역, 와이즈베리 참조.

고, 컴퓨터 산업은 점차 거대한 산업군으로 발돋움하기 시작했습니다. 초창기 네트워킹이나 개인 컴퓨터가 출현할 무렵 지배적이었던 공유와 협력의 해커 문화가 완전히 사라지진 않았으나, 그 공간은 더욱 치열해진 기업가들의 지적 재산권이 엄격하게 지배하는 공간으로 대체되면서 애플과 마이크로소프트와 같은 기업들의 기업가 문화가 번성하기 시작합니다. 동시에 '파크'와 같은 실수를 허용하는 기업도 더 이상 찾아볼 수 없게 되었습니다.

한편 개인 컴퓨터 및 운영 체제, 반도체 등 거의 모든 영역에서의 기업가들의 혁신이 줄을 잇기 시작했으나, 네트워크는 TCP/IP 프로토콜이 개발되었음에도 소수의 이용자들만을 가지고 있었습니다. 그러나 결국 TCP/IP는 표준 전쟁에서 승리하고 미국은 네트워크 부분에서 승리의 쐐기를 박습니다. 표준 전쟁에서는 국방 통신국과 유닉스^{UNIX} 공동체가 크게 공헌하는데, 이때 유닉스는 해커 문화의 진수를 보여 줍니다.

2절
왕국의 지원군들

국방 통신국과 유닉스 공동체

　미국은 3차 산업 혁명에 있어서 절대적인 우위를 점하게 되었는데, 이는 무엇보다도 반세기 전부터 기술 혁명에 투자하는 과정에서 플랫폼의 구축과 표준을 확립함으로써 후발 주자들이 이용할 수밖에 없는 절대적인 이용 환경을 구축해 온 것이 주효했습니다. 특히 표준이 된다는 것은 이익을 많이 가지고 있기 때문에 이는 향후 새로운 산업 부문에서 미국 기업들이 주도권을 행사할 수 있는 유리한 기회를 선점한 것과도 같습니다. 대부분의 표준은 정부나 기업들의 주도하에 이루어지지만, 오늘날 인터넷의 기본 프로토콜인 TCP/IP의 표준 전쟁에서의 승리는 국방 통신국과 해커 문화에 상당한 빚을 지고 있습니다.

　초창기 TCP/IP 이용자들은 많지 않았습니다. 우선 그것을 적극적으로 이용해야 할 아르파 공동체들은 이제껏 아르파넷에 접속하기 위해 사용해 온 NCP가 별다른 불편함이 없었고, 게다가 사용 중인 NCP를 새로운 프로토콜인 TCP/IP 프로토콜로 바꾸는 작업은 매우 까다로워 시간 소모가 많았기에 그들은 TCP/IP 사용에 냉담했습니다. 그래서 초창기 서프 등 TCP/IP 개발자들은 이를 홍보하기 위해 열정적으로 일했지만, 그럼에도 그것의 확산에는 한계가 있었습니다.

NCP 이용자들의 외면으로 TCP/IP가 초창기 표준 전쟁에서 고전을 면치 못할 때 구원의 투수로 등장한 곳이 국방 통신국인 DCA와 유닉스 공동체였습니다. 우선 DCA는 TCP/IP의 이용 확산이라는 뚜렷한 목표를 가졌다기보다는 비인가된 이용자들의 증가에 따라 아르파넷 접속 강화를 위해 새로운 게이트웨이가 설치되어야 했는데, 당시 국방부가 자신의 필요에 의해 접할 수 있는 유일한 시스템이 TCP/IP였습니다.

그래서 DCA는 1980년 7월 국제 조직에 대항해 TCP/IP 사용을 권고하기 시작하여 1981년 1월에는 1983년까지 봄까지 TCP/IP로 바꾸거나 아니면 네트워크를 끊겠다고 통보하면서 최종적으로 DCA는 모든 아르파넷 호스트들이 기존의 NCP 대신 TCP/IP를 사용하도록 의무화해 버립니다.[208]

그래서 당시 DCA의 정책은 표준을 놓고 국제 표준 기구International Organization for Standardization(IOS)가 개발한, OSI Open-Systems Interconnection 모델[209]과 치열한 경쟁을 벌이고 있었던 서프와 칸 등 TCP/IP 개발자들에게 커다란 힘이 되었습니다. 그들은 공유를 전제로 아르파넷 설립 때부터 그 개발에 매진해 왔기에 그들에게 네트워크 확산은 일종의 염원이자 커다란 관심사였습니다.

---

208 Katie Hafner·Matthew Lyon(1996), 앞의 책, pp. 248~249.
209 IOS는 1983년부터 연구에 착수해 1988년에 OSI 모델을 출시했다.

OSI 모델은 네트워크들이 사적으로 상호 연결되어야 할 필요성을 파악하지 못했기 때문에 해커들의 공유 정신과는 정반대로 폐쇄적인 구조를 지니고 있었습니다. 이들은 TCP/IP와 인터넷을 초창기 아르파넷의 패킷 스위칭 고안자들에 대해 AT&T 전문가가 보인 반응과 같이 그저 학술용으로 치부해 버립니다.

기업들 대부분 역시 네트워크가 크게 번성하리라고 예측을 하지 못했고, 특히 그들은 상업적인 견지에서 통제의 역할을 중요시하여 폐쇄적인 구조를 지닌 모델을 지지하는 편을 택할 수밖에 없었습니다. 정부 역시 마찬가지였습니다. 그래서 당시 미국 정부나 대기업 등은 즉시 OSI 모델을 공식적인 표준으로 채택하여 초창기 TCP/IP 개발자들을 긴장시켰습니다.

이러한 연유로 DCA의 TCP/IP에 대한 적극적인 이용 정책은 당시 표준 경쟁에서 열세를 보였던 TCP/IP가 최종적으로 IOS 모델을 물리치는데 적잖은 영향을 미칠 수 있었습니다. 아르파넷의 TCP/IP로의 전이는 인터넷 발달사에 있어서 가장 중요한 사건으로 여길 만한데 TCP/IP를 설치한 후에야 네트워크는 마음대로 가지를 칠 수 있었기 때문입니다. 그 네트워크 확산에 DCA 역시 공헌을 합니다.

또한 DCA는 네트워크 확산에 중요한 결정을 하는데, "알테어 8800"의 시작으로 개인 컴퓨터의 확산은 이용자의 급속한 증가를 가져왔고, 이로 인해 안전상의 문제가 대두되자 DCA는 아르파와 함께 1982년 10월 네트워크를 군사 정보를 다루는 MILNET과 컴퓨터 연구 커뮤니티를 위한 아르파넷 두 개로 나누고, 1983년 10월 4일

MILNET을 세웁니다.

아르파넷은 나누기 전 113개의 노드들이 있었는데, 분리 후에는 45개의 노드들이 남았고, 나머지는 MILNET에 속했습니다. 관리 감독이나 운영이라는 측면에서는 두 개의 네트워크는 별도로 작동되었지만, 그들을 연결해 주는 게이트웨이 때문에 사용자들은 그 사실을 몰랐고, 오래된 아르파넷은 이제 모든 것을 갖춘 인터넷이 되었습니다. 그리고 1983년 아르파넷이 TCP/IP로의 전이가 끝났을 때 아르파넷을 개방하기로 결정하여 이 분리가 인터넷이 민간 통제로 이행하는 것을 보다 쉽게 했습니다. 상업화로 갈 수 있는 통로가 열리게 됩니다.

그리고 TCP/IP 이용의 확산에 있어서 당시 유행처럼 번지고 있었던 해커 문화의 진수였던 유닉스 공동체가 크게 공헌합니다. 유닉스 운영 체제는 1969년에 AT&T의 벨 연구소에서 개발되었는데, 당시 MIT에서 아르파 후원으로 추진했던, 멀틱스 프로그래머였던 벨 연구소의 캔 톰슨과 데니스 리치가 「우주 전쟁」을 하기 위해 해크로 고안한 미니컴퓨터 운영 체제였습니다.

이들이 고안한 유닉스는 점차 수정되면서 사용자가 급증하였는데, 유닉스는 누구나 그 프로그램을 받을 수 있었고, 당시 유닉스는 강력한 운영 체제이면서 이용자가 수정할 수 있었습니다. 특히 데니스 리치가 개발한 C 언어는 어떤 기종으로도 이식 가능한 기능을 가지고 있어서 유닉스의 대중화에 크게 기여합니다.[210] 데니스와 리치는 유닉스 사용자 모임에 참석하여 공개적으로 유닉스 코드를 직접 한 줄씩 읽어 줄 정도로 유닉스 정신을 전파하는 데에도 적극적이었으며, 이외에도 버클리의 천재 해커인 빌 조이$^{Bill\ Joy}$ 등이 BSD 유닉스를 개발하여 유닉스 확산에 공헌합니다. 이들 작업 모두 해커 문화 위에서 협동과 열린 문화를 지향하고 있었습니다.

1982년 AT&T는 유닉스를 무료로 배포합니다. AT&T는 독점 금지법으로 인해 컴퓨터 산업으로의 진출은 금지된 대신 1982년 이후 자료당 150불을 받기로 했지만, 모두 해크할 수 있을 정도로 오픈되어 있었기 때문에 거의 무료로 배포되어 아르파넷에 연결되지 않은 이용자들 사이에 급속하게 확산되었습니다. 이들 역시 공유와 협력 정신을 주무기로 풀뿌리 네트워크[211]를 형성하여 그 이용자들을 확산해 갔습니다.

유닉스 공동체의 주된 정신은 개발 소스 코드를 모두 공개하는 오픈 소스였습니다. 그래서 유닉스 운영 체제는 지속적으로 개발 운용될 수 있었고, 그 이용자 또한 급속도로 확산되었습니다. 이 유닉스 공동체가 TCP/IP를 채택함으로써 많은 프로그래머들은 IOS가 내놓은 모델보다 TCP/IP의 채택에 힘을 실어 주게 됩니다. 이후 TCP/IP는 미국 시장의 모든 컴퓨터에 실질적으로 사용되는, 네트워킹에 절대적인 표준으로 자리 잡게 됩니다. 아마도 TCP/IP가 대부분 추천되어진 것은 그

---

210 이런 공로를 인정받아 켄 톰슨과 데니스 리치는 1983년 튜링상을 수상했다.
211 아르파넷에 연결되지 않은 대학 외의 학생들이 그들의 네트워크를 구성하여 인터넷 확산에 공헌한 바는 John Naughton(1999), 앞의 책, pp. 168~192 참조.

것이 확실하게 "open"이었다는 사실입니다.

그 결과 미국은 산업체 표준에서 한 발 앞서갈 수 있게 됩니다. 1990년대까지 인터넷이라는 미국적 문화는 기하급수적으로 세를 불리고 있었고, 그 기반은 TCP/IP였습니다. 결국 인터넷이 새로운 산업의 기반이 된 이상 인터넷으로 인한 혜택의 대부분은 플랫폼 전쟁에서 앞서갈 수 있는 미국 기업가들이 유리한 위치에 서게 되었습니다.

그리고 유닉스 시스템은 코드를 공개하는 방식인 오픈 소스 운동으로 탄생했는데, 그것은 오늘날 다양한 운영 체제의 시초입니다. 자유소프트 재단[212]이나 Linux[213] 등은 이들로부터 파생한 후예들입니다. 경쟁이 가장 격화된 미국의 자본주의 시스템에서 이러한 무료의 오픈 소스 운동이 발생하게 된 것은 아이러니하지만, 앞서 고찰했듯이 국가가 운동장을 제공하자 기술 영재들은 그 운동장에 누구나 들어와 신나게 뛰어놀 수 있는, 그러나 무엇을 가지고 놀지를 스스로 정하는 마법 같

---

212 1984년 MIT 인공 지능 연구소에 있는 리차드 스톨먼은 UNIX에 지적 재산권을 요구하기 위한 AT&T에 의한 결정에 반대해서 자유소프트재단Free Software Foundation(FSF)을 출범시켰다. 그는 "카피라이트copyright"에 반대해서 "카피레프트copyleft"로 대체할 것을 요구했다. "copyleft"는 누구든지 소프트웨어를 사용할 수 있고, 더 발전된 코드를 Net에 올리는 것을 요청했다. FSF는 자체 컴퓨터에서 무료 소프트웨어만 사용하는 것을 목표로 하고 있다.
    http://en.m.wikipedia.org. Free Software Foundation 참조
213 1991년 헬싱키 대학의 22세의 리누스 토발즈는 새로운 UNIX에 기반한 운용시스템 즉 Linux를 개발했다. 그리고 그는 이용자들에게 그것을 보다 개선시키고 그 개선된 것을 네트에 올릴 것을 요청했다. 다른 협동적인 소프트웨어 발전 그룹들은 유닉스 이용자 문화로부터 파생한 오픈 소스에 기반을 둔 것이다. Linux는 서버의 주요 운영체제이며(상위 100만 웹 서버의 운영 체제 중 96.4% 이상이 Linux임) Linux는 무료 및 오픈 소스 소프트웨어 협업의 가장 두드러진 예 중 하나이다.
    http://en.m.wikipedia. Linux 참조

은 성을 건설하였습니다. 그들의 성에서는 모든 소스 코드가 공개되고 그것을 이용할 수 있게 됨으로써 변화가 보다 손쉽게 일어나 혁신의 속도 또한 빠르게 진행됩니다.[214]

오늘날 아이폰과 함께 전 세계를 주름잡은 모바일 운영 체제인 안드로이드를 비롯하여 삼성전자가 주도하는 타이젠, 모질라의 파이어 폭스 운영 체제는 모두 리눅스를 조상으로 두고 있습니다.

한편 유닉스 버전의 히트는 아르파넷에 연결되지 않는 이용자들까지 점차 아르파넷에 통합되어 가면서 네트워크 수가 엄청나게 확산되어 아르파는 그 옛날 아르파넷의 설립 당시 가졌던 권위는 상대적으로 희미해져 갔습니다. 그리고 1980년대 들어서자 사실상 네트워킹에 대한 아르파의 후원 또한 거의 중단되다시피 하여 연구 공동체에 집중 후원했던 아르파의 영향력 역시 약화되어 갔습니다.

반면 1980년대 들어서 아르파 대신에 뒤늦게 네트워크의 필요성을 인식하게 된 국립과학재단National Science Foundation(NSF)이 1990년대 네트워킹이 폭발하는 데 중요한 입지를 제공했을 뿐 아니라 민영화를 주도하여 상업화의 길을 열게 됩니다. 국가 기관 역시 상업화에 적극적입니다.

---

214 자유소프트재단이나 리눅스가 미국 경제에 어떻게 이바지하고 있는지에 대해서는 John Naughton(1999), 앞의 책 참조.

또 다른 아르파

군부가 컴퓨터나 네트워킹 등 신규 투자에 적극적이고 연구자에게 최대한의 자율성을 보장했던 것은 위기 시 국가 안보를 담보로 했기 때문이었습니다. 그래서 아르파는 국가의 위기감이 고조에 달했던 2차 대전과 냉전을 지나면서 컴퓨팅과 관련해서는 군부 후원의 소수의 연구 공동체에 집중되는 경향을 보였지만, 학계 및 연구소 등에 선구적인 투자를 하면서 절대적인 권위를 누릴 수 있었습니다.

반면 국립과학재단은 1960, 1970년대에는 컴퓨터 관련 연구 기금의 규모나 연구 지원에 있어서 아르파에 한참 미치지 못했습니다. 당시는 군 관련 기관의 예산이 더욱 풍부했을 뿐 아니라 당시 학계는 컴퓨팅의 미래에 대해서도 잘 알지 못했습니다. 1960년대 대학 사회는 물리학과의 인기에 가려 컴퓨터 학과조차 개설되지 않았고, 교수들조차도 컴퓨터가 무엇인지를 모를 정도였습니다.

그러나 1970년대 중반 국립과학재단은 유일하게 아르파의 지난 날 모습과 비슷했습니다. 20여 년이 흐른 지금 우선 학계가 네트워크의 필요성을 인식하기 시작했고, 상대적으로 국립과학재단의 예산이 풍부해지면서 분위기가 달라졌는데, 그 분위기의 반전을 가져온 것이 CSNET[215]이었습니다. 1981년 1월 국립과학재단은 아르파넷에 연결

---

215 아르파넷에 직접 연결할 수 없는 학술 및 연구 기관의 컴퓨터 과학 부서를 위해 네트워크 확산을 목표로 운영되기 시작한 네트워크로 1981년부터 1984년까지 초기 3년 동안 NSF에서 자금을 지원했다. 글로벌 인터넷 개발 과정에 중요한 이정표였다. http://en.m.wikipedia.org. CSNET 참조.

되지 않는 대학들을 중심으로 5백만 달러를 투자하여 CSNET를 세웠는데, 이는 국립과학재단으로 하여금 네트워킹이 과학계에서 얼마나 중요한 지를 확신하게끔 만듭니다.

1982년 6월 작동되기 시작한 CSNET는 점차적으로 늘기 시작하여 상당히 많은 컴퓨터 학자들이 인터넷 접속이 가능케 되었습니다. CSNET는 해외 이메일까지 허용되었고, 아르파 공동체를 넘어선 대학들의 인터넷 접속이 확산되기 시작하여 학술공동체의 인터넷에로의 접속은 DCA가 1982년 10월 아르파넷을 군부 이용과 학술 이용으로 분리 조치한 이후 급속도로 확산됩니다.

하지만 국립과학재단은 미국 전역에 걸친 네트워크를 만들 수단을 가지고 있지 않았습니다. 아르파넷 하나를 관리하는 데만도 일 년에 수백만 불이 소요됩니다. 이에 1984년 당시 테네시주의 상원 의원이었던 엘 고어(Al Gore)의 주도하에 이루어진 국립과학재단의 자금이 NSFNET라는 새로운 네트워크를 형성하도록 도와줌으로써 해결책이 생겼습니다.

국립과학재단의 NSFNET은 미국 내의 중추 기간망으로서 운용되어 1985년 5개 대학, 일리노이즈, 코넬, 프린스턴, 카네기멜론, 샌디에이고에 캘리포니아 대학 5군데에 슈퍼 컴퓨터 센터를 설치 운영함으로써 정보 전송 시스템 및 네트워크가 본격적으로 학술 연구의 목적으로 사용될 수 있게 되었습니다.

물론 초창기 NSFNET의 이용 범위는 매우 한정적일 수밖에 없었으나 수많은 학술 기관에 그것의 네트워크 설치에 기금을 주고 조성한 탓에 대학에 있는 누구나가 연결될 수 있도록 고안되어 그것의 수는 급격히 늘어갑니다.

그리고 TCP/IP를 사용하지 않은 NSFNET이 TCP/IP를 사용하기로 결정함에 따라 당시 가장 유행했던 유닉스와 양립할 수 있게 되자 1986년에 작동되기 시작한 NSFNET으로 인해 캠퍼스에서의 네트워킹이 폭발합니다.

1980년대 후반 인터넷의 폭발적인 확장은 아르파넷의 확장으로부터 온 것이 아니라 아르파넷에 부착된 네트워크의 수가 증가되어 감으로써 이루어졌습니다. NSFNET은 아르파넷의 통신선에 비해 25배나 빠른 통신선을 사용했습니다. 사용자들은 아르파넷과 NSFNET 중에서 선택할 수 있었는데, 많은 이들이 NSFNET을 선택합니다. 속도뿐 아니라 연결하기가 훨씬 쉬웠기 때문이었습니다. 1986년 시작될 당시만 해도 56Kb/s로 시작한 접속 속도가 1988년에는 1.5Mb/s였으며, 1991년에는 45Mb/s라는 놀라운 속도 증가를 보입니다. NSFNET은 빠르게 인터넷의 중심이 됩니다.

NSFNET은 비군사용의 네트워크들과 상호 접속하여 가동되었으며 이와 동시에 미국 내의 네트워크들, 즉 DOS[Department of Energy], NASA 등의 네트워크들과 접속하였습니다. 그리고 수많은 지역 네트워크와 연동되어 NSFNET은 인터넷의 백본[216]이라고 불리게 됩니다.

1990년대가 다가오자 NSFNET를 통해서 연결된 전 세계의 컴퓨터 대수가 아르파넷을 통해 연결된 컴퓨터의 대수를 훨씬 앞질렀고, 아르파넷은 이제 ARPA 인터넷에 있는 수백 개의 네트워크 중 하나에 불과했고 다른 네트워크만큼 빠르게 진화하지 못하는 공룡 신세로 전락합니다.

아듀 아르파넷!

아르파넷은 1969년 등장한 이래 거의 20여 년이 되어 가자 56kb 속도나 IMP 등은 더이상 늘어나는 이용자들을 감당할 수 없게 됩니다. 1987년에 이미 수십만 대의 컴퓨터들과 백만 정도의 이용자들을 가지고 있었습니다.[217] 1987년 12월 아르파 네트워크 프로그램 매니저는 아르파넷을 폐기하기로 하고, 그들은 새로운 네트워크를 세우는 대신 NSF 지역 네트워크에 아르파넷을 연결하는 것으로 결정합니다.

이미 두 네트워크는 함께 연결되어 작동되어 온 만큼 그들의 많은 사이트가 겹치는 까닭에 NSF에게 아르파넷을 이관시키는 것이 두 네

---

216 백본backbone이란 네트워크의 중핵이 되는 기간 회선, 중추 회선을 의미한 것으로, 자신에게 연결되어 있는 소형 회선들로부터 데이터를 모아 빠르게 전송할 수 있는 대규모 전송 회선을 뜻한다. www.doopedia.co.kr 참조
217 1988년까지 인터넷은 400개의 네트워크에 5십만 개에 달하는 호스트를 가진 것으로 평가되고, 아마도 이용자 100만 명은 전 세계 이용자를 포함했다. Janet Abbate(2000), 앞의 책, p. 238에서 재인용.

트워크 매니저들에게 설득력이 있었습니다. 1988~89년 사이 다양한 아르파넷 계약 사이트들은 그들의 호스트 연결을 아르파넷에서 NSFNET으로 이관시킵니다. 서비스 상의 약간의 문제는 있었으나 대부분의 이용자들은 그 이관 자체를 눈치채지 못할 정도였습니다.

결국 1969년 4개의 노드들로 시작한 아르파넷은 1990년 2월 28일 공식적으로 해체되고, IMP 기계들 역시 밖으로 치워졌습니다. 초창기 아르파넷의 산증인인 크로커는 마지막 처리된 IMP가 메릴랜드 대학교에 있었는데, 당시 자신이 근무하고 있던 회사가 메릴랜드에 소재해 있었던 까닭에 네트워크의 탄생과 죽음에 따른 행운과 아쉬움을 함께 할 수 있었습니다. 클라인록은 IMP 1번을 전시용으로 UCLA에 보관하기도 했습니다. 1960년대에서 70년대까지 네트워크 발달에 절대적인 공헌을 했던 아르파의 찬란했던 시절이 막을 내렸습니다.

아르파넷의 NSFNET로의 이관은 인터넷이 군부의 영향력으로부터 자유로워짐과 동시에 인터넷이 민간 통제하에 놓이게 됨을 의미했습니다. 그러나 그것은 여전히 연구와 교육 분야에 한정되어 있었고, 모든 이용자에게 네트워크를 개방하는 마지막 사유화 단계가 남아 있게 되고, 국립과학재단에 의해서 사유화가 진행됩니다.

네트워크 시장은 1972년 아르파가 AT&T 등의 상업적인 운영자들에게 아르파넷을 이관시키려고 노력했던 시절로부터 20여 년의 세월이 지났습니다. 1990년 무렵 그것의 잠재적 시장은 매우 확대되었습니다. 1990년대 초반 많은 인터넷 서비스 제공자들은 그들 자신의 네트워크들을 세웠고, 상업적 기반을 위해 그들 자신의 게이트웨이를 세워 운영한 덕분에 인터넷은 컴퓨터 네트워크의 세계적인 네트워크로써 급격하게 성장했습니다.

인터넷의 성장은 분권적이면서 오픈 커뮤니케이션 프로토콜에 기반을 둔 아르파넷의 기본 디자인의 영향도 컸습니다. 이러한 여건 아래 NET들은 새로운 노드들을 첨가하면서 확장해 나갈 수 있었고, 커뮤니케이션에 필요한 것을 충족시키면서 끊임없는 네트워크의 재생산의 길로 접어들게 됩니다.

1992년 1월, 국립과학재단의 기획에 따라 비영리기관인 인터넷 소사이어티$^{\text{Internet Society(ISOC)}}$[218]가 기존의 조정조직인 IAB$^{\text{Internet Activities Board}}$과 IETF$^{\text{Internet Engineering Task Force}}$의 책임을 맡게 되었습니다.

1995년에 NSFNET가 문을 닫고, 정부가 네트워크의 주력 분야를 민간 컨소시엄에 팔게 됨으로써 아르파넷의 사유화가 진행되어 네트워크는 수많은 인터넷으로 변형되어 갔습니다. 네트워크 역시 정부의 영향력에서 벗어나 민간인의 수중으로 넘어 갔습니다. 일단 민영화가 되자, 인터넷은 실질적인 감독 기관이 없는 네트워크가 됩니다. 이는 기술적인 그리고 문화적인 측면 모두에서 구속당하지 않는 해커 문화에

---

218 1992년에 빈트 서프와 밥 칸 등에 의해서 결성된, 비영리·비국가 전문가 단체로 "글로벌 연구 커뮤니케이션 인프라로서 인터넷의 진화와 성장을 촉진, 지원하기 위한 전문 기관"이다. 인터넷 주소를 할당하는 방식을 중재하는 비공식적인 책임도 담당하고 있다. 서프가 1992~1999년까지 초대 의장을 역임했다.
http://www.en.m.wikipedia.org. Internet Society 참조.

기댄, 새로운 매체의 특징을 보여 주었습니다.

자주 하는 이야기이지만 혁명은 새로운 기술이 일반인들에게까지 그 이용이 확대될 때 발생합니다. 지금까지 네트워킹이나 개인 컴퓨터의 발달에도 여전히 일반인들이 컴퓨터에 접근하는 것은 어려웠습니다. 일반 이용자들을 위한 새로운 기술에로의 비약적인 도약은 또 한 번의 기술적인 돌파구를 남겨 두고 있었습니다.

그리고 그 마지막 돌파는 지금까지의 발달로 보면 MIT나 링컨 연구소가 그 주도권을 잡을 만한데 전혀 다른 행위자인 유럽 입자 물리학 연구소$^{Conseil\ Européenne\ pour\ la\ Recherche\ Nucléaire(CERN)}$[219]인 CERN의 과학자들에 의해서 이루어집니다. WWW의 탄생 역시 자유정신을 장착한 해커들이 중요 공헌자였습니다.

그들이 고안한 WWW 덕분에 인터넷의 대중화와 함께 개인 컴퓨터의 수렴화가 나타나 우리 모두를 컴퓨터 앞으로 불러 모을 수 있게 됩니다. 항상 그렇듯이 사람이 많이 모이는 곳에 큰 시장이 만들어지게 마련입니다. WWW는 기업가들의 화려한 부^富의 파티로의 초청장이었습니다.

---

219 제네바에 위치하고 있는 CERN은 2차 대전이 끝난 후 1954년 유럽 20개국이 미국의 과학 기술을 따라잡기 위해 뜻을 모아 만든, 세계에서 가장 큰 입자 물리학 연구소이다. 국제 협력을 통해 CERN에서 수많은 실험들이 진행되고 있으며, 세계에서 가장 크고 에너지가 가장 높은 입자 가속기인 LHC$^{large\ Hadron\ Collider}$가 있는 곳으로 월드 와이드 웹$^{World\ Wide\ Web}$의 발상지이기도 하다. 최근 40여 년 전 힉스의 예언으로만 존재했던, 힉스 입자가 LHC의 실험에서 발견되어 세계적으로 매스컴을 탄 적 있다. http://en.m.wikipedia.org. CERN 참조.

3절
혁신 왕국의 탄생

해커 윤리를 품다

　네트워킹이나 개인 컴퓨터의 비약적인 발달이 이루어졌음에도 여전히 컴퓨터 이용은 전문적인 소질이 있는 학계, 정부, 해커들이 주 이용자였습니다. 당시 네트워크는 광범위하게 연결되어 갔지만, 전문가들을 제외하고는 TCP/IP 이용이 쉽지 않았습니다. 당시 5,000만 대의 개인용 컴퓨터가 판매되었음에도 작업 내용과는 상관없이 오직 복잡한 전문어를 통해서만 컴퓨터에 접근할 수 있었고, 정보를 저장하고 그 정보의 위치를 검색하는 것이 극히 어려웠습니다.

　물론 파일 전달 프로그램은 사용 중이었으나 이를 이용하기 위해서 이용자들은 원하는 파일과 호스트 컴퓨터 이름을 알아야만 했고, 이러한 정보를 얻을 수 있는 자동화된 방법이 없었습니다. 그래서 초창기 일반인 이용자들은 컴퓨터를 사용하기 위해서 학원에까지 다니면서 자료가 저장된 위치를 찾아내는 방법을 배워야 했을 정도였습니다. 이런 상황에 대한 마크 와이저는 "필기자가 글쓰기는 물론이고 잉크를 만들고 찰흙을 굽는 법도 알고 있어야 했다"[220]고 비유합니다. 컴퓨터가 일반인들의 이용으로 다가서기 위해서는 또 다른 관문을 넘어서야 했습니다.

이렇듯 네트워크 이용이 전문가들의 수중에 있을 때 CERN의 연구팀인 팀 버너스 리$^{Tim\ Berners-Lee}$, 로버트 카이유$^{Robert\ Cailliau}$ 등에 의해서 혁신적인 돌파가 이루어집니다. CERN은 빅뱅 당시의 유사한 상황을 재현하기 위해 건설된 입자 가속기가 있어서 70여 개국에서 온 3천여 명의 물리학자들이 모인 과학의 요람으로, 1989년에 유럽에서 가장 큰 인터넷 노드였습니다.

그러나 CERN은 수많은 과학자들이 오랜 기간 상주하는 것이 아니라 연구 프로그램을 진행하기 위해 불특정한 기간 동안 머물면서 조용히 사라지는 곳이었습니다. 그래서 그곳에는 만 명이 넘는 연구원들과 그들이 수행하는 프로젝트들로 수많은 정보들이 산적해 있었고, CERN의 연구원들은 이들을 체계적으로 관리해야만 했습니다.

버너스 리는 CERN에서 단기 계약직으로 여러 컴퓨터 시스템을 분류하는 방식을 고안하는 일을 맡고 있었는데, 그는 전기 기계식 스위치에서부터 마이크로프로세서까지 전자공학을 깊이 있게 이해한, 핏속에 프로그래머 피가 흐르는 전자공학도였습니다. 본성은 숨길 수 없듯이 처음에 그는 학자들의 연구 실적이나 데이터 보관을 위해 연구실에 있는 사람과 컴퓨터, 그리고 CERN에 있는 프로젝트들을 연결하는 프로

---

220 Mark Weiser. *The Computer for the 21st Century*, Http://ubiq.com/hypertext/weiser/SciAmDraft3.html(2002년 2월 2일)

그램인 인콰이어리^{Enquire}를 고안합니다. WWW의 전신이라고 할 수 있습니다.

    그는 인콰이어리에서 프로젝트 연결을 위해 정보가 연결된 네트워크에서 하나의 노드에 저장되고 노드로부터 링크가 참조되어 질수록 새로운 노드가 창조되도록 했고, 이용자들은 링크를 따라감으로써 이 자료에서 저 자료로 이동할 수 있었습니다. 그러나 이 방법은 다른 컴퓨터들이 각기 다른 작동 시스템을 갖고 있기 때문에 다른 컴퓨터에는 접근을 못하는 문제를 가지고 있었습니다.
    그는 그것을 보충하지 못한 채 CERN을 떠났지만, 1990년에 CERN에 재입사하면서 보충하게 되는데, 이때 그는 정보를 공유하는 방식에 있어서 아르파넷팀과는 전혀 다른 방식으로 접근하고자 합니다.

    그는 인터넷 사이트 콘텐츠를 위치가 아닌, 이용자가 정보를 조직하여 원하는 정보를 쉽게 검색할 수 있는 시스템을 이용자 개개인 모두에게 제공하고자 합니다. 인터넷으로 네트워크가 연결되었기에 가능한 일입니다. 정보가 저장된 위치를 찾는 것이 어려우니 그 노드들에서 이용자가 직접 정보를 창조하고 그것을 직접 이용할 수 있도록 하면 될 일입니다.

    그는 "사람들이 모두 함께 놀 수 있는 모래밭 같은 창조적인 공간을 만들고 싶었다"[221]며 누구나 정보를 공유하고 누구나 정보를 창조할 수

---

221   John Naish. "The NS Profile: Tim Berners-Lee," *New Statesman*(15, Aug. 2011).

있도록 하겠다는 것이 WWW 설계에 내재된, 그의 목표였습니다. 버너스 리는 그들의 연구를 아르파 전통에 따르는 것보다는 해커 문화의 유산에 따라 구성했습니다.

WWW는 기존의 네트워크 이용이 컴퓨터를 중심으로 학계의 전문가들이 정보를 공유하고 전달하는 데 주로 초점이 맞추어졌던 것을 이용자들이 직접 정보를 창조하는, 즉 네트워크의 이용을 이용자 모두의 콘텐츠 생산의 장으로 삼고자 한 것입니다. 그렇게 되면 네트워크 이용자 모두가 주인공이 되어 네트워크의 수혜가 학문적인 이용이 아닌 일반인들에게까지 확대될 수 있게 됩니다.

버너스 리는 처음 CERN에 제출한 WWW에 대한 프로포절[222]에서 어떤 권위적인 시스템을 사용하는 것이 목적이 아닌, "누가"는 생략한 채 "어떻게 하면 웹을 당신의 소유로 만들 수 있을까?"[223]를 고민했습니다. 그의 고민은 누구의 소유가 아니라 어떻게 하면 정보를 우리의 것으로 할 수 있을 것인가에 맞춰졌습니다. 그는 아르파넷이나 인터넷의 탄생에는 어떤 공헌도 하지 않았지만, 네트워크 발달의 기본 문화였던 해커 윤리를 기꺼이 포용했습니다.

---

222 당시 그의 프로포절은 CERN의 공식적인 지지를 받지 못했으나, 상사의 후원으로 컴퓨터 한 대 값 정도의 물질적인 도움이 있었다. 버너스 리의 제안서를 읽은 상사는 그게 무엇인지는 정확히 알지 못했지만, 대단하다고 생각하기는 했다고 말했다. James Gillies and Robert Cailliau. 2000, *How the Web Was Born*. Oxford, p. 180.
223 Tim Berners-Lee and Mark Frischetti, 1999, *Weaving the Web*, SanFrancisco, Harper Collins.

WWW의 혁명성은 네트워크에 접속한 '누구나'가 손쉽게 정보를 창조하고 공유할 수 있도록 했다는 점에 있습니다. 그 기술의 이용자들을 네트워크 이용자 모두로 생각했고, 이때 최고의 혁신이 일어났습니다.

버너스 리가 정보 이용과 창조에 있어서 중앙의 통제를 풀고 개인에게 정보를 추가하거나 이용할 수 있는 새로운 자유의 영역을 제공하고자 한 것은 기존의 정보에 대한 안전 메카니즘을 고려하지 않겠다는 혁명적인 발상이었습니다. 이는 지금까지의 네트워크 발전에서 보여준, 기술적인 이기심보다는 공리심으로 가득 찬 해커들의 이상과 부합되는 것이자 해커 문화에 내재된 자유정신과도 그 맥을 같이 하고 있습니다.

그의 WWW 고안은 정보 이용과 창조에 있어서 우리 모두에게 최대한의 자유를 선물한 반면 정보 이용에 있어서 안전 잠금장치가 없기에 서버가 다운되면 정보가 사라지는 등의 문제점 등이 노출됩니다. 그러나 그는 애당초 안전이나 프라이버시 등을 문제 삼지 않았습니다.[224] 그런 점에서 WWW는 개인이 모든 이용을 스스로 책임지고 통제해야만 하는, 통제 혁명 Control Revolution[225]이기도 합니다. 모래밭 같은 공간에서 어떤 흔적을 남기느냐는 전적으로 개인의 몫이라는 것입니다.

특히 버너스 리가 『웹을 누비며 Weaving the Web』(1999)에서 설명한 것처럼 어떤 정보에도 자유롭게 접근을 허용해야 한다는 해커 윤리가 뒷받

---
224 TUOMI(2002), 앞의 책, p. 43.
225 앤드류 사피로. 2001, 『테크놀러지와 통제 혁명』, 김명준 역, 커뮤니케이션북스, p. 20.

침되어 그의 이상에 지지하는 다른 해커들이 속속 동참하기 시작했고, 1990년 버너스 리가 웹에 관심을 가질 때는 이미 네트워크를 통해 이용자들 간의 상당한 교류가 가능했기에 그의 작업에는 어떤 상업적 제조사들이 모을 수 있었던 것보다 훨씬 더 많은 수의 해커들을 네트워크상으로 모을 수 있었습니다. 인터넷에 참여한 사람들은 진정 그 밑바닥에서부터 웹을 만들게 되고, WWW는 해커 문화에 아주 많이 의존한 채로 탄생했습니다.

한편 WWW는 그것이 지닌 혁명성에도 불구하고 지금까지 컴퓨터나 네트워킹 발전 등과 고려해 볼 때 비교도 되지 않을 정도로 짧은 시간인 37일여 만에 고안되었는데, 그것의 비법은 기존의 발견물들, 특히 인터넷의 효과적인 사용에 있었습니다. 버너스 리가 CERN에 재입사할 무렵에는 상황이 변하여 인터넷이 확산 일로에 있었습니다. 그는 이 인터넷을 이용합니다. WWW는 인터넷과의 만남으로 이루어진, 앞으로 WWW가 혁신의 토양이 될 수 있음을 보여 주었습니다.

> "기술이란 원래 인간의 창의성에 기반을 둔 만큼
> 언제나 놀라움으로 우리에게 다가선다."
>
> -조지 길더

버너스 리의 마법

우선 버너스 리가 의지한 것은 부쉬가 2차 대전 종전 후인 1945년 "우리가 생각하는 것처럼"이라는 에세이에서 개인의 정보 저장을 위해 고안한 '메멕스'를 기술하면서 구상한 하이퍼텍스트 개념이었습니다.

하이퍼텍스트는 누구나 다른 컴퓨터에 있는 문서에 링크될 수 있었고, 컴퓨터 운영 체제가 달라도, 접근 권한이 없어도 문제 되지 않았습니다. 거기에는 중앙 노드도, 명령 허브도 없었고, 공유를 전제로 정보 이용이 누구에게 나로 개방되었기 때문에 정보에 안전장치를 위해 복잡한 코딩 작업을 할 필요가 없었습니다. 이런 점 때문에 인터넷상의 정보는 이용자 자신 스스로 지켜야 하고, 안전장치 없이 누구나 이용할 수 있는 공간으로 창조된 만큼 개인의 정보 노출로 인한 문제점은 오늘날 개인이나 인터넷 기업들의 숙명이기도 합니다.

그리고 버너스 리는 인터넷을 응용합니다. 그의 프로포절은 데이터베이스와 파일들의 이질적인 집합들이 자료저장고로 사용될 수 있는 구조에 의존했는데, 이미 1984년부터 제공된 인터넷상의 도메인들이 있었고, 인터넷상에 많은 정보들이 저장되어 있었기 때문에 인터넷상에 정보를 창조하는 데 신경 쓸 필요가 없었습니다. 정보를 저장할 정보 저장 탱크를 만들 필요도 없이 그 정보가 있는 곳을 자유롭게 보여줄 수만 있으면 되었기에 이에 들어가는 상당한 시간을 절약할 수 있었습니다.

이미 TCP/IP에 의해서 할당된 도메인, 이를테면 info.cern.ch와 같은 한정된 인터넷상의 주소를 사용하고 있는 컴퓨터에 접근하여 그 앞에 공통의 규약을 설치해 넣음으로써 어려운 기술적인 문제들을 피할 수 있었습니다. WWW는 하부 구조를 확장한다거나 기본적인 프로토콜의 확장이 이루어지지 않은 채로 고안될 수 있었습니다. 이런 점 때문에 TUOMI(2002)는 "WWW의 저자를 명확하게 한정한다는 것은 어렵다"고 지적하기도 하지만, 하이퍼텍스트 아이디어를 가져와서 World Wide Web에 연결한 것은 그의 시도였습니다.

그가 짧은 기간 동안 기술적으로 고안한 것은 HTTP, HTML 그리고 URI의 디자인이었습니다. 우선 데이터베이스의 이질적인 연결을 해야 해서 공유된 포맷인 HTML$^{\text{Hypertext Markup Language}}$을 만들고, 하이퍼텍스트의 정보를 교환하기 위한 규칙인 HTTP$^{\text{Hypertext Transfer Protocol}}$, 마지막으로 정보의 위치를 알려 주는 URI$^{\text{Unlversial Resource Intifier}}$를 창조했습니다.

그리고 브라우저 프로그램을 로버트 갈리아와 협동으로 1990년 12월에 세우고, 그들은 세계 최초로 탄생한 이 본격적인 하이퍼텍스트 시스템에 '월드 와이드 웹$^{\text{World Wide Web(WWW)}}$'이라는 이름을 붙입니다.

WWW 브라우저 소프트웨어는 1991년 8월 6일 오전, 버니스 리는 CERN의 연구원으로서 'alt. hypertextgroup'이라는 네트 상의 뉴스 그룹에 글을 보내 새로운 기술의 탄생을 세상에 알렸습니다. 1992년 11월에는 26개의 WWW 서버가 존재했고, 그것은 갈수록 늘어나 많은 애플리케이션 중의 하나가 되었습니다. 그들이 고안한 WWW라 명명되는 웹은 하이퍼텍스트와 인터넷의 결합으로 비전문가들로 하여금 개인 컴퓨팅과 네트워킹 모두를 폭발시킨 마지막 혁신이었습니다.

The NeXTcube: CERN에서 버너스 리가 사용한 첫 번째 웹 서버

출처: https://commons.wikimedia.org/wiki/File:First_Web_Server.jpg

WWW는 누구든 허가 없이 다른 페이지로의 링크를 만들 수 있었고, 또한 원하는 경우 링크가 쌍방향으로 작동하게 할 수 있어서 웹은 무한한 확장을 거듭하게 되었고, 메칼프가 고안한 이더넷은 사무실 내 학교 내 수많은 개인 컴퓨터를 연결시켜 인터넷의 분권적인 확산을 가능케 하여 인터넷은 거미줄처럼 어느 곳에나 뻗어 나갈 수 있었습니다.

WWW가 급작스럽게 선풍적인 인기를 끌자 CERN은 웹과 그 설계는 결국 공유와 협업을 증진하기 위해 만들어진 것이지 돈을 위해 그 프로젝트를 진행한 것은 아니라는 버너스 리의 주장대로 "누구나 자유로이 웹 기술을 사용할 수 있으며 CERN에 어떤 비용도 지불할 필요가 없습니다"라고 발표했고, 1993년 4월 30일, CERN의 이사들은 이 같은 회의 결과를 문서화해 공표함으로써 누구나 걱정 없이 하이퍼텍스트 기반의 WWW를 무료로 사용할 수 있게 됩니다. 그 결과 역사상 가장 원대한 무료 오픈 소스 프로젝트가 세상에 나오게 됩니다.

버너스 리의 작업은 정보 이용을 누구나 할 수 있도록 개방하였고, 거기에 따른 보안마저 개의치 않았기에 그것의 재산권을 보호하는 데는 미흡해서 지금까지도 수없이 많은 암호 벽과 보안 프로그램을 만들어야 하는 불편함을 주었지만, WWW 덕분에 일반인들의 컴퓨터와의 조우가 이루어졌다는 점에서 아르파 연구 공동체로부터 출발한 것은 아니지만 WWW의 고안은 컴퓨터 혁명을 완성한 마지막 작업으로 여겨지고 있습니다.

지금까지 기술은 인간의 편리성, 그리고 부의 근원으로서 인간은 수동적인 존재로서 존재해 왔지만, WWW는 버너스 리의 의도대로 이용자 모두로 하여금 정보를 창조하고 이용할 수 있도록 설계되었습니다. 그래서 인터넷은 개인이 정보를 창조하고 이용하고 그것을 확산시킬 수 있는 대중적인 플랫폼으로 우리에게 다가왔습니다.

WWW는 이용자의 능동성이 전제되어 있고, 끊임없이 정보가 재생산되는 구조를 지니고 있습니다. 이런 점 때문에 카스텔(2003)의 지적처럼 역사상 처음으로 인간 정신이 생산 체계의 단순한 요소가 아니라 직접적인 생산력이 되었고, 이제 인터넷은 그것을 만든 사람들의 손을 떠난 나름의 진화를 하기 시작합니다. 그래서 오늘날 정보 산업이 종전의 기술 혁신의 속도보다 훨씬 빠르게 진행되고 있는 것은 WWW가 열린 아키텍쳐 덕분에 다른 사람들이 기존의 아이디어를 더 쉽게 발전시킬 수 있는 메타 아이디어[226]가 되었기 때문입니다. 이미 발명된 인터넷을 바탕으로 수많은 아이디어들이 끊임없이 피드백루프(어떤 사건이 더 많은 사건을 일으키는 원인을 제공하는 것)를 통해 이루어지고, 그것은 새로운 혁신의 바탕이 되어 혁신은 눈덩이처럼 빠른 속도로 커질 수밖에 없게 되었습니다.

이런 점에서 그 사회가 자유화될수록 인간의 정신적인 활동은 강화될 것이고, 한편으로 연결된 사회의 혁신을 재촉하게 될 것이므로 결국 정보 혁명으로 인한 수혜는 그 사회가 보다 자유화될수록 정보가 다른 자원들을 교체하기 쉬운 법제 및 정치구조를 갖춘 국가가 유리해지는 것은 당연한 결과입니다. 미국이 정보 혁명으로 인한 수확이 컸던 것도 이러한 자율성이 강조되는 기술에 가장 적합한 정치 체제를 가졌기 때문이기도 했습니다.

그래서 인터넷 시대에는 사회주의 국가가 쉽게 인터넷 경제에 적응하지 못하고 고전하고 있는 이유이기도 합니다. 미국의 성장과 반대로 정작 미국의 안보 위기를 초래한 소련은 아이러니컬하게도 컴퓨터 혁명의 성공으로 미국의 황금기가 도래하자 자신의 국가는 해체되야 하는 비운의 주인공이 됩니다. 국가통제주의가 새로운 정보 기술에 구현된 정보화주의^{informationalism}의 원리를 동질화시키고 이용하는 능력이 없

---

226 계속 새로운 아이디어를 촉발케 하는 아이디어 기본을 말한다.

었기 때문입니다.[227]

물론 중국은 국가통제주의에서 국가 주도의 자본주의로 이동하여 지구적 경제 네트워크로 통합되어 경제적인 성장을 추구해 온 덕분에 눈부신 경제 성장을 이루는 데 성공했지만, 중국 정부는 개방 정책을 펼친 지 30년이 지난 지금도 여전히 모든 대기업의 활동에 깊숙이 관여하고 있습니다. 정보 혁명을 맞이하여 자율적이고 능동성이 강조된 시기에 그들의 성장이 얼마나 지속 가능할지는 미지수입니다.[228]

"어제의 상식은 어제의 시장에서만 통용된다."

-빌 게이츠

신데렐라 파티

버너스 리가 인터넷을 응용하여 WWW를 고안했듯이 뒤이어 영민한 친구들 역시 이를 응용하기 시작합니다. 그 선두에 시급 6달러 85센트를 받고 슈퍼 컴퓨팅 센터에서 일하던, 당시 일리노이대 학생이었던 마

---

[227] 정보 기술 혁명은 1980년대부터 진행되어 온 자본주의 체제의 근본적인 재구조화 과정을 가능하게 하는 수단이었지만, 소련 국가통제주의의 시도는 실패로 돌아갔고, 전체 체제를 붕괴시키는 결과를 낳았다. 카스텔(2003), 앞의 책, p. 36.

[228] 옐트먼은 그 나라의 보이지 않는 여러 여건들인 딥 팩트가 경제 성장에 매우 주요한 요인임을 지적하면서 특히 중국은 중국의 성장을 제한하는 내재적인 요인들을 변화시키지는 못할 것이라는 점에서 쉽사리 미국을 앞서지 못할 것이라고 주장한다. 대니얼 옐트먼. 2011, 『10년 후 미래』, 고영태 역, 청림출판 참조.

크 앤드리슨$^{Marc\ Andreessen}$이 있었습니다.

버너스 리가 문서를 불러오고 편집할 수 있는 브라우저를 만들었지만, 당시 그가 만든 브라우저는 처음에는 넥스트 컴퓨터에서만 작동했습니다. 그래서 WWW가 처음 발표되었을 때에는 한동안 과학자들의 전유물이었습니다.

그러나 1993년 봄, 모든 것이 극도로 변합니다. 앤드리슨 역시 버너스 리처럼 Net 사용을 비전문가들도 사용해야 한다는 꿈을 품은, 즉 모든 사람이 WWW을 사용하길 원하는 해커 정신을 장착한 청년이었습니다.[229] 다만 그는 버너스 리가 WWW를 연구 커뮤니케이션을 위한 도구로 바라다본 것과는 달리 WWW를 보다 실용적으로 접근합니다. 그는 CERN에서 제공된 커뮤니케이션 코드의 저장고를 따로 떼어 내서 그것을 좀 더 빠르고 효과적으로 운영되도록 모자이크^{Mosaic}라는 브라우저를 만듭니다. 모자이크는 그래픽 기능을 갖추면서 설치가 용이한 최초의 웹 브라우저였습니다. 손쉽게 WWW를 마음껏 검색할 수 있게 되어 WWW는 드디어 대중에게 다가설 수 있게 됩니다.

앤드리슨은 아르파넷이나 인터넷의 탄생에 어떤 역할도 하지 않은 것이 아니라 할 수 없었습니다. 그는 최초의 아르파넷 노드가 설치된 이후에 태어났습니다. 그래서 그 역시 버너스 리처럼 기술적으로 창시자 그룹에 포함될 수 없지만, 그는 9살 때 도서관에 비치된 책을 통해 베이직을 터득할 정도로 프로그래머의 자질을 가지고 있었습니다. 일

---

229 John Naughton(1999), 앞의 책, p. 241.

리노이 대학교에서 컴퓨터 과학 공부를 하던 중 당시 진정한 해커들의 낙원이었던 슈퍼 컴퓨팅 센터에 취직하면서 다른 해커들[230]과 함께 일상생활 속으로 인터넷을 가장 크게 끌고 들어온 발명품을 고안했습니다.

결국 그는 자신이 개발한 모자이크 브라우저를 상용화하기 위해, 넷스케이프의 전신이 되는 모자이크 커뮤니케이션즈를 설립하여 일반인들을 위한 넷스케이프 내비게이터를 만들었고, 1995년에 이를 상장하여 억만장자의 대열에 들어서게 됩니다. 그리고 이후 그는 벤처 캐피탈 회사를 설립하여 큰 성공을 거두게 됩니다.

그리고 마지막으로 마이크로소프트가 그 대열에 합류합니다. 마이크로소프트는 1995년에 윈도우 95 소프트웨어와 함께 그들 자신의 브라우저인 Spyglass라는 조그마한 회사에 의해서 개발된 기술에 기초하여 인터넷 익스플로러를 소개합니다. 다른 상업적인, 이를테면 아메리카 온라인에 의해서 잠시 동안 사용된 Navipress같은 브라우저들도 개발되어졌고, 1995년 썬 마이크로시스템즈$^{Sun\ Microsystems}$는 인터넷으로부터 안전하게 프로그램을 다운로드할 수 있는 프로그래밍 언어인 자바^{Java}를 디자인했으며, 그것은 무료로 공개되어 웹의 적용 범위를 확장시켰습니다.

1998년에 마이크로소프트와의 경쟁에 직면해서 넷스케이프는 내

---

[230] 최고의 공헌자는 에릭 버너$^{Eric\ Bina}$였다. 그는 기술적인 도전을 포기한 적 없는 어마어마한 프로그래머로 당시 나사의 직원이었다. 당시 앤드리슨과 함께 한 해커들의 활동에 대해서는 위의 책 참조.

비게이터를 위해 소스 코드를 넷에 풀어 버립니다. 그것의 기술적, 공개적인 구조가 세계 어디에서나 모든 컴퓨터 네트워킹을 따르게 되면서 최종적으로 웹 브라우저의 승자는 윈도우 익스플로러에게 돌아갑니다. 이렇게 해서 사업적인 영역에서나 대부분의 사회 영역에서 인터넷은 WWW의 발명으로 1995년에 태어났고, WWW는 인터넷 서비스의 표준이 되어 인터넷이라고 하면 WWW와 동일시하게 되었습니다.

해커들의 도움으로 WWW를 완성한 버너스 리는 웹에 참여하는 집단이 점점 확대되자 서프의 인터넷 협회와 유사한 형태의 공동체인 월드와이드웹 컨소시엄을 조직했습니다. 이러한 행위는 웹의 상업적 전용을 미연에 방지하는 효과가 있었습니다. 개인적으로도 버너스 리는 모든 상업적 제의를 단호히 거절함으로써 기술적인 공리심이 키워드였던 해커들의 이상과 부합되는 결정을 내렸습니다.[231]

초창기 학계의 전유물이었던 인터넷은 우리 모두가 이용자가 됨으로써 이용자 폭발을 가져오자 기업가들이 뛰어들기 시작하여 부(富)를 창출하는 공간으로 돌변하기 시작했습니다. WWW의 작업은 인터넷 이상주의자들의 마지막 선물이 되었습니다.

WWW는 구글의 수석 이코노미스트인 할 배리언(Hal Varian)이 말한 "조

---

231 2004년 핀란드 정부는 '밀레니엄 기술상'의 첫 번째 수상자로 버너스 리를 선정했다. 이 상은 핀란드 정부가 노벨상에 기술 부문이 없는 점에 착안, 2년에 한 번 기술 개발로 사회 발전과 인류의 삶의 질 향상에 기여한 사람에게 수여한다. 그리고 같은 해 그는 선구적인 업적을 인정받아 엘리자베스 2세 여왕으로부터 기사 작위를 받았다.

합적인 혁신combinational innovation"232이 용이하여 부富의 전장터가 되기 시작했고, 그 선두에는 그것의 토양에서 성장하여 그것의 속성을 잘 파악하고 이용할 줄 아는 미국 기업가들이 있었습니다. 버너스 리나 안드리센이 인터넷을 응용했듯이 미국 기업가들 역시 인터넷의 속성을 이용하여 부를 창출하기 시작합니다.

애플의 세기적 혁신은 WWW 등장 이후 일어났습니다. 잡스는 인터넷으로 연결된 컴퓨터를 내 손의 전화기 안으로 들어오게 하는, 즉 인터넷과 전화기의 결합으로 모바일 혁명233을 이끌었고, 애플은 오늘날까지 세계 최고의 기업 가치를 지닌 애플제국이 되었습니다. 아이폰 역시 운영 체제에 있어서는 폐쇄성을 고집했지만, 아이폰은 손바닥 안으로 인터넷을 불러왔을 뿐 아니라 정보 구축의 한 방편으로 웹스토어를 이용자들의 참여로 설계되어 인터넷이 혁신을 위한 엔진이었습니다. 잡스는 이 사실을 200% 보여 주었습니다. 애플은 2015년 7,000억 달러에서 2017년 11월 애플사의 시가 총액은 역사상 처음으로 9,000억 달러를 넘어서게 되고 그것은 2023년 지금도 진행형입니다.234 스티브 잡스가 '전설'을 만들었다면 애플은 지속적으로 새로운 '역사'를 쓰고 있는 중입니다.

---

232 새로운 것을 발명하는 것이 아니라 기존에 있는 기술들은 결합하여 혁신을 이루어 내는 것을 말한다.
233 2007년 6월에 출시된, 애플의 아이폰 등장으로 촉발되었다. 인터넷 연결에 최적화되도록 디자인되었다.
234 2023년 8월 4일 기준으로 3,724조를 넘어섰다.

그리고 구글은 인터넷의 자기 확장성 기능을 재빠르게 활용합니다. 구글은 이용자들이 올려놓은 정보가 부의 원천인 기업입니다.[235] 당연히 늘어나는 인터넷 소통량은 디지털 세계에서의 새로운 화폐이자 한편으로는 혁신의 재료이기도 합니다. 그래서 인터넷 중심의 경제에서는 인터넷을 통해 수많은 인풋이 이루어지고 그것들이 혁신의 재료가 되는 한 우리가 이용하기에도 벅찰 만큼 빠른 혁신을 재촉하게 됩니다. 그 주인공의 대부분은 미국 기업들입니다. 인터넷은 그들에게 부富를 가져온 신데렐라의 유리 구두[236]였습니다. 이후 국가마다 밀어붙인 세계화 속에서 미국 기업들은 가장 이익을 많이 낼 수 있었고, 21세기 초엽 미국에서는 수많은 백만장자들의 드라마 열전이 펼쳐졌습니다. 반면, 그것의 속성을 이해하지 못하고 활용하지 못한 기업이나 국가들은 나락의 늪으로 빠졌습니다.

특히 해커 문화에서 성장한 미국의 기업가들은 상당 부분 해커들이 이룩한 문화 위에서 부를 쌓고 있습니다. 구글은 지난날 PARC이 누렸을 법한 해커 문화를 엿볼 수 있는데, 다른 기업과 달리 명확한 조직도

---

235   1PB페타바이트는 1,000조 바이트다. 보통 노래 한 곡 분량이 5MB메가바이트인데 1PB라면 2억 곡 정도를 담을 수 있다. 세계 최대 검색 엔진인 구글이 매일 처리하는 정보량이 20PB에 달했었다. 하루 10억 건 이상의 접속이 이뤄지는 구글은 전 세계 온라인 검색 시장의 70%를 차지한다. 이 엄청난 정보를 검색해 주는 일로 부자가 된 기업이다. 최근 구글은 검색 시장에서 마이크로소프트의 '챗GPT'로 레드 코드를 발령하여 위기감을 표시하기도 했다.
236   『신데렐라』는 서양 전래동화의 여주인공 이름으로 계모와 언니들의 구박 속에서 살다가 요정의 도움으로 왕자가 주최한 파티에 참석했으나 유리 구두 한 짝을 잃어버린다. 결국 왕자는 그 구두의 주인인 그녀를 찾아낸 뒤 결혼에 이르게 되어 그녀를 구원하게 된다는 이야기이다. 유리 구두는 신데렐라가 행복에 이르는 가장 강력한 도구였다.

도 없습니다.[237] 구글의 前 회장인 에릭 슈미트의 "이런 광고는 너절해"와 관련된 에피소드는 해커 문화의 계승자임을 여실히 엿볼 수 있습니다.[238] 넷플릭스의 혁신은 더욱 놀라게 합니다.[239] 해커 문화는 사라지지 않고 혁신의 토양이 되고 있습니다.

> "이미 많이 가진 이들을 더 풍족하게 했느냐가 아니라
> 덜 가진 이들에게 충분히 주었느냐가 우리 발전의 기준이다."
>
> -프랭클린 루즈벨트

신경제 탄생

미 정부는 수십 년 동안 통신 산업의 발달에 적극 개입했고, 그것에 들어가는 모든 비용을 계속해서 보충해 오면서 산업체의 경우 특정 업체로의 독점보다는 다양한 업체들이 상호 경쟁하도록 하여 시장의 경쟁적인 힘을 내재화시켜 왔습니다. 그래서 컴퓨터 혁명이 진행되자 새로운 수천 개의 사업이 동시적으로 발생할 수 있어서 새로운 정보통신

---

237 프레드 보겔스타인(2014), 앞의 책, p. 75.
238 에릭은 검색 엔진에서 맘에 들지 않는 부분이 발견되자 아무도 호출하지 않고 복도에 "이런 광고는 너절해"라는 쪽지만을 부쳤고, 이를 본 5명의 직원이 자발적으로 이 문제를 해결했다는 이야기이다. 지시가 아닌 자발성에 의존한 것으로 해커 문화와 맞닿아 있다. 에릭 슈미트·조너선 로젠버그·앨런 이글(2022), 앞의 책, pp. 50~53.
239 넷플릭스는 최종적인 목표가 책 제목대로 "규칙 없음"인데, 이게 가능할까하는 의구심이 들 정도로 직원들에게 재량권을 일임하고 있음을 볼 수 있다. 리드 헤이스팅스·에린 마이어. 2022,『규칙 없음』, 이경남 역, 알에이치코리아 참조.

산업군이 탄생하는 데 원동력을 제공했습니다.

그리고 뒤늦게 참여한 기업가들은 이들의 기술을 재빠르게 이용자 지향의 기술로 거듭 태어나게 함으로써 인터넷은 미국이 지배하는 통신 체계가 되었고, 인터넷과 반도체 산업의 호황은 PC 혁명의 견인차 역할을 하여 미국은 새로운 혁명의 선도자가 될 수 있었습니다. 특히 미국의 기업들은 이미 컴퓨터 관련 시장에 있어서 이미 수십 년이 지나는 동안 컴퓨터 운영시스템이나 마이크로프로세서와 같은 핵심적인 분야에서 거의 실질적인 표준$^{\text{de-facto standard}}$을 확립한 덕분에 컴퓨터 혁명이 가져온 경제적인 파급력은 우리의 상상을 훨씬 뛰어넘었습니다.

그것의 최대 수혜 시기는 1990년대 빌 클린턴$^{\text{Bill Clinton}}$ 대통령 재임시기 $^{1993 \sim 2001}$였습니다. 클린턴 행정부는 1990년 들어 컴퓨터 혁명이 거의 완성되자 기존의 프로젝트 위에 상품 서비스, 자본 시장 개방을 그의 정부의 최우선 과제로 삼아 그의 재임 시기 새로운 경제를 의미하는 신경제$^{\text{New Economy}}$라는 용어가 크게 확산됩니다. 그리고 클린턴 대통령 집권기는 미국 역사상 가장 긴 호황기로 기록될 만큼 경제적 번영이 지속되어 클린턴 행정부는 천문학적인 적자 예산을 흑자 예산으로 전환시킬 수 있었습니다.

미국 경제의 연간 성장 규모는 미국을 제외한 모든 세계 경제를 합한 것과 비슷한 수준에 달했는데, 미국이 오늘 가는 길은 내일 세계가 따르는 길이라는 말이 나돌 정도로 미국의 수확은 눈부셨습니다. 이 기간의 성장은 컴퓨터와 인터넷에 의한 것으로 경제학자들은 파악하고 있습니다.

1995년과 1998년 사이 정보 기술 부문은 미국 GDP의 8%를 차지하는 데 불과했으나 GDP 성장에는 평균 35% 기여했습니다.[240] 주식 시장의 호황과 생산성의 향상으로 미국은 어느 시절보다 호시절을 맞이했는데, 1982년에는 『포브스』 선정 미국 400대 부자 중 38%가 석유 산업이나 관련 제조업 출신이었고 12%만이 기술 및 금융계 출신이었습니다. 하지만 2006년에는 전세가 역전되어 미국 갑부 중 36%가 기술 및 금융계, 12%만이 석유 산업이나 관련 제조업 출신이었습니다. 새로운 부가 창출되고 있음을 볼 수 있습니다.

물론 인터넷 관련 산업은 2000년 초, 기술 투자의 중복으로 인해 실리콘 밸리는 거품이 꺼지는 시련을 맞기도 했지만, 여전히 그 부분에서 미국의 독주는 계속되고 있습니다. 적어도 미국에서는 아직도 소프트웨어 개발자가 최고의 직업으로 손꼽히고 있으며, 미국은 인터넷과 관련한 이익 창출에 있어서는 어떤 나라보다도 유리한 환경에 있습니다. 2백여 년 전 산업 혁명의 태동지였던 영국이 이를 계기로 오랫동안 압도적인 경쟁우위를 누릴 수 있었듯이 미국 역시 정보 혁명으로 인한 주도적인 우위를 쉽사리 내놓지는 않을 것입니다.

한편 일본 비지콤사는 오늘날 집적 회로 탄생의 길을 열어 준 셈이었지만 그 칩의 성능이 향상되면서 세계 경제는 반도체 활황에 대해 한 발 앞선 예지력을 보여 준 기업들의 차지가 되어 버렸고, 칩의 개선

---

240 카르텔(2003), 앞의 책, p. 197.

과 함께 시장이 워낙 빠르게 진화하고 있는 탓에 신기술의 세계적 진화에 눈감았던 일본 기업들은 뼈아픈 실책을 하게 되었습니다. 우리나라는 IMF 이후 개방 체제로 전환하여 IT 강국으로서의 면모를 보이고 있는데, 그 중심에는 삼성전자가 있습니다. 물론 삼성전자는 미국 기업들과는 다른 기술 문화적인 토양 위에서 성장하여 세계 최고의 기업이 되었지만, 최근의 인공 지능 등이 이끄는 새로운 도전의 시기에도 여전히 승자의 자리를 지켜 낼지는 안갯속에 가려져 있습니다.

한편 WWW의 등장으로 컴퓨터와 인터넷이 결합하자 사회는 촘촘히 연결된 초연결 사회(Hyper-connected Society)[241]로 진입하면서 자본의 움직임이 훨씬 용이해지고 투자의 자유로움이 활성화되었습니다. 그러나 빛과 그림자는 함께 다니듯이 인터넷 창시자들이 일반인들의 자유를 위해 만든 기술이 점차 자본가들만을 위한 자유로 전락하면서 지난날 마법사들이 지향했던 공유와 협동 정신은 점차 희미해져 갔고, 신자유주의 출현 이후 확장되어 온 빈부 격차는 신기술과 금융의 결합으로 더욱 벌어지고 있습니다.

토마 피게티(Thomas Piketty)는 그의 저서 『21세기 자본』에서 2000년대가 1930대 대공황 수준으로 상층으로 부가 집중되었음을 실증적으로 분석하여 이미 금융 자본이 노동 자본의 성장률을 훨씬 상회하고 있음을 지적하고 있습니다. 결국 경제 번영의 과실은 여전히 불평등하게 분

241　2021년 기준 우리나라 인터넷 사용자 수는 4,635만 명이며 남성 이용자수가 여성보다 배가 많고, 50대 남성 이용률이 가장 높다. Kosis. 2020년 세계 인터넷 사용자수, 41억 명이고, 이동 통신 가입자 수는 70억 명이다(국제전기통신연합).

배될 수밖에 없고, 그 격차가 커지고 있는 만큼 국가의 고민이 깊어지는 시점입니다. 국가는 또 다시 새로운 시험대에 오른 셈입니다.

"인생에서 가장 아름다운 날은 아직 우리가 살지 않은 날들이다."
-기욤 뮈소

또 다른 왕국을 꿈꾸며

큰 나무 밑에서 더위를 피할 수 있는 것은 누군가가 오래전에 그 나무를 심었기에 가능한 일입니다. 위기적 상황에 미국은 자유라는 바람을 타고 나무를 심을 수 있었고, 오랜 기간 물을 주고 키워 온 탓에 오늘날 그것들은 서늘한 그늘을 제공하고 있습니다. 물론 2차 대전 중 컴퓨터 개발 및 이론적인 모형을 설계하고자 했던 과학자들, 기술적인 공리심이 강했던 아르파의 매니저들과 네트워킹 및 WWW와 개인 컴퓨터 탄생에 공헌한 해커들과 기술 영재들, 뒤늦게 뛰어든, 차고에서 혁신적인 기업을 시작한 기업가들이 없었더라면, 또 다른 결과를 가져왔을지도 모를 일이지만, 결국 그들 모두의 노력들이 어우러져 3차 산업 혁명의 성공을 가져왔습니다.

그리고 오늘날 그들은 4차 산업 혁명이라 불리는, 인공 지능 등과 마주하고 있습니다. 1956년에 처음 사용되기 시작한 인공 지능은 오랜 기간의 혹한기를 거쳐 반세기가 훨씬 지난 지금에서야 뇌 공학, 인지 과학 등 관련 학문 분야에서의 선전 등에 힘입어 신산업군에 활발하게 응용되기 시작했습니다. 물론 그 과실의 양은 아직 충분하지는 않지만, 세상은 또 다른 거대한 혁신을 향해 가고 있는 것만은 확실합니다.

그리고 그 거대한 혁신을 향한 새로운 도전은 해커 문화에서 성장한 게이츠와 잡스의 뒤를 이은 2세대 기업가들—페이스북^{메타}의 마크 주커버그^{Mark Zcckerberg}, 구글의 래리 페이지^{Larry Page}, 세르게이 브린^{Sergey Brin}, 자율 주행차인 테슬라의 일론 머스크^{Elon Musk}, 그리고 전자 상거래 업체인 아마존^{Amazon}의 창업자 제프 베이조스^{Jeff Bezos} 등—이 선두에 서서 달려가고 있습니다.

상당한 부를 획득한 그들은 오늘날 그 옛날 국가가 담당했던 투자의 상당 부분을 담당하고 있습니다. 그들은 지난 30년 동안 투자해 온 정부 대신 무인 자동차 및 인공 지능 등에 거대 자금을 투자하여 또 다른 위대한 혁신—오늘날 4차 산업이라 불리는 것들—을 향해 달려가고 있고, 그 속도 또한 빠르게 진행되고 있습니다.

2012년 구글이 무인차 주행 테스트를 시작할 때만 해도 다른 업체가 이 같은 기술을 따라오려면 10년 이상 걸릴 것으로 전망했지만, 자율 주행차의 선두 주자인 테슬라는 이제 인간에 전혀 의지하지 않고 주행할 수 있는 마지막 기술 단계에 있습니다.

그리고 2세대 기업가들은 인공 지능 외에도 우주 개척에 있어서도 선구적인 투자를 하고 있습니다. 이들의 선전으로 우리는 머지않아 우주여행에 나설지도 모릅니다. 머스크의 스페이스 X, 베이조스의 블루 오리진 등은 광활한 우주를 개발하는 데 앞장서고 있습니다. 종전에는 우주 부분의 거대한 투자는 국가가 전담했지만, 이제 민간 기업들이 우주 정복을 향한 꿈을 밀어붙이고 있습니다. 그들은 우주 개척에 어마어마한 돈을 쏟아붓고 있습니다. 심지어 구글의 래리 페이지는 하늘을 나는 자동차에도 1억 달러를 투자하기도 했습니다. 지난날 기술 프론티어 정신이 이들에 의해 되살아나고 있는 듯 합니다.

미국의 우주 개발 방향은 영국의 버진 갤럭틱과 중국 최초의 상업용 우주선인 '퓨처^{FutureX}'를 제외하고는 거의 미국의 민간 기업이 주도하고 있습니다. 베이조스는 2021년 7월 20일 블루 오리진의 '뉴 세퍼드' 로켓을 타고 고도 100km 이상 우주 비행을 성공적으로 마쳤습니다. 추후 선보인 가격은 20만 달러$^{약\ 2억\ 3,680만\ 원}$ 수준이 될 것으로 보입니다.[242] 또한 화성에 도시를 건설해 우주로 여행하는 문명을 만들어야 한다는 꿈을 가지고 있는 테슬라의 머스크 역시 스페이스 X를 통해 우주 비행 시험을 하고 있습니다. 이 또한 점차 가격 저항이 사라질 것으로 보입니다.

물론 미 정부가 그 옛날 케네디 대통령 시대의 아폴로 계획만큼 어마어마한 돈을 투자하는 시대는 지났지만, 그렇다고 미국 정부가 개발의 주도권을 완전히 상실한 것은 아닙니다. 여전히 나사나 국방부 등에

---

242 준궤도 우주여행 시장을 두고 블루 오리진과 경쟁하고 있는 버진 갤럭틱의 리처드 브랜슨 회장은 베이조스보다 먼저인 2021년 7월 11일 우주 비행에 나섰고 성공적인 비행을 마쳤다. 곧 우주관광 서비스를 시작할 계획으로 25만 달러(2억 9,600만 원) 가격의 버진 갤럭틱 티켓을 사전 구매한 고객은 600여 명에 이른다. 박영숙·제롬 글렌. 2022, 『세계미래보고서』, 비즈니스북스, p. 87.

의한 군, 산, 학 시스템은 작동되고 있습니다.

자동차 업계가 수십 년 전부터 내부적으로 검토해 오던 자율 주행차 경쟁에 불을 지핀 곳도 다르파^{DARPA}(옛 아르파의 후신)였습니다. 다르파의 그랜드 챌린지$^{Grand\ Challenge}$ 대회에서 우승팀을 이끈 스탠퍼드 대학교의 세바스천 스런$^{Sebastian\ Thrun}$ 교수와 카네기멜론 대학의 크리스 엄슨$^{Chris\ Urmson}$ 교수가 대회 이후 구글에서 자율 주행차 프로젝트의 사령탑이 되어 본격적으로 구글의 무인차 개발이 진행된 것은 잘 알려진 사실입니다.[243]

이렇듯 군부 후원의 선구적인 투자는 후일 민간 기업에 의해 자율 주행 기술이 현실로 들어오게 됩니다. 2015년 '재난구조 로봇 올림픽'을 개최한 곳도 다르파였습니다. 이 재난 구조 로봇이 상업화로 이전될 것은 불을 보듯 뻔한 일입니다. 그들의 유전자에는 상업적인 DNA가 확실하게 박혀 있습니다. 그리고 그들을 그것을 위해 군, 산, 학 시스템 역시 열심히 가동하고 있습니다.

최근 나사는 상업적인 우주 경쟁에 있어서 기업들과의 협업 마련에 한창입니다. 우주라는 인류의 마지막 블루 오션 전쟁에 모두 경쟁적으로 나선 지금, 나사는 아폴로 계획 이후 처음으로 새로운 달 착륙 프로그램인 '아르테미스^{Artmise}'를 추진하는 데 있어서도 민간 기업들과 손을

---

[243] 구글은 구글 글래스, 로봇 등으로 사업을 확장하고 있으며, 구글은 전 세계에서 사용되는 구글 어스^{Earth}와 맵스^{Maps}같은 지도 기술을 통해 전 세계 각국의 골목골목과 교통 정보를 보유하고 있다. 매일경제. 2014, 『LOT혁명프로젝트팀』, p. 73.

잡고 있습니다. 지난 아폴로 계획과는 다르게 21개국과 협업 체계까지도 구축하고 있습니다.

그들은 우주 개척 시대를 선도하면서도 달 착륙선 개발 업체로 머스크의 스페이스 X를 선정합니다. 스페이스 X는 우주 발사 목적을 위한 재사용이 가능한 로켓 개발의 선구자이며, XARC는 주로 우주 관련 설계 서비스를 제공하는 컨설팅 회사입니다. 머스크의 독주를 막기 위해 나사의 아르테미스 달 착륙선 제조업체 선정 경쟁에 뛰어든 베이조스의 블루 오리진은 우주 정거장 건설에 나사의 후원을 받게 되었습니다. 상업성이 증명되면 그 선두에는 미국 기업들이 한 발 앞서 나갈 것입니다.

또한 그들은 우주 패권을 갖기 위해 발 빠르게 움직이고 있는데, 그들의 통신이 세계를 지배했듯이 미국 나사는 상업 우주 채굴이 국제법이 아닌 미국 국내법을 따르도록 주도하고 있습니다. 그들 나라 기업가들의 발판을 마련해 주고 있는 것입니다.

그리고 지난날 공유와 협력 정신은 여전히 사라지지 않고 혁신의 토양이 되고 있습니다. 그들은 여전히 4차 산업 혁명의 시기에도 공유와 협업 마련에 한창인 것을 볼 수 있습니다. 미국 기업들은 공유와 협력의 공간인 인터넷이 열린 기술 문화를 통해 혁신의 메타 아이디어가 되고 주도권 전쟁에서 승리한 것처럼 최근 일련의 인공 지능 시기에도 그들의 위치를 더욱 확고하게 하기 위해 개방적인 모델을 선택하고 있습니다. 그들은 인공 지능 역시 누구나에게나 그 수혜의 폭이 확장될 때 그 혁신의 열매 또한 커질 것이라는 것을 누구보다도 잘 알고 있습니다.

구글은 이미 알파고의 소스 코드를 공개했으며, 딥 러닝$^{\text{deep learning}}$이나 자율 자동차에 적용된 머신 러닝$^{\text{machine learning}}$과 딥 러닝 알고리즘을 공개하는 정책을 펴고 있습니다. 누구나 구글의 인공 지능 알고리즘을 접할 수 있게 되었습니다. 아마존의 인공 지능 비서인 알렉사는 가전 시장에서 플랫폼으로 자리 잡고 있습니다.

최근 인간형 로봇인 소피아^{Sophia}[244] 역시 플랫폼을 향한 협업 마련이 한창 진행 중입니다. 핸슨 로보틱스와 싱귤래리티넷는 소피아DAO라는 새로운 비영리 조직을 만들었습니다. DAO는 탈중앙화 자치 조직$^{\text{Decentralized Autonomous Organization}}$으로 컴퓨터와 프로그램에 의해 관리되는 조직을 일컫는데, DAO는 중앙의 관리나 통제 없이 자체적으로 작동할 수 있으며, 인공 지능과 사람들의 협력으로 더 큰 지혜를 얻도록 하는데 목표를 두고 있습니다. 소피아의 성장과 성공에 관심이 있는 모든 회원에게 개방되어 있는데, 이는 궁극적으로는 또 다른 메타버스 플랫폼$^{\text{Metaverse Platform}}$[245]입니다.

---

244   미국의 로봇 공학자인 데이비드 핸슨이 설립한, 홍콩 기반의 hanson Robotics에서 개발한 소셜 휴머노이드 로봇이다. 인간에게 사랑의 감정을 유발할 수 있는 "소셜 로봇"으로 판매되고 있다. 2017년 10월 사우디아라비아 시민권을 받았다. 소피아의 소스 코드는 약 70%가 오픈 소스이다.
     http://en.m.wlkipedia.org. Sophia 참조
245   메타버스는 현실 세계와 같은 사회·경제·문화·활동이 이뤄지는 3차원 가상 세계를 일컫는 말이다.

아직 이용자 모두를 포용할 수 있는 인공 지능 플랫폼은 등장하지 않았지만, 2017년 10월 30일 리눅스재단이 발표한 '아큐모스 프로젝트'는 이러한 공유 플랫폼을 위한 시도라고 할 수 있을 것입니다. '아큐모스 프로젝트'는 누구나 소스 코드를 들여다보고 수정할 수 있는 개방형 인공 지능으로 누구나 쓸 수 있는 머신러닝 솔루션을 구축하기 위한 보편적 인공 지능 프레임워크와 플랫폼을 만드는 걸 목표로 삼고 있습니다.[246] 이제 인공 지능을 위한 무료의 공유 플랫폼이 등장하면 이제는 네트워크와 인공 지능이 결합하는 분야에서 기업가들의 더욱 활발한 진출을 기대할 수 있을 것입니다.

결국 네트워크는 인간의 정신적인 활동을 숙주로 끊임없이 성장함으로써 앞으로도 인간들이 할 수 있는 많은 일들을 처리하게 되고, 그 이용자들 또한 설계자들이 상상하지 못한 방식으로 그것을 이용할 것입니다. 그래서 진화하고 있는 네트워크가 인공 지능과 연결되면 그 연결의 결과는 상상하지 못한 방향으로 더 거대한 혁신을 초래하여 절대 속도[247]는 절대 권력이 될 것입니다. 그리고 그 차이는 새로운 기술이 등장할 때마다 점점 더 벌어질 것입니다.

최근 인공 지능을 활용한 새로운 산업군에서나 우주 경쟁에 있어서

246　아큐모스 프로젝트는 2018년 초 공식 출범했고, 통신사 AT&T와 인도 마힌드라그룹의 IT 서비스 전문 자회사인 테크마힌드라가 함께했고, 삼성전자 역시 관심을 표시했지만, 아직 뚜렷한 성과는 보이지 않고 있다. www. bloter.net. 2017. 10. 31.
247　오늘날은 '시공간의 압축' 시대로 1966년 미국 사회학자 도널드 저널이 처음 정의한 개념이다. 속도를 지배하는 사람이 엄청난 부자가 된다.

'텐궁 프로젝트'로 우주 정거장 건설에 앞선 중국을 비롯한 주위 국가로부터의 도전 역시 거세고 그에 따른 우려의 시선도 많지만, 여전히 미국의 기업들은 새로운 시대의 플랫폼 전쟁에서 앞서고 있습니다.

이미 그들은 인터넷 혁명기에 열린 기술 문화를 통해 네트워크 생태계를 장악하고 있고, 새로운 공유지 전쟁에서도 유리한 위치를 선점하고 있는 만큼 새로운 부의 전쟁에서도 결코 불리하지 않을 것입니다.

그리고 보다 본질적으로 인공 지능이 우리의 삶을 보다 편리하게 할지,[248] 혹은 영국의 세계적인 물리학자인 스티븐 호킹Stephen Hawking의 말처럼 "인공 지능의 발전이 인류의 종말을 가져오게 될지,"[249] 그들의 새로운 항해의 끝에 무엇이 있을지는 아무도 모를 일이지만, 확실한 것은 인터넷이 중대한 변화를 초래하고 부를 일구는 방식을 바꾸었듯이 인공 지능 등이 이끄는 새로운 산업군 역시 새로운 부를 산출하고 중대한 변혁을 초래할 수 있는 가장 강력한 무기가 될 것이라는 점입니다. 그런 점에서 지난 위기의 시기에 미 정부의 거대한 투자와 함께 개발자들이 누린 자유와 협력의 순간들 역시 사라지지 않고 아직도 그들의 기억 속에 그리고 그들이 숨 쉬는 그들의 문화 속에 선명하게 남아 있을 것이기에 당분간 미국은 지금까지 누려온 승자의 영광과 무게를 쉽사리 내려놓지 않을 것입니다.

---

248 레이 커즈와일처럼 인공 지능을 걱정할 필요가 없다는 견해도 적지 않다. 새로운 문제를 야기하겠지만 새로운 해결책을 찾으리라는 것이다.
249 스티븐 호킹은 생물학적인 진화 속도보다 과학 기술의 진보가 더 빠르기 때문에 결국 인공 지능이 인간의 자리를 대체하게 될 것이라며 암울한 입장을 대변하고 있다.

참고문헌

권기헌. 1997, 『정보사회의 논리』, 나남.
권승용. 2121, 『반도체넥스트 시나리오』, 위즈덤하우스.
나심 니콜라스 탈레브. 2011, 『블랙스완』, 차익종 역, 동녘사이언스.
다쿠치 카즈히로·모리시마 료코. 2018, 『생활을 변화시키는 인공지능』, 양성건 역, 영진닷컴.
대니얼 앨트먼. 2011, 『10년 후 미래』, 고영태 역, 청림출판.
데이비드 브룩스. 2001, 『보보스: 디지털 시대의 엘리트』, 형선호 역, 동방미디어.
레이 커즈와일. 2007, 『특이점이 온다』, 김명남·장시형 역, 김영사.
로버트 라이시. 2001, 『부유한 노예』, 오성호 역, 김영사.
로버트 맥체스니·엘렌마이크신스우드·존 벨라미 포스터 엮음. 1999, 『커뮤니케이션 기술혁명의 정치경제학』, 김지운 역, 커뮤니케이션북스.
리누즈 토발즈·페키 히매넌·마누엘 카스텔스. 2002, 『해커, 디지털 시대의 장인들』, 신현승 역, 세종서적.
리드 헤이스팅스·에린 마이어. 2021, 『규칙 없음』, 이경남 역, 알에이치코리아.
리민치. 2010, 『중국의 부상과 자본주의 세계경제의 종말』, 류현 역, 돌베개.
마거릿 맥밀런. 2023, 『전쟁은 인간에게 무엇인가』, 천태화 역, 공존.
마누엘 카스텔. 2003, 『네트워크 사회의 도래』, 김묵한·박행웅·오은주 역, 한울아카데미.
마누엘 카스텔. 2004, 『인터넷 갤럭시』, 박행욱 역, 한울아카데미.
마이클 샌델. 2023, 『당신이 모르는 민주주의』, 이경식 역, 와이즈베리.
매일경제 IoT혁명 프로젝트팀. 2014, 『사물인터넷』, 매일경제신문사.
미국 인공지능 국가안보위원회(NSCAI). 2021, 『백악관 AI 리포트』, 정승욱 편역, 쇼팽의 서재.
박영숙, 제롬 글렌. 2021, 『세계미래보고서 2022: 메타 사피엔스가 온다』, 비즈니스북스.
빌 게이츠. 1996, 『빌게이츠의 미래로 가는 길』, 이규행 역, 삼성.
사이토 다카시. 2009, 『세계사를 움직이는 다섯 가지 힘』, 홍성민 역, 뜨인돌출판사.
세스 스티븐스·다비도 위치. 2022, 『데이터는 어떻게 인생의 무기가 되는가?』, 안진이 역, 더퀘스트.
스티븐 레비. 1996, 『해커, 그 광기와 비밀의 기록』, 김동광 역, 사민서각.
실번 S. 슈위버. 2013, 『아인슈타인과 오펜하이머』, 김영배 역, 시대의 창.
앤드류 사피로. 2001, 『테크놀러지와 통제 혁명』, 김명준 역, 커뮤니케이션북스.

에른스트 페터 피셔. 2002, 『과학혁명의 지배자들』, 이민수 역, 양문출판사.
에릭 브린욜프슨·앤드류 맥아피. 2014, 『제2의 기계시대』, 이한음 역, 청림출판.
에릭 슈미트·조너선 로젠버그. 2022, 『구글은 어떻게 일하는가』, 박병화 역, 김영사.
A 토크빌. 2010, 『미국의 민주주의 Ⅰ』, 임효선 역, 한길사.
A 토크빌. 2010, 『미국의 민주주의 Ⅱ』, 임효선 역, 한길사.
오스틴 레니. 1995, 『현대정치학』, 권만학 외 7인 역, 을유문화사.
월터 아이작슨. 2011, 『스티브 잡스』, 안진환 역, 민음사.
월터 아이작슨. 2015, 『이노베이터』, 정영목 역, 21세기 북스.
윌리엄 스털링·스테펀 웨이트. 1999, 『미국경제를 알아야 성공이 보인다』, 신동욱 역, 창해.
이언 모리스. 2013, 『왜 서양이 지배하는가』, 최파일 역. 글항아리.
E.M. 로저스·J.K. 라센. 1984, 『실리콘밸리의 熱風』, 정인효 역, 정보시대.
이재구. 2011, 『IT 천재들』, 미래의 창.
이케다 노부오. 2000, 『인터넷 자본주의 혁명』, 이규원 역, 거름.
이케다 준이치. 2013, 『왜 모두 미국에서 탄생했을까』, 서라미 역, 메디치미디어.
임채성·임재영·손현철. 2012, 『GE의 혁신 DNA』, 호이테북스.
장 이봉 비리앵. 1999, 『컴퓨터의 역사』, 노윤채 역, 한길사.
정지훈. 2014, 『거의 모든 인터넷의 역사』, 메디치미디어.
제러미 리프킨. 2012, 『3차 산업혁명』, 안진환 역, 민음사.
제러미 리프킨. 2014, 『한계비용 제로 사회』, 안진환 역, 민음사.
제이슨 솅커. 2021, 『로봇시대 일자리의 미래』, 유수진 역, 미디어숲.
제프 자비스. 2013, 『공개하고 공유하라』, 위선주 역, 청림출판.
존 거트너. 2012, 『벨연구소 이야기』, 정향 역, 살림biz.
주영민. 2019, 『가상은 현실이다』, 어크로스.
지나 스미스. 2008, 『스티브 워즈니악』, 장석훈 역, 청림출판.
질 안드레스키 프레이저. 2004, 『화이트칼라의 위기』, 심재관 역, 한스미디어.
칼 폴라니. 2009, 『거대한 전환』, 홍기빈 역, 길.
클라우스 슈밥·티에리 말르레. 2021, 『클라우스 슈밥의 위대한 리셋』, 이진원 역, 메가스터디BOOOKS.
토마스 S. 쿤. 1998, 『과학혁명의 구조』, 김명자 역, 두산동아.
프랜시스 매키너리·션 화이트. 2001, 『부의 이동』, 신경립 역, 거름.
프랭크 모스. 2013, 『디지털 시대의 마법사들』, 박미용 역, 알에이치코리아.
프레드 보겔스타인. 2014, 『도그파이트』, 김고명 역, 와이즈베리.
하워드 라인골드. 2003, 『참여군중』, 이윤경 역, 황금가지.
한스 모라벡. 2011, 『마음의 아이들』, 박우석 역, 김영사.
후쿠이 노리히코. 2013, 『유럽은 어떻게 세계를 지배했는가』, 송태욱 역, 다른세상.

Daron Acemoglu and James A. Robinson. "The Problem with U.S. Inequality," *Huffington Post*, March 11, 2012.

Frank Levy and Richard J. Murnane. 2004, *The New Division of Labor: How Computers Are Creating the Next Job Market*, Princeton, NJ: Princeton University Press.

Garry Kasparov. "The Chess Master and the Computer," *New York Review of Books*, February 11, 2010,
http://www.nybooks.com/articles/archives/2010/feb/11/the-chess-master-and-the-computer/

Howard Rheingold. 2000, *The Virtual Community: Homesteading on the Electronic Frontier*, Cambridge, MA: MIT Press.
Janet Abbate. 2000, *INVENTING THE INTERNET*, Cambridge, MIT Press.

John Naughton. 1999, *A Brief History of the Future: The Origions of the Internet*, London: Weidenfeld and Nicolson.

Jonathan Zittrain. 2008, *The Future of the Internet-And how to stop IT*. Yale.

Joseph Hooper. "DARPA's Debacle in the Desert," *Popular Science*,
June2004, http://www.popsci.com/scitech/article/2004-06/drapa-grand-challenge-2004drapas-debacle-desert.

Katie Hafner·Matthew Lyon. 1996, *Where Wizards Stay up Late: The Origins of the Internet*, Simon &Schuster.

Kevin Kelly, "Better than Human: Why Robots Will-and Must-Take Our Jobs," *Wired*, December 24, 2012.

Kurzweil R.. 1990, *The Age of Intelligence Machine*, Cambridge, MIT Press.

Manuel Castells. 2000, *The Rise of the Network Society*, Oxford: Blackwell.

M. Mitchell Waldrop. 2001, *The Dream Mashine: J. C. R. Licklider and Revolution That Made Computing Personal*, New York: Viking.

N.G.Mankiw. "Defending the One Percent," *Journal of Economic Perspectives*, June 8, 2013.

Owen W. Linzmayer. 2004, *Apple Confidential 2.0: The Definitive History of the World's Most colorful Company.* No Starch Pr.

Paul E Ceruzzi. 1998, *A History of Modern Computing*, Cambridge, Mass, MIT Press.

Pekka Himanen. 2001, *The Hacker Ethic and the Spirit of Information Age*, New york : Random house.

Rogers E. et larsen J. K.. 1984, *Silicon Valley Fever*, New York, Basic Books.

S. Crocker. "Host software," *RFC001*, Apr 7, 1969.

Steve Levy. 1984, *Hackers*, New York, Dell Publishing.

Tim Berners-Lee and Mark Frischetti. 1999, *Weaving the Web*, SanFrancisco, Harper Collins.

TUOMI. 2002, *Network of Innovation.* New York, Oxford University Press.

Tyler Cowen. 2011, *The Great Station:How America Ate All the-hanging Fruit of Modern History, Got Sick, and Will(Eventually)Feel Better*, New York : Dutton.

Walter Isaacson. 2011, *Steve Jobs,* New York: Simon & Schuster.

W. Brain Arthur. 2009, *The Nature of Technology: What it is and How it Evolves*, New York:Simon and Schuster.

http://Chat.openai.com/chat.
http://Chat.openai.com/chat. 프랭클린 루즈벨트 대통령
http://en.m. wikipedia.org. ALOHAnet.
http://en.m.wikipedia.org. ARPANET.
http://en.m.wikipedia.org. Attack on Pearl Harbor.
http://en.m.wikipedia.org. Bill Joy.
http://en.m.wikipedia.org. CERN.
http://en.m.wikipedia.org. CSNET.
http://en.m.wikipedia.org. Dennis Ritchie.
http://en.m.wikipedia.org. Dynabook.
http://en.m.wikipedia.org.Electronic Frontier Foundation
http://en.m.wikipedia.org. Email.
http://en.m.wikipedia.org. Ethernet.

http://en.m.wikipedia.org. File Transfer Protocol.
http://en.m.wikipedia.org. Free Speech Movement.
http://en.m.wikipedia.org. John von Neumann.
http://en.m.wikipedia.org. History of computing hardware.
http://en.m.wikipedia.org. Hypertext.
http://en.m.wikipedia. IBM.
http://www.en.m.wikipedia.org. Internet Society.
http://en.m.wikipedia.org. Jeff Bezos.
http://en.m.wikipedia.org. John F. Kennedy.
http://en.m.wikipedia.org. Macintosh.
http://en.m.wikipedia.org. Memex.
http://en.m.wikipedia.org. MIT.
http://en.m.wikipedia.org. Philae.
http://en.m.wikipedia.org. Ralph Baer.
http://en.m.wikipedia.org. Robot.
http://en.m.wikipedia.org. Robert Metcalfe.
http://en.m.wlkipedia.org. Silicon Valley.
http://en.m.wlkipedia.org. Sophia.
http://en.m.wikipedia.org. Sputnik 1.
http://en.m.wikipedia.org. Ted Nelson.
http://en.m.wikipedia.org. Thomas Jefferson.
http://en.m.wikipedia.org. TX-0.
http://en.m.wikipedia.org. Woodstock.
http://en.m.wikipedia.org. Vannevar Bush.
http://en.m.wikipedia.org. Vint Cerf.
http://en.m.wikipedia.org. Wikipedia.
http://en.m.wikipedia.org. William Shockley.
http://en.m.wikipedia.org. World War II.
http://info.cern.ch.
www.ibiblio.org/pioneers/metcalfe.html.
www.nber.org/papers/w18315.
에브게니 모로조프 TED 강연 '인터넷은 오웰이 우려했던 바로 그것인가?'
www.ted.com/talks/evgeny_morozov_is_the_internet_what_orwell_feared.
www. wired. com.
www. hackerethic. org.
www. icann. com.
www. ietf.org/rfc/rfc2555.txt.
www. isoc.org/internet/history/brief.shtml.